앞면 : 1940년대의 金起林.
위 : 1940년대의 가족사진.
아래 : 보성고등학교에 새로 건립된
      김기림 시비.

한국현대시인연구 · 17

金起林

김기림 시선 · 산문선 · 비평 / 평전 · 연구논집 · 연구자료집

문학세계사

金起林

I. 金起林 시선

『氣象圖』
世界의 아침・11 /市民行列・13 /颱風의 起寢時間・15 / 자최・18 /病든 風景・23 /올배미의 呪文・25 /쇠바퀴의 노래・29

『太陽의 風俗』
太陽의 風俗・32 /海圖에 대하야・33 /가을의 果樹園・34 /바다의 아츰・35 /나의 掃除夫・36 /아스팔트・37 / 航海・38 /가을의 太陽은 「플라티나」의 燕尾服을 입고・40

『바다와 나비』
어린 共和國이여・41 /바다와 나비・43 /바다・44 /아프리카 狂想曲・46 /連禱・48 /유리窓・49 /쥬피타 追放・50

『새노래』
壁을 헐자・53 /아메리카・54 /肉體禮讚・57 /오늘은 惡魔의 것이나・58

〈시집 미수록 시〉
슈-르레알리스트・60 /날개만 도치면・62 /詩論・63 /어머니 어서 이러나요・67 /林檎밭・69 /초승달은 掃除夫・71 /窓・73 /青銅・75

✱ 차례

Ⅱ. 金起林 산문선

도시 풍경 1·2 …………………………………… 79
「앨범」에 붙여둔 「노스탈자」 …………………… 83
寫眞 속에 남은 것 ………………………………… 86
가을의 누이 ………………………………………… 88
길 ……………………………………………………… 89
故 李箱의 추억 …………………………………… 90
旅行 ………………………………………………… 94
山 …………………………………………………… 98
文壇不參記 ………………………………………… 101

Ⅲ. 金起林 비평

시의 모더니티 …………………………………… 105
고전주의와 낭만주의 …………………………… 112
모더니즘의 역사적 위치 ………………………… 116
우리 신문학과 근대의식 ………………………… 123
시의 장래 ………………………………………… 134

Ⅳ. 金起林 평전/김유중

1. 어린 감상주의자 ……………………………… 141
1. 학창 시절 ……………………………………… 147
3. 조선일보 기자가 되다 ………………………… 151
4. 등단 초기의 활동 ……………………………… 154

5. 모더니즘에 대한 초기의 이해 수준 ················160
　6. 구인회와 그 주변 ································165
　7. 다시 일본으로… 동북제대 영문과에 입학하다 ···171
　8. 「기상도」와 문명 비판의 정신 ····················175
　9. 김기림과 이상 ··································182
　10. 파시즘의 대두와 모더니즘의 자기 반성 ········188
　11. 근대의 파산 논의와 지식인으로서의 대응 모색 ···193
　12. 경성고보 영어 선생 시절 ······················197
　13. 조국 해방의 감격과 새로운 출발의 의미 ·······202
　14. 과학적 시학의 추구 :『시의 이해』················206
　15. 월남, 6·25, 납북 : 영원한 이별 ··············211
　□ 附記 ···215

Ⅴ. 金起林 연구논집

　現代詩의 生理와 性格 / 최재서 ····················219
　金起林 즉 모더니즘의 口號 / 송욱 ·················234
　金起林論 / 朴喆熙 ································250
　모더니즘 超克의 시도 / 김용직 ···················283

Ⅵ. 金起林 연구자료집

　金起林 연보 ······································311
　金起林 작품 연보 ································316
　金起林 연구자료 총목록 ···························335

일러두기

* 이 책은 편석촌 김기림의 생애와 문학, 그리고 그의 사상을 총체적으로 조망해보려는 의도에서 기획, 제작된 것이다. 전체의 내용은 크게 4부분(문학선집, 평전, 연구논집, 연구자료집)으로 이루어져 있다.

* 김기림이 남긴 상당한 양의 텍스트들 가운데 일부만을 가려내어 선집으로 재구성하는 일에는 적지 않은 어려움이 뒤따랐다. 우선, 발표 당시의 원본과 단행본 출간시의 재수록분, 납월북 문인 해금 이후 발간된 선집 수록 내용 가운데 어느 것을 기준본으로 삼느냐는 문제가 마땅히 대두되었다. 이들은 각기 제 나름의 의의를 지니고 있는 것들이어서 그 중 하나를 선뜻 택하기 어려웠다. 고민 끝에, 최근의 것이긴 하지만 전집에 수록된 내용을 기준본으로 삼았다. 그 이유는 전집의 경우 우리 주변에서 비교적 쉽게 접할 수 있는 것인 까닭에 일반 독자 및 연구자들에게 이미 친숙해 있다고 판단되었기 때문이다. 두번째 어려움은 그가 남긴 수많은 텍스트들을 어떤 기준에 의해 선정해야 하는가 하는 점이다. 가령, 문학적 가치가 뛰어난 텍스트와 모더니스트로서 김기림 문학의 특징을 잘 드러내주는 텍스트 가운데 어느 것을 우선적으로 배려해야 하는가 하는 문제에 이르러서는 적지 않은 고충이 있었던 것이 사실이다. 이와 같은 작업을 행함에 있어 물론 편저자의 주관적인 요소를 완전히 배제하기는 어려웠을 것이나, 가능한 한 모든 사항을 종합적으로 고려하여 보다 나은 선집이 될 수 있도록 노력하였다.

* 평전 부분은 이제까지 김기림에 관해 쓰여진 각종 연구물 및 기록, 증언, 기타 자료들을 바탕으로 전체 생애를 일목요연하게 이해할 수 있도록 구성하여 보았다. 여러 자료 및 기록들이 동원되었으나, 특히 김기림의 혈육(장남)인 세환씨와의 만남은 이제까지의 연구에 있어 누락되었던 부분들을 보다 소상하게 보충해줄 수 있는 결정적인 계기였음을 밝힌다. 반면, 아쉬운 점은 납북 이후의 행적을 밝힐 수 있는 자료를 입수하지 못했다는 점이다. 몇몇 자료에서 이에 대한 부분적인 언급이 없었던 것은 아니나, 검토 결과 이를 확인해줄 만한 어떠한 증거도 없다는 결론에 도달하고 말았다. 한편, 기술 양식과 관련하여, 평전의 경우에는 주석을 별도로 달지 않거나 달더라도 최소화하는 것이 일반적인 경향이나, 세부적인 내용까지를 좀더 상세하게 기술해 줌과 동시에 그 내용에 관심을 가진 독자들이 일일이 인용 원전을 찾아 헤매야 하는 부담과 번거로움을 덜어주고 싶은 욕심에서 해당 부분에는 빠짐없이 주석을 달아 놓았다.

* 김기림에 대한 대표적인 연구 논문들을 선정하는 것 역시 쉬운 일이 아니었다. 한정된 지면으로 인해 빼어선 안될 몇몇 뛰어난 연구물들을 부득이 제외하지 않을 수 없었다. 고심 끝에 4편의 글을 추렸으나, 아쉬움은 여전히 남는다.

* 연보와 작품 연보, 연구 자료 목록 등은 이제까지 소개된 모든 자료들을 망라하여 가장 완벽한 것이 될 수 있도록 노력하였다. 특히 독자

들 가운데 김기림 연구에 관심을 가지고 있는 후행 연구자들을 위해 부분적인 것까지를 포함해서 보다 철저하고 완벽한 연구 자료 목록을 작성하기 위해 애썼다.

* 이 책이 나오기까지 주위의 많은 도움이 있었다. 거듭된 편저자의 방문에도 친절하게 인터뷰에 응해주신 김세환 선생님과 귀찮았을 원고 교정을 성심껏 도와준 서울 사대 국어교육과 후배들, 그리고 문학세계사 김종해 선생님과 편집부 여러분께 지면으로나마 감사의 인사를 대신한다.

1996년 9월

金 裕 中

I. 金起林 시선

『氣象圖』
『太陽의 風俗』
『바다와 나비』
『새노래』
시집 미수록 시

氣象圖

(제1시집, 1936년 7월, 창문사)

世界의 아침

비눌
돛인
海峽은
배암의 잔등
처럼 살아났고
아롱진 「아라비아」의 衣裳을 둘른 젊은, 山脈들

바람은 바다가에 「사라센」의 비단幅처럼 미끄러웁고
傲慢한 風景은 바로 午前 七時의 絶頂에 가로누었다

헐덕이는 들 우에
늙은 香水를 뿌리는
敎堂의 녹쓰른 鐘소리
송아지들은 들로 돌아가려므나
아가씨는 바다에 밀려가는 輪船을 오늘도 바래보냈다

國境 가까운 停車場
車掌의 信號를 재촉하며

발을 굴르는 國際列車
車窓마다
「잘있거라」를 삼키고 느껴서 우는
마님들의 이즈러진 얼골들
旅客機들은 大陸의 空中에서 띠끌처럼 흐터졌다

本國에서 오는 長距離 라디오의 效果를 實驗하기 위하야
「쥬네브」로 旅行하는 紳士의 家族들
샴판 甲板「安寧히 가세요」「단여 오리다」
船夫들은 그들의 嘆息을 汽笛에게 맡기고 자리로 돌아간다
埠頭에 달려 팔락이는 五色의「테잎」
그 女子의 머리의 五色의「리본」

傳書鳩들은
船室의 집웅에서
首都로 向하야 떠났다
……「스마트라」의 東쪽……5킬로의 海上…… 一行 感氣도 없다
赤道 가까웁다……20日 午前 열時.……

市民行列

．

넥타이를 한 흰 食人種은
니그로의 料理가 七面鳥보다도 좋답니다
살갈을 희게 하는 검은 고기의 偉力
醫師「콜베-르」氏의 處方입니다
「헬매트」를 쓴 避暑客들은
亂雜한 戰爭競技에 熱中했습니다
슲은 獨唱家인 審判의 號角소리
너무 興奮하였으므로
內服만 입은 파씨스트
그러나 伊太利에서는
泄寫劑는 일체 禁物이랍니다
필경 洋服 입는 법을 배워낸 宋美齡女史
아메리카에서는
女子들은 모두 海水浴을 갔으므로
빈 집에서는 望鄕家를 불으는 니그로와
생쥐가 둘도 없는 동무가 되었읍니다
巴里의 男便들은 차라리 오늘도 自殺의 衛生에 대하여 생각하여야 하고
옆집의 수만이는 석달만에야
아침부터 支配人 영감의 自動車를 불으는

지리한 職業에 就職하였고
獨裁者는 冊床을 따리며 오직
「斷然히 斷然히」한개의 副詞만 發音하면 그만입니다
東洋의 안해들은 사철을 不滿이니까
배추장사가 그들의 군소리를 담어 갖어오기를
어떻게 기다리는지 모릅니다
「公園」은 首相「막도날드」氏가 世界에 자랑하는
如前히 失業者를 위한 國家的 施設이 되었습니다
敎徒들은 언제든지 치일 수 있도록
가장 簡便한 곳에 聖經을 언저 두었습니다
祈禱는 罪를 지을 수 있는 口實이 되었습니다
「감사합니다」
「아—멘」
「감사합니다 마님 한푼만 적선하세요
내 얼골이 요로케 이즈러진 것도
내 팔이 이렇게 부러진 것도
마님과니 말이지 내 어머니의 죄는 아니랍니다」
「쉿! 無名戰士의 紀念祭行列이다」
뚜걱 뚜걱 뚜걱……

颱風의 起寢時間

「바기오」의 東쪽
北緯 15度

푸른 바다의 寢床에서
흰 물결의 이불을 차 던지고
내리쏘는 太陽의 金빛 화살에 얼골을 어더맞으며
南海의 늦잠재기 赤道의 심술쟁이
颱風이 눈을 떴다
鰐魚의 싸홈동무
돌아올 줄 몰르는 長距離選手
和蘭船長의 붉은 수염이 아무래도 싫다는
따꼽쟁이
휘둘르는 검은 모락에
찢기어 흐터지는 구름빨
거츠른 숨소리에 소름치는
魚族들
海灣을 찾어 숨어드는 물결의 떼
황망히 바다의 장판을 구르며 달른
빗발의 굵은 다리
「바시」의 어구에서 그는 문득

바위에 걸터앉어 머리수그린
헐벗고 늙은 한 沙工과 마주쳤다
홍「옛날에 옛날에 破船한 沙工」인가봐
結婚式 손님이 없어서 저런게지
「오 파우스트」
「어디를 덤비고 가나」
「응 北으로」
「또 성이 났나?」
「난 잠잫고 있을 수가 없어 자넨 또 무엇땜에 예까지 왔나?」
「괴테를 찾어 다니네」
「괴테는 자네를 내버리지 않엇나」
「하지만 그는 내게 생각하라고만 가르쳐 주엇지
어떻게 行動하라군 가르쳐 주지 않엇다네
나는 지금 그게 가지고 싶으네」
흠 막난이 파우스트
흠 막난이 파우스트
中央氣象臺의 技師의 손은
世界의 1500餘 구석의 支所에서 오는
電波를 번역하기에 분주하다

（第一報）
低氣壓의 中心은
「발칸」의 東北
또는
南米의 高原에 있어
690밀리

16 시집『기상도』

때때로
적은 비 뒤에
큰 비
바람은
西北의 方向으로
35미터

(第二報・暴風警報)
猛烈한 颱風이
南太平洋上에서
일어나
바야흐로
北進中이다
風雨 强할 것이다
亞細亞의 沿岸을 警戒한다

한 使命에로 編成된 短波・短波・長波・短波・長波・超短波・모-든・電波의・動員・

(市의 揭示板)
「紳士들은 雨備와 現金을 携帶함이 좋을 것이다」

자최

「大中華民國의 繁榮을 위하야―」
슯으게 떨리는 유리컵의 쇳소리
거룩한 「테―불」 보재기 우에
펴놓은 歡談의 물구비 속에서
늙은 王國의 運命은 흔들리운다
「솔로몬」의 使者처럼
빨간 술을 빠는 자못 점잔은 입술들
색깜한 옷깃에서
쌩그시 웃는 흰 薔薇
「大中華民國의 分裂을 위하야―」
찢어지는 휘장 저편에서
갑자기 유리窓이 투덜거린다……

「자려므나 자려므나」
「꽃속에 누어서 별에게 안겨서―」
萬國公園의 「라우드·스피―커」는
「쁘람―쓰」처럼 매우 슯웁니다
꽃은 커녕 별도 없는 벤취에서는
꿈들이 바람에 흔들려 소스라쳐 깨었읍니다
하이칼라한 쌘드윗취의 꿈

貪慾한 「삐-프스테잌」의 꿈
건방진 「햄살라드」의 꿈
비겁한 강낭죽의 꿈
「나리사 나게는 꿈꾼 죄밖에는 없읍니다
食堂의 門前에는
천만에 천만에 간 일이라곤 없읍니다」
「…………」
「나리 저건 默示錄의 騎士ㅂ니까」

산빨이 소름 친다
바다가 몸부림 친다
휘청거리는 삘딩의 긴 허리
비틀거리는 電柱의 미끈한 다리
旅客機는 颱風의 깃을 피하야
成層圈으로 소스라처 올라갔다
痙攣하는 亞細亞의 머리 우에 흐터지는 電波의 噴水 噴水
故國으로 몰려가는 忠實한 에-텔의 아들들
國務卿 「양키-」씨는 受話器를 내 던지고
倉庫의 층층계를 굴러 떨어진다
실로 한목음의 소-다水
혹은 아모러치도 아니한 「이늠」소리와 바꾼 證券들 우에서
붉은 수염이 쓰게 웃었다
「워싱톤은 가르키기를 正直하여라」

十字架를 높이 들고
動亂에 향하야 귀를 틀어막던

敎會堂에서는
「하느님이여 카나안으로 이르는 길은
어느 불ㅅ길 속으로 뚤렸습니까」
祈禱의 중품에서 禮拜는 멈춰섰다
아모도「아—멘」을 채 말하기전에
門으로 門으로 쏟아진다……

圖書館에서는
사람들은 거꾸로 서는「소크라테쓰」를 拍手합니다
生徒들은「헤—겔」의 서투른 算術에 아주 歎服합니다
어저께의 同志를 江邊으로 보내기 위하야
자못 變化自在한 刑法上의 條件이 調査됩니다
敎授는 紙錢 우에 印刷된 博士論文을 朗讀합니다
「녹크도 없는 손님은 누구냐」
「…………」
「대답이 없는 놈은 누구냐」
「…………」
「禮儀는 지켜야 할 것이다」

떨리는 租界線에서
하도 심심한 步哨는 한 佛蘭西 婦人을 멈춰 세웠으나
어느새 그는 그 女子의 스카—트 밑에 있었습니다
「베레」그늘에서 취한 입술이 博愛主義者의 웃음을 웃었습니다
硼酸 냄새에 얼빠진 花柳街에는
賣藥會社의 廣告紙들
이즈러진 알미늄 대야

담뱃집 倉庫에서
썩은 고무 냄새가 焚香을 피운다
지붕을 베끼운 골목어구에서
쫓겨난 孔子님이 잉잉 울고 섰다
自動車가 돌을 차고 너머진다
電車가 개울에 쏠어진다
「삘딩」의 숲속
네거리의 골짝에 몰켜든 검은 대가리들의 下水道
멱처럼 허우적이는 가-느다란 팔들
救援 대신에 虛空을 부짭은 지치인 努力
흔들리우는 어깨의 물결

불自動車의
날랜 「사이렌」의 날이
선뜻 무딘 動亂을 갈르고 지나갔다
입마다 불낄을 뿜는
摩天樓의 턱을 어르만지는 噴水의 바알

어깨가 떨어진 「마르코·폴로」의 銅像이 혼자
네거리의 복판에 가로 서서
群衆을 號令하고 싶으나
목아지가 없읍니다

「라디오·비-큰」에 걸린
飛行機의 부러진 죽지
골작을 거꾸로 자빠져 흐르는 碑石의 瀑布

「召集令도 끝나기 전에 戶籍簿를 어쩐담」
「그 보다도 心要한 納稅簿」
「그 보다도 俸給表를」
「그렇지만 出勤簿는 없어지는게 좋아」

날마다 갈리는 公使의 行列
乘馬俱樂部의 말발굽 소리
「홀」에서 돌아오는 마지막 自動車의 고무바퀴들
墨西哥行의 「쿠리」들의 「투레기」
자못 가벼운 두쌍의 「키드」와 「하이힐」
몇개의 世代가 뒤섞기어 밟고간 海岸의 街道는
깨어진 벽돌쪼각과
부서진 유리쪼각에 얻어맞어서
꼬부라져 자빠져 있다

날마다 黃昏이 채여주는
電燈의 勳章을 번쩍이며
世紀의 밤중에 버티고 일어섰던
傲慢한 都市를 함부로 뒤져놓고
颱風은 휘파람을 높이 불며
黃河江邊으로 비꼬며 간다……

病든 風景

보라빛 구름으로 선을 둘른
灰色의 칸바쓰를 등지고
꾸겨진 빨래처럼
바다는
山脈의 突端에 걸려 퍼덕인다

삐뚤어진 城壁 우에
부러진 소나무 하나……

지치인 바람은 지금
漂白된 風景속을
썩은 嘆息처럼
埠頭를 넘어서
찢어진 바다의 치마자락을 걷우면서
化石된 벼래의 뺨을 어루만지며
주린 강아지처럼 비틀거리며 지나간다

바위틈에 엎디어
죽지를 들이운 물새 한 마리
물결을 베고 자는

꺼질줄 모르는 鄕愁
짓밟혀 느러진 白沙場 우에
매맞어 검푸른 빠나나 껍질 하나
부프러올은 구두 한짝을
물결이 차던지고 돌아갔다
海灣은 또 하나
슬픈 傳說을 삼켰나보다
黃昏이 입혀주는
灰色의 襚衣를 감고
물결은 바다가 타는 葬送曲에 맞추어
病든 하루의 臨終을 춘다……
섬을 부둥켜안는
안타까운 팔
바위를 차는 날랜 발길
모래를 스치는 조심스런 발꾸락
埠頭에 엎드려서
築臺를 어루만지는
간엷힌 손길

붉은 香氣를 떨어버린
海棠花의 섬에서는
참새들의 이야기도 꺼저버렸고
먼 燈臺 부근에는
등불도 별들도 피지 않았다……

올배미의 呪文

颱風은 네거리와 公園과 市場에서
몬지와 休紙와 캐베지와 臙脂와
戀愛의 流行을 쫓아버렸다

헝크러진 거리를 이 구석 저 구석
혓바닥으로 뒤지며 다니는 밤바람
어둠에게 벌거벗은 등을 씻기우면서
말없이 우두커니 서있는 電線柱
엎드린 모래벌의 허리에서는
물결이 가끔 흰 머리채를 추어든다
요란스럽게 마시고 지꺼리고 떠들고 돌아간 뒤에
테불 우에는 깨여진 盞들과
함부로 지꾸어진 芳名錄과……
아마도 署名만 하기 위하여 온 것처럼
총총히 펜을 던지고 客들은 돌아갔다
이윽고 記憶들도 그 이름들을
마치 때와 같이 총총히 빨아버릴게다

나는 갑자기 신발을 찾아 신고
도망할 자세를 가춘다 길이 없다

돌아서 등불을 비틀어 죽인다
그는 비둘기처럼 거짓말쟁이였다
황홀한 불빛의 榮華의 그늘에는
몸을 조려없애는 기름의 十字架가 있음을
등불도 비둘기도 말한 일이 없다

나는 信者의 숭내를 내서 무릎을 꿀어본다
믿을 수 있는 神이나 모신것처럼
다음에는 旗빨처럼 호화롭게 웃어버린다
대체 이 疲困을 피할 하룻밤 酒幕은
「아라비아」의「아라스카」의 어느 가시밭에도 없느냐
戀愛와 같이 싱겁게 나를 떠난 希望은
지금 또 어디서 復讐를 준비하고 있느냐
나의 머리에 별의 꽃다발을 두었다가
거두어간 것은 누구의 변덕이냐
밤이 간 뒤엔 새벽이 온다는 宇宙의 法則은
누구의 실없은 작난이냐
東方의 傳說처럼 믿을 수 없는
아마도 失敗한 實驗이냐
너는 埈及에서 돌아온「씨-자」냐
너의 주둥아리는 진정 독수리냐
너는 날개 도친 흰 구름의 種族이냐
너는 도야지처럼 기름지냐
너의 숨소리는 바다와 같이 너그러우냐
너는 果然 天使의 家族이냐

26 시집 『기상도』

귀먹은 어둠의 鐵門 저 편에서
바람이 터덜터덜 웃나보다
어느 헝크리진 수풀에서
부엉이가 목쉰 소리로 껄껄 웃나보다

來日이 없는 칼렌다를 쳐다보는
너의 눈동자는 어쩐지 별보다 이뿌지 못하고나
도시 十九世紀처럼 興奮할 수 없는 너
어둠이 잠긴 地平線 너머는
다른 하늘이 보이지 않는다
音樂은 바다 밑에 파묻힌 오래인 옛말처럼 춤추지 않고
수풀 속에서는 傳說이 도무지 슬프지 않다
페이지를 번지건만 너멋장에는 結論이 없다
모퉁이에 혼자 남은 街路燈은
마음은 슬퍼서 느껴서 우나
부릅뜬 눈에 눈물이 없다

거츠른 발자취들이 구르고 지나갈 때에
담벼락에 달러붙는 나의 숨소리는
생쥐보다도 커본 일이 없다
강아지처럼 거리를 기웃거리다가도
강아지처럼 얻어맞고 발길에 채어 돌아왔다

나는 참말이지 善良하려는 惡魔다
될 수만 있으면 神이고 싶은 짐승이다
그렇건만 밤아 너의 썩은 바줄은

웨 이다지도 내몸에 깊이 親切하냐
무너진 築臺의 근방에서는
바다가 또 아름다운 알음소리를 치나보다
그믐밤 물결의 노래에 취할 수 있는
「타골」의 귀는 응당 소라처럼 幸福스러울게다

어머니 어머니의 무덤에 마이크를 갖어갈까요
사랑스러운 骸骨 옛날의 자장가를 기억해내서
병신 된 나의 귀에 불러주려우

자장가도 불을 줄 모르는 바보인 바다

바다는 다만
어둠에 叛亂하는
永遠한 不平家다

바다는 자꾸만
헌 이빨로 밤을 깨문다

쇠바퀴의 노래

허나
이윽고
颱風이 짓밟고 간 깨여진 「메트로폴리스」에
어린 太陽이 병아리처럼
홰를 치며 일어날게다
하루밤 그 꿈을 건너다니던
수없는 놀램과 소름을 떨어버리고
이슬에 젖은 날개를 하늘로 펼게다
탄탄한 大路가 希望처럼
저 머언 地平線에 뻗히면
우리도 四輪馬車에 來日을 싣고
유량한 말발굽 소리를 울리면서
처음 맞는 새길을 떠나갈게다
밤인 까닭에 더욱 마음달리는
저 머언 太陽의 故鄕
끝없는 들 언덕 위에서
나는 「데모스테네스」보다도 더 수다스러울게다
나는 거기서 채찍을 꺾어버리고
망아지처럼 사랑하고 망아지처럼 뛰놀게다
미움에 타는 일이 없을 나의 눈동자는

眞珠보다도 더 맑은 샛별
나는 내속에 엎드린 山羊을 몰아내고
여우와 같이 깨끗하게
누의들과 親할게다

나의 生活은 나의 薔薇
어디서 시작한 줄도
언제 끝날 줄도 모르는 나는
꺼질 줄이 없이 불타는 太陽
大地의 뿌리에서 地熱을 마시고
떨치고 일어날 나는 不死鳥
叡智의 날개를 등에 붙인 나의 날음은
太陽처럼 宇宙를 덮을게다
아름다운 行動에서 빛처럼 스스로
피여나는 法則에 引導되어
나의 날음은 즐거운 軌道 우에
끝없이 달리는 쇠바퀼게다

벗아
太陽처럼 우리는 사나웁고
太陽처럼 제빛 속에 그늘을 감추고
太陽처럼 슬픔을 삼켜버리자
太陽처럼 어둠을 살워버리자

다음날
氣象臺의 마스트엔

구름조각 같은 흰 旗폭이 휘날릴게다

(暴風警報解除)
快晴
低氣壓은 저 머언
시베리아의 근방에 사라졌고
太平洋의 沿岸서도
高氣壓은 흩어졌다
흐림도 소낙비도
暴風도 장마도 지나갔고
來日도 모레도
날세는 좋을게다

(市의 揭示板)
市民은
우울과 질투와 분노와
끝없는 탄식과
원한의 장마에 곰팽이 낀
추근한 雨備를랑 벗어버리고
날개와 같이 가벼운
太陽의 옷을 갈아 입어도 좋을게다

太陽의 風俗

(제2시집, 1939년 9월, 학예사)

太陽의 風俗

太陽아

다만 한번이라도 좋다. 너를 부르기 위하야 나는 두루미의 목통을 비러오마. 나의 마음의 문허진 터를 닦고 나는 그 우에 너를 위한 작은 宮殿을 세우련다. 그러면 너는 그 속에 와서 살어라. 나는 너를 나의 어머니 나의 故鄕 나의 사랑 나의 希望이라고 부르마. 그리고 너의 사나운 風俗을 쫓아서 이 어둠을 깨물어 죽이련다.

太陽아

너는 나의 가슴속 작은 宇宙의 湖水와 山과 푸른 잔디밭과 힌 防川에서 不潔한 간밤의 서리를 핥어버려라. 나의 시내물을 쓰다듬어 주며 나의 바다의 搖籃을 흔들어 주어라. 너는 나의 病室을 魚族들의 아침을 다리고 유쾌한 손님처럼 찾어오너라.

太陽보다도 이쁘지 못한 詩. 太陽일 수가 없는 설어운 나의 詩를 어두운 病室에 켜놓고 太陽아 네가 오기를 나는 이 밤을 새여가며 기다린다.

海圖에 대하야

　山봉오리들의 나즉한 틈과 틈을 새여 藍빛 잔으로 흘러들어오는 어둠의 潮水. 사람들은 마치 지난밤 끝나지 아니한 約束의 계속인 것처럼 그 漆黑의 술잔을 드리켠다. 그러면 해는 할 일 없이 그의 希望을 던저 버리고 그만 山모록으로 돌아선다.

　고양이는 山기슭에서 어둠을 입고 쪼그리고 앉아서 密會를 기다리나보다. 우리들이 버리고 온 幸福처럼……. 夕刊新聞의 大英帝國의 地圖 우를 도마배암이처럼 기여가는 별들의 그림자의 발자국들.「미스터·뽈드윈」의 演說은 암만해도 빛나지않는 全혀 가엾은 黃昏이다.

　집 이층집 江 웃는 얼굴 交通巡査의 모자 그대와의 約束…… 무엇이고 差別할 줄 모르는 無知한 검은 液體 汎濫속에 녹여버리려는 이 目的이 없는 實驗實 속에서 나의 작은 探險船인 地球가 갑자기 그 航海를 잊어버린다면 나는 대체 어느 구석에서 나의 海圖를 편단 말이냐?

가을의 果樹園

어린 曲藝師인 별들은 끝이없는 暗黑의 그물 속으로 수없이 꼬리를 물고 떨어집니다. 「포풀라」의 裸體는 푸른 저고리를 벗기우고서 방천 우에서 느껴웁니다. 果樹園 속에서는 林檎나무들이 젊은 患者와 같이 몸을 부르르 떱니다. 무덤을 찾어 댕기는 닙 닙 닙…

　西 南 西

바람은 아마 이 方向에 있나봅니다. 그는 진둥나무의 검은 머리채를 찢으며 「아킬러쓰」의 다리를 가지고 쫓겨가는 별들 속을 달려갑니다. 바다에서는 구원을 찾는 광란한 기적소리가 지구의 모―든 凸凹面을 굴러갑니다. SOS·SOS. 검은 바다여 너는 당돌한 한방울의 기선마저 녹여버리려는 意志를 버리지 못하느냐? 이윽고 아침이 되면 農夫들은 수없이 떠러진 별들의 슬픈 屍體를 주으려 과일밭으로 나갑니다. 그리고 그 奇蹟的인 과일들을 수레에 싣고는 저 오래인 東方의 市場 「바그다드」로 끌고 갑니다.

바다의 아츰

　작은 **魚族**의 무리들은 **日曜日** 아침의 **處女**들처럼 꼬리를 내저으면서 돌아댕깁니다.
　어린 물결들이 조약돌 사이를 기여댕기는 발자취 소리도 어느새 소란해졌습니다.
　그러면 그의 배는 이윽고 햇볕을 둘러쓰고 물새와 같이 두놀을 펴고서 바다의 비단폭을 쪼개며 돌아오겠지요.

　오― 먼섬의 저편으로부터 기여오는 안개여
　너의 羊털의 「납킨」을 가지고 바다의 거울판을 닦어 놓아서
　그의 놀데를 저해하는 작은 파도들을 잠재워다고.

나의 掃除夫

오늘밤도 초생달은
珊瑚로 판 나막신을 끌고서
구름의 층층계를 밟고 나려옵니다.

어서와요 정다운 掃除夫.
그래서 왼종일 깔앉은 띠끌을
내가슴의 河床에서 말쑥하게 쓸어줘요.
그러고는 당신과 나 손을 잡고서
물결의 노래를 들으려 바다까로 나려가요.
바다는 우리들의 유랑한 손風琴.

아스팔트

「아스팔트」 우에는
四月의 夕陽이 조렵고

잎사귀를 붙이지 아니한 街路樹 밑에서는
午後가 손질한다.

소리없는 고무바퀴를 신은 自動車의 아기들이
분주히 지나간 뒤

너의 마음은
憂鬱한 海底

너의 가슴은
구름들의 疲困한 그림자들이 때때로 쉬려오는 灰色의 잔디밭

바다를 꿈꾸는 바람의 嘆息을 들으려 나오는 沈默한 行人들을 위하야
작은 「아스팔트」의 거리는
地平線의 숭내를 낸다.

航海

　　八月에 햇볕은 白金의 비누방울.
　　水平에 넘쳐 흐늘이는 黃海의 등덜미에서 그것을 투겨올리는 푸른 비눌쪼각, 힌 비눌쪼각.
　　젖빛 구름의「스카ー트」가 淫奔한 바다의 허리를 둘렀다.

　　傲慢한 海洋의 가슴을 갈르는 뱃머리는
　　바다를 嫉妬하는 나의 칼날이다.
　　제껴지는 물결의 힌 살덩이. 쏟아지는 힌 피의 奔流.

　　내 눈초리보다도 높지못한 먼 돛
　　그 돛보다도 더 높지못한 水平線
　　검은 섬이 달려온다. 누른 섬이 달려간다.
　　함뿍 바람을 드리켠 붉은 돛이 미끄러진다.

　　나의 가슴에 감겼다 풀리는 바람의「테ー프」.
　　低氣壓은 벌서 北漢山의 저편에 ─
　　熱帶의 심술쟁이 颱風은 赤道에서 코고나보다.

　　「마스트」에 춤추는 빨간 旗빨은 一直線.
　　우리들의 航海의 方向.

港口도 벌서 부푸러오르는 潮水의 저편에 꺼저버렸다.

바람은 羅紗와 같이 빛나고
햇볕은 부스러 떨어지는 雲母가루.
키를 돌리지 말어라.
海圖는 옹색한 休暇證明書.
뱃머리는 언제든지 西南의 中間에 들어라.

가을의 太陽은「플라티나」의 燕尾服을 입고

가을의
太陽은 겨으른 畫家입니다.

거리 거리에 머리 숙이고 마주선 벽돌집 사이에
蒼白한 꿈의 그림자를 그리며 댕기는……

「쇼-윈도우」의 마네킹 人形은 홋옷을 벗기우고서
「셀루로이드」의 눈동자가 이슬과 같이 슬픔니다.

失業者의 그림자는 公園의 蓮못가의 갈대에 의지하야
살진 금붕어를 호리고 있습니다.

가을의 太陽은「플라티나」의 燕尾服을 입고서
피빠진 하눌의 얼굴을 散步하는
沈默한 畫家입니다.

바다와 나비

(제3시집, 1946년 4월, 신문화연구소)

어린 共和國이여

식은 火山 밑바닥에서
히미하게 나부끼던 작은 불낄
말발굽 구루는 땅 아래서
水銀처럼 떨리던 샘물
인제는 牧丹같이 피어나라 어린 共和國이어

그늘에 감춰온 마음의 財産
우리들의 오래인 꿈 어린 共和國이어
음산한 「近代」의 葬列에서 빼앗은 奇蹟
歷史의 귀동자 어린 共和國이여

오— 명예도 지위도 富貴도 다 싫소
오직 그대 가는 길 멍에밑 즐거운 勞役에 얽매어 주오
빛나는 共和國이여 그러고 안심하소서
젊은이 어께에 그대 얹히셨으니—

어린 共和國
오— 우리들의 가슴에 차오는 꽃봉오리여

저 대담한 새벽처럼 서슴치말고
밤새워 기다리는 거리로 어서 닥아오소서

바다와 나비

아모도 그에게 水深을 일러 준 일이 없기에
힌 나비는 도모지 바다가 무섭지 않다.

靑무우밭인가 해서 나려 갔다가는
어린 날개가 물결에 저러서
公主처럼 지처서 도라온다.

三月달 바다가 꽃이 피지 않어서 서거푼
나비 허리에 새파란 초생달이 시리다.

바다

바다
너는 벙어리처럼 점잖기도하다.
소낙비가 당황히 구루고 지나갈 적에도
너는 놀라서 서둘르는 일이 없다.

沙工들은 山처럼 큰 그들의 서름을랑
네 뼡함 속에 담어 두려하야
海灣을 열고 바삐 나가더라.

사람들은 너를 運命이라 부른다.
너를 울고 욕하고 꾸짖는다.

허나 너는 그러한 것들의 쓰레배끼인 것처럼
한숨도 눈물도 辱說도 말없이 받어 가지고 도라서드라.

너는 그처럼 슲음에 익숙하냐.

바다
지금 너는 잠이 들었나보다. 꿈을 꾸나보다.
배에 힘을 주나보다 꿈틀거린다.

너는 자꾸만 한울을 담고저 애쓰나보다.

그러나
네 마음은 아직 엉크러지지 않었다. 굳지 않었다.
그러기에 달밤에는 숨이 차서 헐덕인다.
시악씨처럼 해빛이 부끄러워 섬 그늘에 숨는다.

바다
네 살결은 한울을 닮어서도 한울보다 푸르고나.
바위에 버이워 쪼개지는 네 살덩이는 그러나 히기가 눈이고나.
너는 玉같은 마음을 푸른 가죽에 쌌고나.

바다
너는 노래 듣기를 퍽으나 좋아하드라
汽笛만 울어도 너는 쫑기고 귀를 기우리더라.
너는 서투룬 목청을 보고도 자꾸만 노래를 부르라 조르드라.

바다
너는 아무도 거둬본 일이 없는 보료
때때로 바람이 그런 엉뚱한 생각을 하다도 말고
밤이면 별들이 떨어지나 어느새 아츰 안개가 훔처버린다.

바다
너는 언제 나다려 親하다고 한 일이 없건만
온 아츰에도 잠옷채로 창으로 달려가서
넋없이 또 네 얼골을 구버본다.

아프리카 狂想曲

숨막히는 毒瓦斯에 섞은 띠끌이 쓸려간 뒤에
聖都의 아츰에 王朝의 歷史는 간 데 없고
어느새 로―마의 風俗을 단장한 會長의 따님의
숭내내는 國歌의 서투룬 곡조가 웬일이냐

급한 발길을 행여 막으려 다투어 던지는
眞紅빛 薔薇의 언덕을 박차며
熱沙를 뿜으며 몰려오는
검은 쇠바퀴…… 검은 말발굽 소리……

테―불에 쏟아지는 샴펜의 瀑布.
「소생하는 로―마야 마셔라 麒麟의 피를……
正義도 象牙도 文明도 石油도 우리 것이다」
法王의 鐘들과 라디오가 마을 마을에 요란하다.

다―샨火山에 불이 꺼진 날
새로 엮인 페―지에 世紀의 犯行이 淋漓하고나.
입담은 證人인 靑나일이 혼자
哀史를 중얼거리며 埃及으로 흘으더라.

오늘은 三色旗의 行進을 祝福하는
沙漠의 太陽.
차-나湖 푸른 거울에
五月의 얼골이 태연하고나.

한니발도 짓밟고 칼타고도 불지르고
오늘은 千年 묵은 沙漠의 靜寂을 부시고 가는
피묻는 늙은 쇠바퀴야
너 달려가는 곳이 어디냐.

連禱

내 神은
잠든 아기의 얼골에서 우숨을 걷우는
즐거우려는 자라려는 날뛰려는
망아지와 薔薇를 시들게 하는
이 邪惡한 비바람을 가장 미워하는 神이리라.

내 神은
내마음 속의 주착없는 放心과
간사한 衝動과 親하려는 嬌態를
가장 怒하시는 神이리라.

내 神은
沙漠에 꺼꾸러저 웨치는 「아라비아」 사람들의
캄캄한 마음에 떠오르는 太陽 —
埈及의 채찍을 피해서 紅海에 막다른
「이스라엘」 사람들의 앞에 갑자기 길이던 神이리라.

내 神은
내 港口도 避難處도 安息도 아니오
내 싸움 속에서 나를 지키고 鼓舞하는 소리리라.
연약하려는 落望하려는 나를 노려보는 엄숙한 눈쌀이리라.

유리窓

여보
내마음은 유린가봐 겨울 한울처럼
이처럼 작은 한숨에도 흐려버리니……

만지면 무쇠같이 굳은 체하더니
하로밤 찬 서리에도 금이 갔구료

눈포래 부는 날은 소리치고 우오
밤이 물러간 뒤면 온 뺨에 눈물이 어리오

타지 못하는 情熱 박쥐들의 燈臺
밤마다 날어가는 별들이 부러워 처다보며 밝히오

여보
내마음은 유린가봐
달빛에도 이렇게 부서지니

쥬피타 追放
—— 李箱의 靈前에 바침

芭蕉 잎파리처럼 축 느러진 中折帽 아래서
빼여 문 파이프가 자조 거룩지 못한 圓光을 그려 올린다.
거리를 달려가는 밤의 暴行을 엿듣는
치껴 올린 어깨가 이걸상 저걸상에서 으쓱거린다.
住民들은 벌서 바다의 유혹도 말다툴 홍미도 잃어버렸다.

깐다라 壁畫를 숭내낸 아롱진 盞에서
쥬피타는 中華民國의 여린 피를 드리켜고 꼴을 찡그린다.
「쥬피타 술은 무엇을 드릴가요?」
「응 그 다락에 언저둔 登錄한 思想을랑 그만둬.
빚은지 하도 오라서 김이 다 빠졌을걸.
오늘밤 신선한 내 식탁에는 제발
구린 냄새는 피지 말어.」

쥬피타의 얼굴에 絶望한 우숨이 장미처럼 히다.
쥬피타는 지금 씰크햇트를 쓴 英蘭銀行 노오만 氏가
글세 大英帝國 아츰거리가 없어서
장에 게란을 팔러 나온 것을 만났다나.
그래도 게란 속에서는
빅토리아 女王 直屬의 樂隊가 軍樂만 치드라나.

쥬피타는 록펠라 氏의 庭園에 만발한
곰팽이 낀 節操들을 도모지 칭찬하지 않는다.
별처럼 무성한 온갖 思想의 花草들.
기름진 장미를 빨아 먹고 오만하게 머리추어든 恥辱들.

쥬피타는 구름을 믿지 않는다. 장미도 별도……
쥬피타의 품안에 자빠진 비둘기 같은 天使들의 屍體.
거문 피 엉크린 날개가 輕氣球처럼 쓰러졌다.
딱한 愛人은 오늘도 쥬피타다려 정열을 말하라고 졸르나
쥬피타의 얼굴에 장미 같은 우숨이 눈보다 차다.
땅을 밟고 하는 사랑은 언제고 흙이 묻었다.

아모리 따려보아야 스트라빈스키의 어느 拙作보다도
이쁘지 못한 도, 레, 미, 파…… 인생의 一週日.
은단과 조개껍질과 金貨와 아가씨와
佛蘭西 人形과 몇 개 부스러진 꿈쪼각과……
쥬피타의 노름감은 하나도 자미가 없다.

몰려오는 안개가 겹겹이 둘러싼 네거리에서는
交通巡査 로오랑 氏 로오즈벨트 氏 기타 제씨가
저마다 그리스도 몸짓을 숭내내나
함부로 돌아가는 붉은 불 푸른 불이 곳곳에서 事故만 이르킨다
그중에서도 푸랑코 氏의 直立不動의 자세에 더군다나 현기ㅅ증이 났다.

쥬피타 너는 世紀의 아픈 상처였다.

惡한 氣流가 스칠적마다 오슬거렸다.
쥬피타는 병상을 차면서 소리쳤다
「누덕이불로라도 신문지로라도 좋으니
저 太陽을 가려다고.
눈먼 팔레스타인의 殺戮을 키질하는 이 건장한
大英帝國의 태양을 보지 말게해다고」

쥬피타는 어느날 아침 초라한 걸레쪼각처럼 때묻고 해여진
수놓는 비단 形而上學과 체면과 거짓을 쓰레기통에 벗어 팽개쳤다.
실수 많은 인생을 탐내는 썩은 體重을 풀어 버리고
파르테논으로 파르테논으로 날아갔다.

그러나 쥬피타는 아마도 오늘 세라시에 陛下처럼
해여진 망또를 둘르고
문허진 神話가 파무낀 폼페이 海岸을
바람을 데불고 혼자서 소요하리라.

쥬피타 昇天하는 날 禮儀없는 사막에는
마리아의 찬양대도 분향도 없었다.
길잃은 별들이 遊牧民처럼
허망한 바람을 숨쉬며 떠 댕겼다.
허나 노아의 홍수보다 더 진한 밤도
어둠을 뚫고 타는 두 눈동자를 끝내 감기지 못했다.

壁을 헐자

壁을 헐자
그대들과 우리들 사이의
그대들 속의 작은 그대들과 또 다른 그대들 사이의
우리들 속의 작은 우리들과 또 다른 우리들 사이의

아마도 그것은
金과 銀과 象牙로 쌓은 恥辱의 城일지도
모른다 그러면 더욱 헐자

낡은 장벽을 묺어버린 우에 거기
새날의 大路를 뽑자
그대들과 우리 다
함께 갈 大路를 뽑자

아메리카

아득한 바다 건너 한없이 넓은 한울 아래 흥성한 나라가 있어
아모의 權威도 믿지 않는 自由와 높은 한울과 들과 일을
죽엄보다 사랑하는 한 싱싱한 백성들이 거기 산다고 한다
만나기도 전부터 그대들 무척 반겼음은
우리 또한 억매임 없는 넓은 大氣와 살림 限없이 그리웠기 때문
모—든 낡은 權威 뭏어저 부스러저야함을 알었기 때문이다

사슬과 抑壓을 잠시도 용서않으며
포악과 侵略을 가장 미워하는 그대
弱한 者의 곁에 서있기를 늘 좋아하는 그대
自由와 또 前進만을 노래하는 詩의 傳統을 가진
「휘트맨」의 나라 백성이기에
그대 손목을 우리는 한없이 뜨겁게 잡으리라 하였다

아! 잊힐 리 없는 一九四五年 九月 義로운 우리들의 동무
王없는 나라 貴族없는 나라 人民의 나라 젊은 戰士들은
바다로 하눌로 구름가티 덮여온다 하였다
壓制와 虐殺과 脅迫에 짓밟히고 찢긴 땅에서
毒蛇의 무리와 그 앞잽이들 모조리 우리
채찍 높이 휘둘러 쫓아내리라 하였다

그대들 또한 우리 옆에 예루살렘 神殿의 성낸 젊은이처럼 서있으리 리 하였다

그러나 그대는 젊은 朝鮮의 불타는 눈초리를 알지 못했다
우리가 바라는 것이 한 革命임을 알지 못했다
連續이 아니라 斷絶을 推移가 아니라 淸新한 飛躍이야말로 젊은 朝鮮의 希望이었음을
지나간 날은 너무나 안타까이도 캄캄했던 까닭에
너무나 歷史에게 버림받었던 까닭에
그러므로 우리는 커-다란 새날만을 바라섰다

一九四五年 八月은 바로 우리들의 一七七六年 七月이고저 하였다
모-든 不合理와 謀叛과 사슬에 대한 불붙는 抗議
偉大한 人民의 權利와 自由의 宣言이고저 하였다
그대는 우리들의 「七年의 싸움」을 거지반 도맡어 四年을 싸웠다
그대는 우리들의 百萬의 「라파이엣트」

감옥과 地下의 우리들의 戰士의 굳은 同盟軍—
인제 그대들 우리곁에 있거늘
여기는 오직 오래인 가난과 不潔과 懷疑와 연기
모두가 倭敵이 남기고 간 상채기뿐
그대 손 너무 높은 데 있어 도시잡기가 어렵고나
「푸록코-트」도 「쌀롱」도 우리는 없다
卑屈이나 아첨이나 禮服은
오직 오래 입어본 치들만이 얼른 다시 뒤집어 썼건만
우리는 느꼈다 그는 도리혀 義로운 戰士를 대접하는 禮儀 아님을—

祝杯를 들자 七月 초나흘을 위하야— 自由로운 「아메리카」의
聖스런 싸움에 빛나는 지나간 날과 오늘과
또 平和와 希望의 負債 무거운 來日을 위하야—
「워싱튼」「제퍼-슨」그리고 「프랑클린」의 나라
무엇보다도 「에부라함·링컨」의 나라
그 무엇보다도 「프랭클린·로-즈벨트」의 나라 이기에
그대에겐 있것만 아직도 獨立 없는
우리의 아픔을 아- 누구보다도 그대가 잘알리라

自由 위한 싸움터우 다만 理解와 尊敬과 높은 理想으로 만
우리들의 굳은 握手를 맺자
장미를 던저라 저 偉大한 一七七六年의 七月을 위하야
우리 모다 祝杯를 들자
또하나 祝杯는 우리들 것으로 남겨두자

(1946년 7月 4日 · 美國獨立紀念日에)

肉體禮讚

움켜잡으면 그대 더운 피 가슴까지 화끈 쏴오는구나
여러싸움과 모함과 迫害 속을 헤치고 온 매디진 손아

아름다운 眞理와 높은 일 위하야는
물불 헤아리지 않고 뚫고 온 퍼진 어께야

나라와 백성에게 바치는 뜻 밖엔
딴 마음 하나없이 낮과 밤 새워 달리던 세찬 다리야

窓으로 가자 그대 손아귀 더 오래 잡고있자
꽃 피는 구룸 향기론 새벽
동터 오는 한길이 그대와 함께 보이는 데로 가자

그대 얼골에 칼자욱 있어 더욱 빛나는 半달이고나
근심이 차 부어올라 가슴이 둥글어
그대 타는 눈동자 어둠을 뚫고 별틈에 있고나

오늘은 惡魔의 것이나

門이 아니라 壁인 것같다
바위가 아니면 벼래
또 밑없는 골자구니

길이 너무 험하야
두고가는 무덤이 자저
진달레와 두견새 우룸소리 숲을 날 아직도 많을가부다
그러나 地球는 부질없이 돌아가지는 않으리라

뭇 사라지는 것들의 亡靈인 것처럼
이즈러진 電車와 강아지와 거지가
악을 쓰며 쫓겨댕기는 거리
모두가 헐벗고 춥고 배가 고파
악이 오른 찌푸린 거리
쓰레기 쌓인 골목을 돌아
열 스무번 다시 이러나 가야할 길

이 길을 돌아가야만
바다가 트인 平野로 나간다 한다

地球는 부질없이 돌아가지는 않으리라
아모리 그믐밤일지라도 저기 별이 있어 좋지않으냐
薔薇와 무지개 가득차 우리 가슴이 부풀어 좋지않으냐

오늘은 惡魔의 것이나
來日은 우리의 것이다

시집 미수록 시

슈-르레알리스트

거리로 지나가면서 당신은 본일이 업습니까
가을 볏으로 짠 장삼을 둘르고
갈대 고깔을 뒤ㅅ덜미에 부친 사람의
어리꾸진 노래를 ―
怪常한 춤맵씨를 ―
그는 千九百五十年 最後의 市民 ―
佛蘭西革命의 末裔의 最後의 사람입니다
그의 눈은 「푸리즘」처럼 多角입니다.
世界는 꺽구로 彩光되여 그의 白色의 「카메라」에 잡버집니다
새벽의 땅을 울리는 발자국 소리에 그의 귀는 기우러지나
그는 그 뒤를 딸흘 수 업는 가엽슨 절름바리외다.
資本主義 第三期의 「메리·꼬-라운드」로
出發의 前夜의 伴侶들이 손목을 잇그나
그는 차라리 여기서 호올로 서서
남들이 모르든 수상한 노래에 마추어
혼자서 그의 춤을 춤추기를 조와합니다.
그는 압니다. 이윽고 「카지노폴리」의 奏樂은 疲困해 끗치나고 거리
는 잠잠해지고 말 것을 생각지 마르세요. 그의 노래나 춤이 즐거운 것

이라고 그는 슬퍼하는 人形이외다.
　그에게는 生活이 업습니다.
　사람들이 모—다 生活을 가지는 때
　우리들의 「피에로」도 쓸어집니다.

《朝鮮日報》1930. 9. 30)

날개만 도치면

　大連行의 旅客運輸機는 彈力的인 어린 曲藝師입니다.
　楕圓形의 飛行場의 가슴 우헤서 빽빽한 「레-몬」의 아츰 空氣를 「푸로페라」로 휘저으면서 포근포근한 구름의 휘장 속으로 뛰여들어갑니다.
　善良한 할아버지인 해는 빗나는 金빛의 손깃으로 이 작난군의 銀나래를 어르만지며 벙글거립니다.

　地平線을 나려가는 希望의 새여.
　孤獨한 「미이라」인 우리들의 「生活」을 건저가지고 이 옹색한 宇宙의 博物舘에서 우리도 뛰여 나가런다.
　우리들의 등덜미에 날개만 도치면 우리들도 出發하련다.
　地平線 저쪽의 「아지못할 날」에로 向하야 우리들의 날개를 펴런다.

《新東亞》1권 1호, 1931. 11)

詩論

―여러분―
여기는 發達된 活字의 最後의 層階올시다
單語의 屍體를 질머지고
日本 조희의
漂白한 얼골 우혜
꺽구러저
헐떡이는 活字―

「뱀」을 手術한
白色 無記號文字의 骸骨의 무리―
歷史의 가슴에 매여달려
죽어가는 斷末魔
詩의 샛파란 입술을
축여줄「쉼표」는 업는냐?

公同便所―
오래동안 市廳의 掃除夫가 니저버린 窒息한 똥통속에
어나곳 「센티멘탈」한 令孃이 흘리고간
墮胎한 死兒를 市의 檢察官의
三角의 귀밑눈이 낙시질했다

―詩다―뿌라보―

나기를 넘우 일즉히 한 것이여
생기기를 넘우 일직히 한 것이여
感激의 血管을 脫腸當한
죽은「言語」의 大量産出 洪水다.
死海의 混濁―警戒해라

詩의 宮殿에―骨董의 廢墟에
詩는 窒息햇다
「안젤러쓰」여
先世紀의
오랜 廢人
詩의 吊鐘을
울여라
千九百三十年의 들에
藝術의 무덤우에
우리는 흙을 파언자

「哀傷」의 賣淫婦가
悲壯의 法衣를 도적해 둘르고
거리로 끌고간다
모-든 슬픔이
藝術의 일홈으로
大陸과
바다―

모-든 목숨의
王座를 짓밟는다

濁流 — 濁流 — 濁流
「센티멘탈리즘」의 洪水
크다란 어린애 하나가
花崗 채ㅅ죽을 휘둘른다.

무덤을 꽃피운
救援할 수 업는 荒野
藝術의 祭壇을 휩쓸어 버리려고

僞善者와
느렁쟁이―「어적게」의 詩들이여
잘잇거라
우리들은 어린아히니
「심볼리즘」의
장황한 形容詞의 줄느림에서
藝術의 손을 잇글자

한개의
날뛰는 名詞
금틀거리는 動詞
춤추는 形容詞
(이건 일즉이 본 일 업는 훌륭한 生物이다)
그들은 詩의 다리(脚)에서

生命의 불을
뿜는다.
詩는 탄다 百度로—
빗나는 「푸라티나」의 光線의 불길이다

모-든 律法과
「모랄리틔」
善
判斷
—그것들 밧게 새 詩는 탄다.
「아스팔트」와
그러고 저기 「렐」우에
詩는 呼吸한다.
詩— 딍구는 單語.

(《朝鮮日報》1931. 1. 16)

어머니 어서 이러나요

　어머니—
　어서 이러나요 오래인 瘦病의 이불을 차버리고…… 지금 새해는 말 등에 채질하며 동트는 들우홀 쇠—옵니다 오랫동안 뷔여잇든 「希望」과 「憧憬」과 「不滿」의 모든 당신의 항아리들을 채워 줄 온갖 선물을 가지고—
　어머니—
　어서 문을 여러요 떨리는 팔다리에 힘을 주세요
　지금 새해는 당신의 집 문아페 말을 세울 것이외다 太陽이 버리고 간 후 오랫동안 당신의 집을 채우고 잇던 참참한 어둠을 불살으기에 넉넉한 홰ㅅ불을 들고 그는 옵니다
　어머니—
　눈물 속에 빗나는 구슬과 가튼 당신의 微笑를 보혀주어도 조흔 때가 왓습니다
　부러진 죽지에 진 피를 어르만지는 서러운 일은 그만 끈치세요 당신의 상처의 아픔을 씨서버리기 위하야 그는 東方의 샘속에서 밋그러운 香水를 함북 기러가지고 옵니다
　時間은 지금—
　오랫동안 그가 엉크러온 文明의 온갖 실마리를 이 땅우에서 가룩을 낼 때를 당하야 줌저리고 잇습니다 그는 어머니의 품속에 감추어둔 그가 매여주고난 오래인 「마디」를 도루 푸러주려 도라옵니다

오- 어머니―
그 귀찬은 우름을 거두고 드르소서
저 嶺 마루턱의 눈길을 차이르키며 달려오는 말발굽 소리가 아니들립니까?
바다의 音樂과 가티 훌륭한 저 소리가―
어머니―어서 이러나요 문을 여러요
새해는 우리의 것이외다

(《東亞日報》1932. 1. 9)

林檎밭

능금나무의 잎사귀들은
연(鉛)빛의 호수인 공기의 경사면에 멈춰섯다.

히디 힌 론리(論理)의 모래방천에 걸앉어
머리 숙으린 「쏘크라테쓰」인 버드나무.

비는 오후 네시의 시골 한울을 적시며
잎사귀들의 푸른 사면(斜面)을 미끌어진다.

불평가인 바람은 (오늘도) 알지못할 말을 중얼거리며
매암이들의 푸른 잔등을 어르만지면서 숲속을 쏴댕긴다.

나무밑에서 작은 머리를 갸웃거리며
흐린 한울에 슬픈 노래를 쓰는 참새―
「레인코―트」도 없는 나의 즉흥시인이어.

땅을 겨누는 수없는 비의 화살들의 틈을 채우며
어둠들이 산ㅅ밭을 넘어 흘러온다
조수―나루에서는 바다의 「빠쓰」가 굵어진다.

나의 마음의 사막을 추기며 오는 기억의 비
잔인한 비는 개울을 지우고 여울을 채우며
검은 날개와 이ㅅ발을 가진 홍수를 사막 우에 몰아보낸다.

똑—똑—똑—시름없이
눈을 감으면 마음의 벽을 따리는 소리.

나는 침묵의 바다 밑에서 익사체가 된 내 자신을 굽어본다(웃어 주어라)
어대서 「뉴—톤」의 눈을 놀래인 훌륭한 능금의 붉은 시체는 떨어지지 않누.

《新家庭》1권 9호, 1933. 9)

초승달은 掃除夫

오늘밤도 초승달은
珊瑚로 짠 신을 끌고
노을의 「키ー」를 밟고 나려옵니다
구름의 層層대는 바다와 가티
유랑한 손風琴이라오

어서오시오 정다운 掃除夫 —

그래서 그는 왼종일 내 가슴의 河床에 깔안즌
文明의 「엔진」에서 부스러진 티끌들을
말숙하게 쓰러주오

그러고는 나에게 命슝하오
그가 조와하는 詩를 써보라고 —
(요곤 주제넘게 詩를 꽤 안다)

그러면 그와 나 손을 마조잡고
바다ㅅ가로 나려감니다
疲困할 줄 모르는 舞蹈狂인 地球에게
우리의 詩를 들려주려

鍍金칠한 팔둑時計 대신에
薔薇의 이야기를 파러버린 겁모르는 말괄양이에게
故鄕의 노래를 들려주려 ─

(《文學》1권 1호, 1934. 1)

窓

바다가 바라보이는 窓이 잇는
二層으로 올라간다……

어디서든지 出發의 命令이 떨어지기를 기다리는
안타까운 이 집의 귀인 것처름
나는 南쪽으로 뚤린 그 窓을 열어제치려……

그렇고는 바다에 억매여 흘러갈 줄을 모르는 섬들을 비우서 줄게다.
또 해뺄의 愛撫를 받기를 바라는 주린 고양이와 시드른 菊花꽃들을
오늘도 露臺에 옴겨놓자.

天使의 심부름꾼들인 비닭이들이 달어와본 일도 날어가본 일도 없는 窓.
「커―틴」의 이쪽에서는 幸福이 자본 일도 없다.

나는 그 窓에 기대여 꾸짓는다.
―人生아
나는 네가 나를 놀래여 기절시키려고하야 수없는 不幸과 殘忍을
이 季節의 담벼락 넘어서 陰謀하고 잇는 것을 안다.

올에도 나는 醫師의 걱정을 기처본 일은 없다.
지금 너의 打擊에 꺽구러지지 않기 위하야
나는 나의 마음에 향하야 武裝을 命한다. —

《開闢》續刊 2권 1호, 1935. 1)

靑銅

녹쓰른 靑銅그릇 하나
어두운 빛을 허리에 감고
현란한 世紀의 골목에 물러앉어
흡사 여러 歷史를 산 듯하다

도도히 흘러온 먼 歲月
어느 여울까에 피었던
가지가지 꽃 香氣를
너는 담었드냐

(《春秋》 3권 5호, 1942. 5)

Ⅱ. 金起林 산문선

도시 풍경 1·2
「앨범」에 붙여둔 「노스탈자」
寫眞 속에 남은 것
가을의 누이
길
故 李箱의 추억
旅行
山
文壇不參記

도시 풍경 1·2

1. 觸手 가진 「데파트멘트」

여러가지 축복 받지 못한 조건으로 인하여 부득이 시대진전의 수준에서 밀려나올 수밖에 없었던 봉건적 도시인 京城도 차츰차츰 첨예한 近代都市의 면모를 갖추기 시작한다.

서울의 복판 이곳저곳에 뛰어난 근대적 「데파트멘트」의 출현은 1931년도의 大京城의 주름잡힌 얼굴 위에 假裝하고 나타난 「近代」의 「메이크업」이 아니고 무엇일까.

「근대」는 도처에 있어서 1928년 이후로 급격하게 考朽하여 가고 있다. 이 「메이크업」한 「메피스트」의 늙은이가 온갖 근대적 시설과 機構感覺으로써 「젊음」을 꾸미고 황폐한 이 도시의 거리에 다리를 버리고 저물어가는 황혼의 하늘에 노을을 등지고 급격한 각도의 직선을 도시의 상공에 뚜렷하게 浮彫하고 있다.

밤 하늘을 채색하는 찬란한 「일류미네이션」의 人目을 현혹케 하는 변화―수백의 눈을 거리로 향하여 버리고 있는 들창―.

거대한 5, 6층 「빌딩」체구 속을 血管과 같이 오르락 내리락하는 「엘리베이터」(昇降機), 옥상을 장식한 인공적 정원의 針葉樹가 발산하는 희박한 산소―.

그리고 둥그런 얼굴을 가진 다람쥐와 같이 민첩한 식당의 「웨이트레스」와 자극적인 음료와 강한 「케이크」의 냄새―.

최저가로 아니 때때로는 무료로 얼마든지 제공하는 여점원들의 복숭아빛의 感觸―.

이것들은 「센시블」한 도시인의 마음에로 향하여 버려진 「데파트멘트」의 말초신경이다. 일찌기 「에밀 베르아랭」은 불란서의 심장 「파리」를 觸手를 가진 도회라고 노래하였다. 그런데 「데파트」야말로 무형의 촉수를 도시의 가정에 버리고 있는 魔物이다. 오후 다섯시—거리의 피곤한 황혼이 되면 그리고 더우기 쾌청한 일요일에는 「데파트멘트」의 넓은 층층대에는 시민의 지친 얼굴들이 瀑布같이 퍼부어 내려온다.

그 속에는 창백한 「샐러리맨」의, 肉感的 중년 「마담」의 수없는 얼굴 얼굴들이 깜박거리며 내려온다.

난간에 비껴서서 층층대를 올라가는 미끈한 여자의 비단양말에 싸인 다리와 높은 「에나멜」의 구두 뒤축을 하염없이 쳐다보고 서있는 修身敎科書를 잊어버린 중등교원도 있다.

그들은 인제는 교외의 절간으로 나가는 대신에 일요일의 맑은 아침이 되면 그들의 어린 「W」와 젊은 「제비」와 애인을 끌고 이 「데파트멘트」의 窒素를 호흡하러 꿀벌과 같이 모여들어서는 그들의 얇은 호주머니를 털어놓고는 돌아간다. 어제까지는 「설렁탕」의 비린 냄새를 들이키던 그 사람도 오늘은 音樂家 지원의 여자와 같이 丁字屋 식당의 찬 대리석 「테이블」에 마주앉아서 「캘리포니아」 산의 「커피」차를 쪽쪽 빨고 있다.

이곳을 발상지로 하고 「에로」와 「그로」와, 이것을 중심으로 「소매치기」와 「키스」와 유인 등 뭇 근대적 범죄가 대도시로 향하여 범람한다.

그러나 누가 알랴. ××主義에 의하여 무장한 ××××주의가 이곳에서 娼婦와 같이 차리고 밤의 아들 딸들을 향하여 달콤한 손질을 하고 있는 줄을—.

2. 흥분된 「러쉬아워」

1.

급경사한 층층대를 굴러나오는 젊은 사나이들의 쥐어짠 새파란 얼굴을 무수한 괴물과 같은 「빌딩」의 두터운 강철의 문이 本町 1정목 어구에 놓였다.

가슴에 싸인 질소를 풀어놓기 위하여 그들은 魚族과 같이 경쾌하게 오후의 거리로 밀물쳐 나온다. 이때부터 大京城의 「러시아워」가 시작하는 것이다.

도회의 흥분이 백도로 비등하는 복숭아빛의 시간이다.

2.

이윽고 황혼의 정열이 거리의 「아스팔트」 위에 깨어진 심장처럼 새파란 피를 흘린다.

오후 여섯시 —.

「룸펜」과 「인텔리」의 강철의 가슴에 회색의 城壁만 높아가는 때 — (오 - 이 病的 순간을 切去하지 않는 神은 무자비한 뱀이다). 「네온사인」은 유리와 같이 투명하다. 「아베뉴」의 掛燈은 계란빛 눈물에 우울한 한숨을 피운다. 술 취한 「재즈」가 「카페」의 유리창의 자주빛 휘장을 헤치고 거리로 향하여 범람한다.

淫奔한 魚族과 같은 사나이와 여자의 마음이 조금씩 움직인다. 원색의 강렬한 자극을 찾아 「레스토랑」으로 빨려 들어가는 「모던걸」의 어깨의 급격한 波動—彼女의 靜脈은 푸른 淫性의 혈액으로 팽배하다.

3.

「파리」의 「러시아워」가 「몽파르나스」의 鋪道도 위에서 花竹과 같이 폭발할 때 「무서운 어린애」인 「장·콕토」는 「카페」의 대리석 「테이블」에 기대어 정가표의 뒷등에 詩를 쓴다. "내 귀는 조개 껍질. 언제나 바다의 소리를 그리워한다" 그렇다 흐른다 흐른다.

洪水 홍수 홍수 사람 홍수, 대학생의 다리는 명년도 실업자 등록의 검은 현실을 응시하며 채점의 진열대에서 신춰직성공법을 찾아다니고 있다.

골목에 우두커니 서 있는 노동자의 심장은 「레닌」과 不穩性을 왕성하게 분비하고 있다.

4.
저기는 또 빛 다른 「에나멜」의 감각이 흐른다.

다리 나리 다리—거리의 低空에 亂舞하는 급각도의 직선의 交錯—.

여자의 새빨간 냄새를 찾아 사나이의 코 끝에 嗅覺이 떨린다.

아내의 남빛의 거의 飢餓狀態인 지갑을 근심하는 불안과 밧줄에서 전부 해방된 들뜬 마음—춤추고 싶어하는 마음들—둔탁한 「페이브멘트」를 씻고 흐르는 다리 다리.

그리고 사슴의 발톱 같은 구두 발꿈치—.

「쇼윈도우」의 화사한 인형과 舶來品의 모자와 「넥타이」에 모여 서 고 있는 불건전한 夢遊病者의 무리들은 옆집 악기점에서 흘러 나오는 「레코드」의 「왈츠」에 얼빠져 있다.

오—심장과 뇌수를 「보너스」와 월급에 팔아버린 기계인간이여, 「부르조아」가 빚어놓은 향락의 회색지를 반추하는 飢渴한 「로맨티시스트」—.

5.
큰 거리의 뒷골목에 夜叉와 같은 밤빛이 무겁게 잠겨갈 때 소란하던 밀물은 지나가기 시작하여 비등하던 百度의 「러시아워」가 人魚의 피부처럼 식어갈 때 店頭의 적막 「일류미네이션」은 오후 열시의 그늘의 密會를 가만히 유혹한다. 도회는 매춘부다.

《朝鮮日報》 1931. 2. 21~2. 24)

「앨범」에 붙여둔 「노스탈자」

고향이라고 하는 것은 그 사진이나 「앨범」(사진첩)에 붙여두었고, 감기에 걸려서 여관방에 홀로 누워서 딩굴 때에나 잠깐 펴보고는 그만 달아둘 그런 성질의 것이라고 생각합니다.

고향에 대하여 失戀하지 않은 사나이의 이야기를 나는 얼마 들은 일이 없습니다.

고향이여, 너처럼 잔인한 애인이 어디 있을까. 천리 밖에 두고 생각하면 애타게 그립다가도 정작 만나고 보면 익지 않은 수박처럼 심심하기 짝이 없고 하루 바삐 「앨범」 속에 붙여두고 싶은 너임을 어찌하랴.

「블란케트」(毛布)처럼 부드러운 금잔디가 산 꼭대기로부터 개천가까지 곱게 깔려 있고 앞동산의 치맛자락을 적시면서 맑은 시냇물이 眞珠와 같은 소리로 알 수 없는 자장가를 굴리며 모래 防川 위에서는 수양버들들이 긴 머리카락을 바람에 맡겨서 흐느끼는 곳—그곳이 나의 고향—어린 시절의 푸른 꿈이 잠들고 있던 나의 요람이었답니다.

「안더슨」은 童話 속의 거리와 같이 말할 수 없이 작은 그 거리에는 성냥이나 자주 댕기나 색깔허리띠나 파는 역시 성냥개비만씩 한 가게들이 몸뚱어리를 쭈그리고 있었습니다. 때때로 甲山으로 가는 말꾼들의 둔탁한 말굽 소리가 새벽의 거리바닥을 울려오기도 하였습니다.

    애기씨 배기씨 꼬꼬대
    吉州 明川 호롱대
    가마청천 들고보니
    옥지옥지 얽었더라

낸들낸들 내탓인가
　　호기대감 탓이지

　다홍 저고리 파랑 치마 위로 자주 댕기 드리운 그 거리의 아가씨들은 端午나 秋夕 같은 명절이면 그네터나 널 뛰는 터에 모여서는 이러한 노래도 불렀습니다.
　짙어가는 봄날 밤 나그네의 베갯머리를 어지럽게 하는 것은 옆집의 「레코드」가 푸는 「슈베르트」의 애처로운 노래가 아니고 실로 사투리 섞인 어색한 그 노래였습니다.
　그러나 대부분 객지에서 뼈가 굵고 마음이 엉뚱해져서 돌아다니다가 얼마동안 궁둥이를 붙이고 살 작정으로 고향이라고 돌아갔더니—.
　어쩐 일일까.
　그 아름답던 네거리에—시냇물은 말라서 메마른 개천 바닥에서 대머리 돌멩이들만 돌봐주는 이 없이 딩굴고 있고 늘름하던 수양버들에는 솔개와 까마귀의 똥과 찌가 가득히 말라붙었더랍니다.
　「애기씨 배기씨」를 부르던 처자들도 인제는 각시가 되고 다시 어머니가 되어서 혹은 甲山으로 혹은 間島로 갔다고도 하고 길에서 만나는 이래야 얼굴을 돌이킵니다. 팔을 부르걷고 눈을 부릅뜨면서 뿔이 부러져라 하고 싸우다가도 돌아서면 픽 웃고 공을 차던 소학교 때의 싸움동무들도 인제는 면서기가 되고 칼 찬 나으리가 되어서 턱으로 사람을 훑어보며 혹은 훌륭한 신사가 되어서 소학교 졸업식에서는 떼어맡고 自力更生의 점잖은 연설도 하신답니다.
　그러면 나 혼자 자라는 줄을 모르는 어린애였던가. 모함과 시기와 밀탐과 욕설과 야유와 고리대금쟁이로 가득찬 그 거리—.
　나는 噴火口 어구에다 너를 던져버릴까.

　　노래를 잊어버린 시냇물이여
　　노래를 잊어버린 시냇물이여

「앨범」에 붙여둔 「노스탈자」

개천가를 거닐면서 아무리 불러보았으나 벙어리 된 개천은 말이 없습니다. 푸른 버들가지들이 짜는 장막 속으로 기어들던 비둘기들과 꾀꼬리들은 다들 어디 갔을까. 예전에 그렇게 친근하던 벗들도 나의 눈 앞에서는 목을 쥐고 흔드나 돌아서면 벌써 쓸쓸한 嘲笑와 경멸을 나의 머리 뒤에 퍼붓습니다.

"고향으로 가지 말아라" 하고 슬픈 노래를 부른 어떤 詩人을 나는 압니다.

"애듀·마이·네티브랜드"(잘있거라 내 고향아)를 읊으면서 「도버」해협을 건너오고 만 「바이론」의 마음을 나는 알 것 같습니다.

쓰레기통과 같은 더러운 거리 ―. 「이브」의 발꿈치를 물은 뱀이 온 것 같이 차디찬 거리 ―. 천하의 젊은이의 그것은 그대들의 고향이 아닐까.

"어디 가시우" "멀리 떠나시나 보오" "어째 행장을 단단히 꾸렸오" 하고 미심해 하는 그들에게마다 "네, 또 떠납니다. 또 떠나는 길이오" 하고 「아이러니」섞인 口調로 나는 이렇게 대답하고는 가슴 속의 울분이 어느 정도까지 식는 것을 느꼈다.

이윽고 시골의 작은 정거장을 떠나는 京城行 급행열차가 「뛰」하고 우렁찬 기적소리로 鉛물과 같이 무겁고 잠잠하던 좁은 들의 공기를 뒤흔들어 놓았습니다. 「올링톤」과 「콕토」같은 나의 짐은 「트렁크」와 나와 그리고 불타오르는 나의 야심을 싣고 ―.

궤도는 꿈틀거립니다. 기차는 뜁니다. 무한한 희망의 지평선으로 ―.

지금 나는 나의 「노스탈자」(鄕愁)를 코를 씻은 종이와 함께 하수도에 던져버립니다.

그리고는 고향의 사진이나 「앨범」 구석에 붙여주고 아주 잊어버렸다가는 감기가 들어서 궁금할 때에나 잠깐 펴서 보고는 다시 덮어서 책상 밑에 처넣어두렵니다.

《新女性》 7권 2호, 1933. 2)

寫眞 속에 남은 것

 미운 여자도 갈라져서 오래 지나면 이상스럽게 그리워지는 법이다. 시간은 참말이지 요술쟁인 게다. 그는 지나간 날의 것이면 무엇이고 자주빛의 회상의 안개로 곱게 싸지 않고는 우리들 앞에 갖다 내놓지 않는다.
 그러니까 나는 때때로 어떤 행복스러운 일을 당할 때면 속히 그 시간으로부터 떠났으면 하기도 한다. 그것은 물론 그 행복도 이윽고 깨어지고말 과거의 약속하던 행복들의 또 다른 한 개의 속임에 불과하다라는 나의 절망적인 예감에서부터도 오는 일이지만 또 한편으로는 그렇게 무너지기 쉬운 까닭에 기억 속에서 그것을 우연히 만난다면 더욱 이뻐 보일 것같아서도 그러는 것이다.
 나는 인생에서는 한 현실주의자다. 될 수만 있으면 내앞에 닥쳐오는 순간순간의 생을 의의있고 즐겁게 살리며 향락하고 싶다. 그런 까닭에 침울이라는 것을 나는 미워한다. 따라서 어지간히 어려운 일이 닥치더라도 그것을 어떻게 가장 용감하게 뚫고 나갈까에 대하여 생각할지언정 나를 압박하는 고민이나 난관에게 압도를 당하여 우울해지는 것은 일부러 피한다. 나는 어려서 벌써 「크리스찬」에서 개종해 버렸다. 來世라는 말은 안만해도 「센티멘탈」한 회고주의자의 현실도피의 비명처럼 생각되었던 것이다.
 나는 평상 나의 어린 날에 대하여 그렇게 감상적이 되어 본 일은 없다. 귀여운 어린 것들을 보아도 반드시 천사라고 찬미하고 싶지는 않다. 「루소」가 아이를 흠모한 것이든지, 「마티스」가 야만을 동경한 것이든지 모두 「로맨티시즘」에 불과한 것 같다. 어린아이를 본받으라 하고 가르친 「예수」도 그런 의미에서 역시 「로맨티시스트」다.

　나는 어린아이 속에서 벌써 천사와 악마의 두 얼굴을 본 때문인지도 모른다. 물질적으로는 꽤 축복받은 환경 속에서 자라면서도 정신적으로는 한없이 쓸쓸하였고 고독하였던 나의 어린 시절의 기억이 나로 하여금 이러한 어린 날에 대한 비속한 현실주의자를 만들었는지도 모른다. 그래서 나의 어린 시절은 하마터면 아편을 먹고 자살해버린 「콕토」의 무서운 아이들이 되고 말았을 것 같다.

　사실 나는 열다섯살 때에 중학교의 작문선생으로부터 "얘가 이 뽄으로 글을 쓰다가는 필경 자살하겠다." 하는 경고를 받은 일이 있다. 나의 본래의 정체는 역시 감상주의자였다. 내가 오늘 감상주의를 극도로 배격하는 것은 나의 영혼의 죽자고나 하는 고투의 표현이기도 하다. 물론 굳은 시대의식에서부터도 나오는 일이지만 그렇거나 말았거나 나의 어린 날은 확실히 갔다. 나의 몸에서 벌써 잃어졌다. 나의 어린 날은 지금은 겨우 오래인 사진 속에나 남아 있다. 그 하나는 아버지와 그리고 공부하던 누이와 함께 박은 것이고 또 하나는 어머니와 여러 누이들과 함께 박은 것이다.

　그때의 공부하던 누이와 그리고 어머니, 내가 여덟살이 채 차기도 전에 나의 어린 날을 회색으로 물들여 놓고는 그만 상여를 타고 가버렸다. 잔인한 분들이었다. 「보들레르」는 권태는 악덕의 하나라고 하였단다. 침울한 나에게 있어서 악덕의 하나다. 그것은 악마의 선물이다. 나는 그것을 피한다. 어린 날에 나를 슬프게 하던 침울은 나는 차라리 잊어 버리고 싶다. 그러나 나의 침상 위에 걸터앉고 있던 천사의 얼굴은 결코 잊어버리고 싶지 않다.

　그 명랑, 그 쾌활, 그 천진난만—그것들은 영구히 나의 성격 위에서 잃어버리고 싶지 않다. 사실 나의 친한 벗들은 모두 어디라 없이 어린아이와 같은 데를 가지고 있는 사람들이다.

　오—역시 나는 잃어버린 어린 날을 그리워하고 있는 겐가.

(《新家庭》2권 5호, 1934. 5)

가을의 누이

　누이야 너는 오늘을 무엇을 하고 있니? 江가의 수수밭에서 까마귀들이 숫까마귀처럼 흩어지는 것을 멍하니 바라보고 있니? 겨울이 허둥지둥 江面으로 썰매를 타고 오기 전에 그들의 기름진 슬픔을 묻을 데를 찾아서 山모록 수풀로 달려가는 것을 바래보내고 있니? 까마귀 검은 얼굴은 겨울을 부끄러워한다더라.
　네가 귀를 기울이고 있는 것은 成長이 멈춰선 늙은이들의 분주한 破產整理人인 가을의 발자취를 엿듣고 있음이냐? 먼길이 끝난 곳에서 매미 찌르럭이 반딧불 귀뚜라미……내일을 가지지 못한 나그네의 한 떼가 그들의 葬禮에 대한 이야기를 하는 것을 웃고 있는 것이냐.
　지금 가을은 석류알 날랜 주둥아리에 담북 깨물려서 붉게 피돋아 아프다. 또 가을바람이 우리들의 이마의 주름살을 헤이려 들을 건너온다. 누이야. 이 들을 책망하자. 들아 너는 완성의 설움이 오기 전에 언제까지든 나와 함께 여름처럼 젊고 있자던 약속을 저버렸니.
　누이야 설겆이가 끝이 나거든 저 白楊버들 밑으로 나가자. 거기 가난한 개천에 엎드려 저 늙은 할아버지처럼 슬퍼하는 가을에는 「잘 가거라」를 일러주려…… 돌아와서 병자처럼 이 쓰러진 굴뚝을 손질하자. 그리고 잊어버렸던 검은 화덕에 붉은 불을 피우고 긴 航海의 이야기와 같은 겨울을 기다리자.

(《中央》1934. 2)

길

나의 소년 시절은 銀빛 바다가 엿보이는 그 긴 언덕길을 어머니의 喪輿와 함께 꼬부라져 돌아갔다.

내 첫사랑도 그 길위에서 조악돌처럼 집었다가 조악돌처럼 잃어버렸다.

그래서 나는 푸른 하늘 빛에 호져 때없이 그 길을 넘어 江가로 내려 갔다가도 노을에 함북 자주 빛으로 젖어서 돌아오곤 했다.

그 江가에는 봄이, 여름이, 가을이, 겨울이 나의 나이와 함께 여러번 다녀갔다. 까마귀도 날아가고 두루미도 떠나간 다음에는 누런 모래둔과 그리고 어두운 내 마음이 남아서 몸서리쳤다. 그런 날은 항용 감기를 만나서 돌아와 앓았다.

할아버지도 언제 난지를 모른다는 마을 밖 그 늙은 버드나무 밑에서 나는 지금도 돌아오지 않는 어머니, 돌아오지 않는 계집애, 돌아오지 않는 이야기가 돌아올 것만 같아 멍하니 기다려 본다. 그러면 어느새 어둠이 기어와서 내 뺨의 얼룩을 씻어준다.

《朝光》1936. 3)

故 李箱의 추억

箱은 필시 죽음에게 진 것은 아니리라. 箱은 제 육체의 마지막 조각까지라도 손수 길러서 없애고 사라진 것이리라. 箱은 오늘의 환경과 種族과 無知 속에 두기에는 너무나 아까운 천재였다. 箱은 한번도 「잉크」로 詩를 쓴 일은 없다. 箱의 시에는 언제나 箱의 피가 淋漓하다. 그는 스스로 제 혈관을 짜서 「시대의 혈서」를 쓴 것이다. 그는 현대라는 커다란 破船에서 떨어져 표랑하던 너무나 처참한 船體 조각이었다.

다방 N, 등의자에 기대 앉아 흐릿한 담배연기 저편에 반나마 취해서 몽롱한 箱의 얼굴에서 나는 언제고 「현대의 비극」을 느끼고 소름쳤다. 약간의 해학과 야유와 독설이 섞여서 더듬더듬 떨어져 나오는 그의 잡담 속에는 오늘의 문명의 깨어진 메커니즘이 엉켜 있었다. 「파리」에서 문화 옹호를 위한 作家大會가 있었을 때 내가 만난 작가나 시인 가운데서 가장 흥분한 것도 箱이었다.

箱이 우는 것을 나는 본 일이 없다. 그는 世俗에 반항하는 한 惡한 (?) 精靈이었다. 악마더러 울 줄을 모른다고 비웃지 말아라. 그는 울다 울다 못해서 인제는 淚腺이 말라 버려서 더 울지 못하는 것이다. 箱이 소속한 20세기의 악마의 종족들은 그러므로 번영하는 위선의 문명에 향해서 메마른 찬 웃음을 토할 뿐이다.

흐리고 어지럽고 게으른 詩壇의 낡은 風流에 극도의 증오를 품고 파괴와 부정에서 시작한 그의 시는 드디어 시대의 깊은 상처에 부딪쳐서 참담한 신음 소리를 토했다. 그도 또한 세기의 暗夜 속에서 불타다가 꺼지고 만 한줄기 첨예한 良心이었다. 그는 그러한 불안 동요 속에서 「動하는 정신」을 재건하려고 해서 새 출발을 계획한 것이다. 이 방대한 설계의 어구에서 그는 그만 불행히 자빠졌다. 箱의 죽음은 한 개인의 생리의 비극이 아니다. 縮刷된 한 시대의 비극이다.

詩壇과 또 내 友情의 列席 가운데 채워질 수 없는 영구한 공석을 하나 만들어 놓고 箱은 사라졌다. 箱을 잃고 나는 오늘 시단이 갑자기 반세기 뒤로 물러선 것을 느낀다. 내 공허를 표현하기에는 슬픔을 그린 字典 속의 모든 형용사가 모두 다 오히려 사치하다. 「故 李箱」―내 희망과 기대 위에 부정의 烙印을 사정없이 찍어놓은 세 억울한 象形文字야.

반년만에 箱을 만난 지난 3월 스무날 밤, 東京 거리는 봄비에 젖어 있었다. 그리로 왔다는 箱의 편지를 받고 나는 지난 겨울부터 몇번인가 만나기를 기약했으나 종내 仙臺를 떠나지 못하다가 이날이야 東京으로 왔던 것이다.

箱의 숙소는 九段 아래 꼬부라진 뒷골목 2층 골방이었다. 이 「날개」 돋힌 시인과 더불어 東京 거리를 漫步하면 얼마나 유쾌하랴 하고 그리던 온갖 꿈과는 딴판으로 箱은 「날개」가 아주 부러져서 起居도 바로 못하고 이불을 뒤집어쓰고 앉아 있었다. 전등불에 가로 비친 그의 얼굴은 象牙보다도 더 창백하고 검은 수염이 코 밑과 턱에 참혹하게 무성하다. 그를 바라보는 내 얼굴의 어두운 표정이 가뜩이나 병들어 약해진 벗의 마음을 상해올까보아서 나는 애써 명랑을 꾸미면서
"여보, 당신 얼굴이 아주 「피디아스」의 「제우스」神像 같구려."
하고 웃었더니 箱도 예의 정열 빠진 웃음을 껄껄 웃었다. 사실은 나는 「듀비에」의 「골고다의 예수」의 얼굴을 연상했던 것이다. 오늘 와서 생각하면 箱은 실로 현대라는 커다란 모함에 빠져서 십자가를 걸머지고 간 「골고다」의 시인이었다.

암만 누우라고 해도 듣지 않고 箱은 장장 두 시간이나 앉은채 거의 혼자서 그 동안 쌓인 이야기를 풀어 놓는다. 「엘만」을 찬탄하고 停頓에 빠진 몇몇 벗의 文運을 걱정하다가 말이 그의 작품에 대한 月評에

미치자 그는 몹시 흥분해서 俗見을 꾸짖는다. 載瑞의「모더니티」를 찬양하고 또 씨의「날개」評은 대체로 승인하나 작자로서 다소 異義가 있다고도 말했다. 나는 벗이 世評에 대해서 너무 신경과민한 것이 벗의 건강을 더욱 해칠까보아서 시인이면서 왜 혼자 짓는 것을 그렇게 두려워하느냐, 세상이야 알아주든 말든 값있는 일만 정성껏 하다가 가면 그만이 아니냐 하고 어색하게나마 위로해 보았다.

箱의 말을 들으면 공교롭게도 책상 위에 몇 권의 상스러운 책자가 있었고 本名 金海卿 외에 李箱이라는 별난 이름이 있고 그리고 일기 속에 몇 줄 온건하달 수 없는 글귀를 적었다는 일로 해서 그는 한달 동안이나 ○○○에 들어가 있다가 아주 건강을 상해 가지고 한주일 전에야 겨우 자동차에 실려서 숙소로 돌아왔다는 것이다. 箱은 그 안에서 다른 ○○주의자들과 마찬가지로 手記를 썼는데 예의 名文에 계원도 찬탄하더라고 하면서 웃는다. 西神田 경찰서원 속에조차 애독자를 가졌다고 하는 것은 시인으로서 얼마나 통쾌한 일이냐 하고 나도 같이 웃었다.

음식은 그 부근에 계신 허남용씨 내외가 죽을 쑤어다 준다고 하고 마침 素雲이 東京에 와 있어서 날마나 찾아주고 朱永涉・韓泉 여러 친구가 가끔 들러주어서 과히 적막하지는 않다고 한다.

이튿날 낮에 다시 찾아가서야 나는 그 방이 완전히 햇빛이 들지 않는 방인 것을 알았다. 지난해 7월 그믐께다. 아침에 黃金町 뒷골목 箱의 신혼 보금자리를 찾았을 때도 방은 역시 햇빛 한줄기 들지 않는 캄캄한 방이었다. 그날 오후 조선일보사 3층 뒷방에서 벗이 애를 써 장정을 해준 拙著『氣象圖』의 발송을 마치고 둘이서 窓에 기대서서 갑자기 거리에 몰려오는 소낙비를 바라보는데 窓前에 뱉은 箱의 침에 빨간 피가 섞였었다. 평소부터도 箱은 건강이라는 속된 관념은 완전히 초월한 듯이 보였다. 箱의 앞에 설 적마다 나는 아침이면 丁抹體操를 잊어버리지 못하는 내 자신이 늘 부끄러웠다. 무릇 현대적인 퇴폐에 대한 진실한 체험이 없는 나는 이 점에 대해서는 늘 箱에게 경의를 표했다. 그러면서도 그를 아끼는 까닭에 건강이라는 것을 너무 천대하는 벗이 한없이 원망스러웠다.

箱은 스스로 形容해서 千載一遇의 기회라고 하면서 모처럼 東京서 만나가지고도 병으로 해서 뜻대로 함께 놀러 다니지 못하는 것을 한탄한다. 未盡한 계획은 4월 20일께 東京서 다시 만나는대로 미루고 그때까지는 꼭 맥주를 마실 정도로라도 건강을 회복하겠노라고, 그리고 햇볕이 드는 옆방으로 이사하겠노라고 하는 箱의 뼈뿐인 손을 놓고 나는 東京을 떠나면서 말할 수 없이 마음이 캄캄했다. 箱의 부탁을 부인께 아뢰려 했더니 내가 서울 오기 전날 밤에 벌써 부인께서 東京으로 떠나셨다는 말을 서울 온 이튿날 전차 안에서 趙容萬씨를 만나서 들었다. 그래 일시 안심하고 집에 돌아와서 雜務에 분주하느라고 다시 벗의 病狀을 보지도 못하는 사이에 원망스러운 悲報가 달려들었다.

"그럼 다녀오오. 내 죽지는 않소."
하고 箱이 마지막 들려준 말이 기억 속에 너무 선명하게 솟아올라서 아프다.

이제 우리들 몇몇 남은 벗들이 箱에게 바칠 의무는 箱의 피 엉킨 遺稿를 모아서 箱이 그처럼 애써 친하려고 하던 새 시대에 선물하는 일이다. 虛無 속에서 감을 줄 모르고 뜨고 있을 두 眼孔과 영구히 잠들지 못할 箱의 괴로운 정신을 위해서 한 암담하나마 그윽한 침실로서 그 遺稿集을 만들어 올리는 일이다.

나는 믿는다. 箱은 갔지만 그가 남긴 예술은 오늘도 내일도 새 시대와 함께 同行하리라고.

《朝光》 3권 6호, 1937. 6)

旅行

우리는 때때로 일터에서나 혹은 서재에서 골몰한 일에 묻혀있다가도 저도 모르게 창으로 달려가서 활짝 밖으로 열어제친다. 우리가 가끔 길을 떠나고 싶은 충동을 느끼는 것도 별것 없이 어느 편으로 보면 징역살이에 틀림없는 인생에서 잠시 떠나서 푸른 하늘로 바다로 숲으로 향해서 창을 열고 싶은 까닭이다. 우리는 또 아는 사람 하나 있을 리 없는 南行列車를 전송하러 문득 驛으로 나가기도 한다. 백화점 쇼오윈도에 벌려놓은 트렁크와 단장이 노리개처럼 무척 가지고 싶다. 그럴 적마다 내 心理의 약한 구석을 신통하게도 잘 노리는 장사붙이의 怜悧에 대해서 나는 탄복한다.

여행은 물론 약간의 틈과 또 不少한 현금을 요한다. 신혼여행조차도 필경 일생을 두고두고 연기하는 우리 신세다. 그러나 우리처럼 길을 떠나기를 무서워하는 종족도 적을 것이다. 지긋지긋이 고향에 내 집에 달려붙는다. 孔子님은 周遊天下를 한 희대의 여행가지만 우리들은 『論語』 속에서도 여행하지 못하도록 된 구절만 가려서 썩 잘 지켜왔다. 신혼여행을 할 수 없으면 결혼식도 좀 연기해 무방하리라고 나는 생각한다. 결혼이 만약에 연애의 무덤이라는 말이 참말이라면 연애의 葬日은 아마도 신혼여행이 끝나는 날일는지도 모른다.

여행 속에 묻혀 있는 끝없는 비밀을 우리에게 일러준 것은 반드시 얼마 전의 「逃避」의 문학자들이 아니다. 근대인을 위해서 여행의 聖書를 처음 起草한 것은 아마 「보들레르」일 것이다. 「말코·폴로」는 궁금해서 길을 떠났지만 인생의 절망으로부터 도망하려고 하는 악착한 일루의 희망을 가지고, 여행에 구원의 血路를 구한 것은 「보들레르」에서 시작한 것 같다.

그러나 진짜 여행가는 다만 떠나기 위해서 떠나는 사람이다.

輕氣球처럼 가벼운 마음, 결코 운명에서 풀려나지 못하면서도
까닭도 없이 그저 「가자」고만 외치는 사람이다.

이것은 『惡의 꽃』 속의 「길」의 일절이다.
오늘의 「마를로」나 「지드」는 말하자면 「보들레르」의 자손에 지나지 않는다. 「랭보」는 하도 동양이 구경하고 싶어서 詩筆을 내던지고 毛皮 장수가 되었다. 李箱은 날개가 가지고 싶다고 했다. 「부러진 죽지」를 탄식한 것은 「샬로시니・나이두」여사였다. 그러나 나는 가을 봄으로 萬里鵬程을 來往하는 季節鳥들의 신세는 그다지 부럽지 않다. 필경 그것은 화전민의 移民列車旅行과 비슷할 성싶다. 구라파 사람들은 실연을 하면 서편으로 간다고 한다. 하느님을 마음대로 믿게 못해도 서편으로 갔다. 그러니까 「르네・크레르」의 「幽靈」도 유행을 따라서 서편으로 갔다. 그러나 그들은 서편으로 가서는 제 손으로 새 질서를 만들었다. 하지만 우리 조상들은 보따리를 꾸려가지고 江東(「시베리아」)이나 北間島로 무척 많이 갔지만 거기서도 「러시아」 사람이나 토착인들에게 실컷 아첨을 하다가도 마지막에는 괄세를 받고는 내버린 양복기저귀나 집어가지고 쫓겨났다. 나는 생각을 한다. 李箱이 그리워한 것은 반드시 괴로운 꿈 많은 계절조의 날개가 아닌 것 같다. 그는 차라리 天空을 마음대로 날아 다니는 새 인류의 종족을 꿈꾸었을 것이다.

나는 책상 위에 지도를 펴놓는다. 수없는 산맥, 말할 수 없이 많은 바다, 호수, 낯선 항구, 숲, 어찌 산만을 좋다고 하겠느냐. 어찌 바다만을 좋다고 하겠느냐. 산은 산의 기틀을 감추고 있어서 좋고 바다는 또한 바다대로 호탕해서, 경솔히 그 우열을 가려서 말할 수 없다. 그렇지만 날더러 둘 가운데서 오직 하나만을 가리라고 하면 부득불 바다를

가질 밖에 없다. 산의 웅장과 침묵과 수려함과 초연함도 좋기는 하다. 하지만 저 바다의 방탕한 동요만 하랴. 산이 「아폴로」라고 하면 우리들의 「디오니소스」는 바로 바다겠다.

나는 눈을 감고 잠시 그 행복스러울 어족들의 여행을 머리 속에 그려본다. 해류를 따라서 오늘은 眞珠의 촌락, 내일은 해초의 森林으로 흘러다니는 그 사치한 어족들, 그들에게는 천기예보도 트렁크도 차표도 여행권도 필요치 않다. 때때로 사람의 그물에 걸려서 호텔의 식탁에 진열되는 것은 물론 어족의 旅行失敗譚이지만 그것도 결코 그들의 실수는 아니고, 차라리 「카인」의 자손의 악덕 때문이다. 나는 그들이 海底에 국경을 만들었다는 정열도 「프랑코」 정권을 승인했다는 방송도 들은 일이 없다. 그렇다. 나는 동그란 船窓에 기대서 吃水線으로 모여드는 어린 고기들의 청초와 활발을 끝없이 사랑하리라. 남쪽 바닷가 생각지도 못하던 「서니룸」에서 씹는 수박 맛은 얼마나 더 청신하랴. 만약에 제비같이 재잴거리기 좋아하는 異國이 소녀를 만날지라도 나는 조금도 두려워하지 않고 서투른 외국말로 대담하게 대화를 하리라. 그래서 그가 구경한 땅이 나보다 적으면 그때 나는 얼마나 자랑스러우랴. 그렇지 않고 도리어 나보다 훨씬 많은 땅과 풍속을 보고 왔다고 하면 나는 진심으로 그를 경탄할 것이다.

하나 나는 결코 남도 온천장에는 들르지 않겠다. 북도 온천장은 그다지 심하지 않은데 남도 온천장이란 소란해서 우선 잠을 잘 수가 없다. 지난 봄엔가 나는 먼 길에 지친 끝에 하룻밤 숙면을 찾아서 동래온천에 들른 일이 있다. 처음에는 오래간만에 누워보는 온돌과 특히 병풍을 두른 방안이 매우 아담하다고 생각했는데 웬걸 밤중이 되니까 글쎄 여관 집인데 새로 한시 두시까지 장고를 때려부수며 떠드는 데는 실로 견딜 수 없어 미명을 기다려서 첫차로 도망친 일이 있다. 우리는 일부러 신경쇠약을 찾아서 온천장으로 갈 필요는 없다. 나는 돌아오면서 동래온천 시민 제군의 수면부족을 위해서 두고두고 걱정했다.

나는 「튜리스트·뷔로」로 달려간다. 숱한 여행 안내를 받아가지고 뒤져본다. 비록 직업일망정 사무원은 오늘조차 퍽 다정한 친구라고 지녀본다.

필경 정해지는 길은 말할 수 없이 겸손하게 짧다. 사무원의 책상 위나, 설합 속에 엿보이는 제일 먼 차표가 퍽으나 부럽다. 안내서에 붙은 1등 선실 그림을 하염없이 뒤적거린다.

그러나 나는 오늘 그 보스톤 백과 그리고 短杖을 기어이 사고 말겠다. 내일은 그 속에 두어벌 내복과 잠옷과 세수기구와 그러고는 ─『惡의 꽃』과 불란서말 자전을 집어 넣자. 동서고금의 모든 시집 속에서 오직 한 권을 고른다고 하면 물론 나는 이 책을 집을 것이다. 그리고는 짧은 바지에 「노타이」로 한 손에는 보스톤 백을 드리우고 다른 한 손으로는 단장을 획획 내두르면서 차표가 끝나는 데까지 갈 것이다.

모든 걱정은, 번뇌는, 울분은, 의무는 잠시 未定稿들과 함께 먼지낀 방안에 묶어서 두고 될 수만 있으면 모든 괴로운 과거마저 잊어버리고 떠나고 싶다. 행장은 경할수록 더욱 좋다.

나는 충고한다. 될 수만 있으면 제군의 배좁은 심장을, 사상을, 派爭을 연애를 잠시라도 좋으니 바닷가에 해방해 보면 어떻냐고 ─.

旅行 ─ 그것 밖에 남은 것은 없다. 내가 뽑을 행복의 최후의 제비다. 그것마저 싱거워지면 그때에는 「슈르리얼리스트」의 그 말썽 많던 設問을 다시 한번 참말 생각해 보아야지.

집이 배좁았다.
고향이 배좁았다.
나라가 배좁아진다.
世界마저 배좁아지면 다음에는 어디로 갈까.

(《朝鮮日報》1937. 7. 25〜7. 28)

山

　오래간만에 해가 났기에 이부자리를 내건다. 구두를 닦는다. 4월에도 눈이 휘날리는 거리언만 인제 얼마 안 있어서 떠나리라 생각하니 어디라없이 정이 붙는 데가 많다. 언제고 슬픈 것은 이별인가 보다. 그러기에 현명한 부인들은 남편의 정이 멀어가는 눈치가 보이면 때때로 이별로써 위협한다.
　그렇건마는 일부러 고향을 멀리 떠나려고 원하는 청춘도 있다. 가끔 돌아가고 싶어질 때는 문학도 청춘도 소름친다.

　몇번이고 설계를 뜯어고친 서투른 自叙傳이다. 영구히 만족할 길이 없다. 오직 얼마 안되는 숙박 뒤에는 초조한 出程이 있을 뿐이다. 한편에서 인생은 언제고 그 濁流 속에 끌어넣으려고 꾀인다. 눈을 부릅뜨고 위협한다. 무척 탐이 나서 끌어안으려는 순간에 현실은 가면을 벗고 검은 이빨을 들추어 내놓는다. 청춘이 좋다고 하는 것은 그는 꿈과 환상으로써 인생의 유감을 물리치는 까닭이다. 그러나 조만간 그도 「유토피아」라는 武器를 꺾어버리고 인생의 軍門 앞에 엎드리고 만다. 예외로 내 의지 아닌 것에 끌리지 않고 스스로의 생을 창조해 가려는 무모한 영웅들도 있다. 모든 벗들이 인생의 나래 아래서 가정을 가지고 예금을 가지고 田地를 가지고 번영할 때 영웅은 沙場을 피로써 물들이고 자빠진다.
　랭보, 고갱, 李箱.

　갑자기 「東洋」이라는 말이 사람들의 입끝에 오른다. 진실로 「東洋

의 얼굴」은 한 폭 牧谿 속에 숨어 있는지도 모르겠다. 만약에 오늘 서양이 걸어가는 길이 단순히 인간의 기계화의 길이라고 말하면 3, 4세기를 두고 꾸민 찬란한 의상을 두른 구라파보다는 차라리 한 폭 牧谿를 가릴 것이다. 참말로 오늘의 혼란을 구원할 예리한 교훈을 동양은 가지고 있느냐. 눈을 감고 숨을 죽이고 그윽히 지나오고 지나가는 바람 속에서「東洋의 소리」를 들으려고 귀를 기울여본다.

옆집에서는 새아씨를 맞는다고 아침부터 짐바리를 끌어들이기에 분주하다. 드나드는 남녀가 모두 흥분했다.「프로이드」박사를 보이고 싶은 장면이다. 결혼. 결혼. 너는 언제고 축복을 받으려는 교태를 꾸미고 있구나. 이 살벌한 배신과 모함의 시장에서 한 마음이 한 마음을 믿고 또 위해준다는 것은 얼마나 아름다운 일이겠느냐. 하나 거친 현실의 雜踏 속에서 나의 항해는 늘 출발처럼 아름답기 어려울 것이다. 믿고 위해주기를 끊어지는 순간 결혼은 그 어여쁜 기억 때문에 더군다나 세상에서도 가장 미운 무덤일 것이다.

입고 돌아갈 錦衣가 없다. 고향이 문전을 지날 적에는 될 수 있는 대로 밤중을 택하리라. 얼굴을 가리고 달음박질을 치리라—.
찬비를 맞을 적마다 정열은 식어만 간다. 번번이 그저 강해지라고만 편지하던 족하에게 오늘은 써보낼 말이 얼른 머리에 떠오르지 않아서 붓대만 굴린다.

그 우스꽝스러워 보이던「로맨티스트」들의 高原이—구름과 갈대와 바람소리뿐인 고원이 오늘은 어쩌면 친해질 성도 싶다. 믿음은 다만 믿음이라는 까닭에 매력이 있어도 보인다.
갈대는 바람에게조차 의지하려고 한다. 갑자기「파스칼」의「팡새」가 읽고 싶다. 만약에 책을 쓴다고 하면 백권의 전집을 가지느니보다는 오직 한권이라도 좋으니 괴로워하는 마음의 벗이 될 수 있는 것을 쓰고 싶다. 이제 신앙을 찾으려 하니 어느 종교고 사람의 때가 너무 묻었다. 십자가를 끌어안을 수도 없다. 「메테르링크」를 다시 찾아갈 수도 없다. 大年寺 북소리도 요동하는 마음의 한 반주에 지나지 못한다. ―그림자와 같이 황혼 속에 서 있다.

환경의 힘이 도저히 인력으로는 제어할 수 없이 압도적으로 커보일 때에 사람들은 그것을 운명이라고 부르고 소름친다. 허무, 절망, 단념, 그것들은 모두 움직일 수 없는 상태에 있을 때의 분위기인 것 같기도 하다. 움직이면 흩어진다.

산을 쳐다본다. 말이 없다. 일찌기 이 山이 火山일 적에 불꽃을 뽑는 것을 본 일이 없는 사람들은 山을 가리켜 벙어리라고 부른다. 흐린 날에는 산은 보이지 않는다. 구름은 흘러가고 안개는 날아가도 날이 개면 산은 산대로 있었다.

산이 아니다. 구름인가 보다. 바람인가 보다. 緯度의 어느 점에도 뿌리를 박지 못하는 갈대인가 보다. 티끌인가 보다. 그림자인가 보다. 부끄러워서 달려 산을 내려온다.

(「仙臺客舍에서」,《朝鮮日報》1939. 2. 16)

文壇不參記

　나는 일찌기 文壇에 나왔다고 생각한 일은 없다. 구태여 나오려고 애쓴 일도 없다. 文壇이란 것은 일종 막연한 사회인데 그렇게 호적과 같은 것이 분명하게 있는 것은 아니면서도 역시 登壇하는데는 어떤 不文律인 표준이 있어서 꽤 정확하게 통용되는 모양이다. 문화의 힘이란 것은 그런 막연하면서도 표준은 서 있는 그런 것인가 보다.
　사실 오늘의 문단이 필자같은 사람에게 無言한 호적을 인정할지 안 할지는 모르는 일이지만 인정하지 않는다 할지라도 내게는 아무 불평이 없다.
　발표하기 시작한 것은 우연히 신문기자였던 까닭에 자기 신문 學藝欄에 출장갔던 기행문을 쓰기 시작한 데서 비롯했고 별다른 동기는 없었다. 다만 한가지 문학을 한다는 것만은 스스로 결심했고 무엇이고 값있는 것을 만들어 보겠다는 욕심은 있었다. 가령 그래서 만들 수만 있다면 그것이 당장 인정되든 10년 후 백년 후에 인정되든 내지는 知己를 천년 뒤에 기다려도 좋다는 엄청난 말하자면 高麗磁器工의 후예다운 자존심과 신념만은 있어야 된다고 생각해 왔다.
　그래서 늘 두 개의 別名을 가지고 발표하곤 했다. 그러다가 내게 발표를 적극적으로 권해준 선배는 실로 小梧 薛義植 선생이었고 또 別名 말고 本名으로 하라고 強勸해준 것도 亦 선생이었다. 本名으로 하라는 이유는 오직 취직에 便宜있다는 것이었다. 이렇게 불순한 동기로 말하자면 본명을 활자로 내걸었다는 것은 벌한다면 달게 自服하겠다. 尙虛·芝溶·鍾鳴·仇甫·無影·幽影 기타 몇몇이 9人會를 한 것도 적어도 우리 몇몇은 文壇意識을 가지고 했다느니보다는 같이 한번씩 50전씩 내가지고 雅敍園에 모여서 支那料理를 먹으면서 지껄이는 것이 ─ 나중에는 仇甫와 箱이 그 달변으로 응수하는 것이 듣기 재미있어서 한 것이었다. 그때에는 支那料理도 퍽 싸서 50전이면 제법 술 한잔씩도 먹었다.

九人會는 꽤 재미있는 모임이었다. 한동안 물러간 사람도 있고 새로 들어온 사람도 있었지만 가령 尙虛라든지 仇甫라든지 箱이라든지 꽤 서로 信義를 지켜갈 수 있는 友誼가 그 속에서 자라가고 있었다는 것은 지금 생각해도 유쾌한 일이다. 우리는 때때로는 비록 문학은 잃어버려도 友誼만은 잊지 말았으면 하고 생각할 때가 있다. 어떻게 말하면 문학보다도 더 중한 것은 인간인 까닭이다.

지금도 나는 이렇게 생각한다. 문단이라는 것은 좀 경멸하고 달려들어도 좋다고 ─. 나보다 나이 어린 동무들 가운데서 문단진출을 바라는 이야기를 들을 때처럼 나는 섭섭한 때가 없다. 그 대신 그가 오직 創造에 대한 열과 야심과 신념을 말할 때처럼 반가운 적은 없다. 요는 문단에 호적을 걸었느냐 안걸었느냐는 문제가 아니다. 값있는 일을 남기느냐 못남기냐가 문제다. 그까짓 문단에 출세했자 기껏해서 출판기념회 같은 모임에 相論도 받는 일 없이 발기인에 한몫 들고 안드는 정도다.

《文章》 2권 2호, 1940. 2)

Ⅲ. 金起林 비평

시의 모더니티
고전주의와 낭만주의
모더니즘의 역사적 위치
우리 신문학과 근대의식
시의 장래

시의 모더니티

1

 시는 어떠한 시대에도 자라간다. 그것은 사람과 함께 사는 까닭이다. 시는 한개의 엑스타시의 發電體와 같은 것이다. 한개의 이미지가 성립한다. 회화의 온갖 수사학은 이미지의 엑스타시로 향하여 유기적으로 전율한다. 그래서 시는 꿈의 표현이라는 말이 거짓말이 아니된다. 왜. 꿈은 불가능의 가능이다. 어떠한 시간적·공간적 동존성도 비약도 이곳에서 가능하니까. 이 이상의 엑스타시가 어디 있을까. 영상을 통하지 않고 추상화한 주관의 감정이 직접 독자의 감정에 감염하려고 하는 그러한 경향의 시가 있다. 첫째는 감상적 낭만주의의 시다. 다음에는 격정적 표현주의의 시다. 그러나 우리들의 감정은 이러한 시들의 위협 아래서 매우 억울한 곤경에 서게 된다. 과연 격렬한 혹은 애수에 가득 찬 감정이나 정서가 있음은 아나 그것이 인생의 구체적 현실과 어떻게 관련이 있는가를 알 수 없는 한 그러한 감정을 그대로 노출시킨 시와 독자의 사이에는 아무 교섭도 성립될 수 없다. 다만 우리는 그것을 보고 우리들의 눈물은 울어질 수는 있으나 그것은 억울한 '눈물의 강요'다. 다시 말하면 무엇 때문에 어떠한 구체적 현실과 관련해서 그가 우는가를 이해할 때 비로소 우리들의 울음은 진실하게 울어진다. 그러므로 시인은 그의 엑스타시가 어떠한 인생의 공간적·시간적 위치와 사건과 관련하고 있는가를 보여주어야 할 것이다. 그는 항상 卽物主義者가 아니면 아니된다.

2

시는 한 개의 주제에만 固着할 것은 아니다. 시의 형식적 인습을 습득함으로써만 시를 쓸 수 있다고 생각하는 사람은 포프가 망나니였던 것처럼 망나니이다. 또한 시인은 단 한 벌의 옷밖에 가지지 못한 黃 정승의 아내처럼 그의 개성으로써 착색된 그의 시풍이라는 옷만 입고 다녀야 한다는 옛날의 시학을 곧이들어서는 안된다.

비록 한 조각의 시라 할지라도 그 속에는 시적 정신이 굳세게 움직여야 한다. 그래서 그 속에서 그 정신의 시대에 대한 감각과 비판에 접할 수 있을 때 우리는 처음으로 우리들이 바라는 시를 찾았다고 할 수 있을 것이다.

3

어린 부르주아는 스포츠맨일 수 있다. 그러나 늙은 부르주아는 지둔하기 짝이 없다. 하지만 문제가 이윤에 관한 한 그의 중추신경조직은 1백 퍼센트로 긴장한다. 그래서 자본은 전세계를 분주히 질구한다. 그리고 그들은 스포츠의 팬이다. 프롤레타리아의 생활 자체는 둔중하다. 그러나 그들이 참여하는 기계의 세계를 보라. 오늘의 전문명의 力學을 보라. 그래서 스피드는 현대 그것의 타고난 성격의 하나다.

4

감성에는 두 가지 딴 카테고리가 있다. 다다 이후의 초조한 말초신경과 퇴폐적인 감성과 다른 하나는 아주 프리미티브한 직관적인 감성이 그것이다. 새로운 시 속에서 후자의 감성을 거부한다는 것은 무슨 고루한 생각일까.

우리들이 가지고 있는 문학 속에 흐르고 있는 타성적인 감각에 싫증을 느끼지 않는다는 것은 무슨 일일까. 우스운 일이다. 나는 강아지와 같은 그 놀라운 충실에 감탄할 뿐이다. 사실 그러한 감각에서 인류는 무엇을 얻었을까. 그것은 과거의 지식의 되풀이에 불과하다. "풀은 푸르다"고 가르쳐 왔으니까 너도 나도 "풀은 푸르다"고 감각해야 한다고. 시인이여, 너는 이러한 비속주의의 말은 곧이 듣지 말아라. 프리미티브한 감성은 새로운 관념(인류의 財貨)을 찾아낸다. 새로운 시인에게는 이러한 감성이 필요하다.

시라고 하는 것은 결국 시인의 마음이 외부적 혹은 내부적 감성에 의하여 충격되었을 때의 그 마음의 非常性의 표현이다. 그것이 독자의 의식면에도 거진 같은 진폭을 가진 파문을 일으키는 것이다.

5

우리들의 선행자가 자유시 운동을 일으켰을 때 그들은 시의 리듬(운율)까지를 포기한 것은 아니다. 다만 그 구속을 파기하였을 뿐이다. 어떤 새로운 시인은 리듬의 지루한 음악에게도 작별을 고하였다. 사실 일세를 횡행하던 너무나 로맨틱한 한 센티멘털한 망국적인 리듬은 지적인 투명한 비약하는 우리의 시대와 함께 뛰놀 수 없었다.

우리 시단에는 일찍이 미래파적인 돌기-폭음-閃光- 그러한 것들을 지상에 폭발시킨 대담한 운동이 없었던 까닭에 '날라리와 꽹과리'의 조잡한 음악들(망국적인 감상적인 리듬)은 오래 두고 채 灰燼이 되어버리지 않았던 것이다.

로맨티시즘의 시는 감정을 추구하였다. 상징주의는 기분과 정서를 애무한다. 그러나 감정은 시의 본질은 아니다. 만약 감정이 시의 본질이라면 우는 얼굴과 노한 목소리가 제일 시적일 것이다. 시대는 시에서 소재 상태의 감정을 구축해 버렸다. 그래서 건강하고 신선한 감성은 현대의 새로운 성격이다. 각 시대의 시는 그 시대의 '이데'의 특징을 따라 시의 각 속성 중에서 그 하나를 번갈아 고조함으로써 한 時代

色을 이루기도 했다. 오늘의 시인은 인공적이고 외면적인 부자연한 리듬에는 일고도 보내지 않고 언어의 가장 자유스러운 구체적인 상태에서 시적 관계를 발견할 것이다. 그래서 새로운 시는 비로소 내면적인 본질인 리듬을 담게 될 것이다(이것은 인간생활의 실제의 회화를 미화하는 부차적 효과도 가지고 있다).

광범한 어휘 속에서 그의 엑스타시를 불러일으킨 이미지에 대하여 가장 본질적인 유일한 단어가 가려져서 그 이미지를 대표할 것이다. 이 일은 시작상에 있어서 가장 知的인 태도다.

6

스위타스는 말하였다.
"무슨 까닭에 우리들의 기계는 아름다운가. 그것은 그들은 일하고 움직이는 까닭이다. 무슨 까닭에 우리들의 집은 아름답지 아니한가. 그것은 그들은 아무일도 하지 아니하고 멍하니 서 있는 까닭이다." 그는 이 짧은 말 가운데 현대시에 대한 매우 중대한 세 개의 명제를 포함시켰다.

첫째 우리들의 시는 기계에 대한 열렬한 美感을 가지게 되었다는 것.

'운동과 생명의 구체화'(페르낭·레제)로서의 기계의 미를 인정하는 것이다. 그리고 그것은 내일의 사회질서와 인간생활에 있어서 새로운 기조가 될 것이다.

둘째 정지 대신에 동하는 미.

그것은 미학에 있어서의 새 영역이며, 시에 있어서의 새 역학의 존중이다. 행동의 가치에 대한 새 발견이다.

셋째 일하는 일의 미.

다시 말하면 노동의 미다. 움직이지 않는 것은 '죽음'이다. 움직이지 않는 신, 움직이지 않는 天國·涅槃은 '죽음'의 상태가 아니고 무엇일까. 활동은 생명이다. 진보다. 그것은 그 자체가 미다.

7

詩史上의 한 유파를 다른 유파에 속한 비평가들이 변술에 의하여 난타함으로써 완전히 극복한 것처럼 자만하는 것은 소박한 생각이다.

다만 가치의 최후의 결정권은 시간만이 가지고 있으며 어떤 '流派'에 대한 가치판단의 대상은 그날그날의 목숨을 가진 데 그치기 쉬운 비평이 아니고 작품 그 물건이다. 그러니까 파묻혔던 블레이크나 버틀러도 현명한 시간은 필경 영구한 망각 속에 그들을 버려두지 않고 건져 주었다. 평범한 포프는 제자들을 경계하였다. "말은 양식으로서 같은 법칙을 지킬 것이다. 너무 새롭거나 너무 낡은 것은 狂想的으로 보일 것이다. 그의 손으로 새로운 것이 실험되는 그러한 사람이 되지 말아라. 그리고 옛 것을 정리하는 최후의 사람이 되지 말아라." 왜 그러냐 하면 고전을 완전히 정리하는 사람과 또 문학의 영역에 있어서 처녀지로 돌진하는 모험적 정신의 소유자는 언제든지 그 시대의 뭇 愚物로부터 이단자로 취급되며 박해될 운명에 있는 때문이다.

포프가 드리운 중용의 길은 영문학에 있어서 오래인 전통이며 따라서 그것을 평범에 타락시키고 만 안전한 수신 교과서의 표본이다. 이러한 주위에 에워싸여 있는 시트웰 형제들은 의연히 불행할 밖에 없었으며 제임스 조이스는 종내 '영국'으로 못 들어갔던 것이다.

8

지난날의 시는 '나'의 정신세계의 일부분이었다. 새로운 시는 '나'를 여과하여 구성된 세계의 일부분이다. 그것은 새로운 세계다. 낡은 '눈'은 현실의 어떤 일점에만 직선적으로 단선적으로 집중한다. 새로운 '눈'은 작은 주관을 중축으로 하고 세계·역사·우주전체로 향하여

복사적으로 부단히 이동확대할 것이다.

「과거의 시」	「새로운 시」
독단적	비판적
형이상학적	즉물적
국부적	전체적
순간적	경과적
감정의 편중	정의와 지성의 종합
유심적	유물적
상상적	구성적
자기중심적	객관적

이렇게 모든 점에 있어서 오늘과 내일은 명료하게 대척한다. 그래서 필연적으로 시는 새로운 계단에로 일단 더 진전할 것이다.

9

세계시에 있어서 신생면을 개척하려는 야심있는 시인은 그의 유전인 망국적 감상주의에서 그 자신을 구원하는 데 노력하는 동시에 선명한 원색이라든지 혹은 통속성만을 주장하는 '소박한 사실주의'의 속학 앞에서 당황해서는 아니된다. 우리에게 있어서 중대한 것은 사물의 표면을 흐르는 원색이 아니다. '빛'과 '그늘'의 밸류였기 때문이다.

10

그래서 한 편의 시는 그 자체가 한 개의 통일된 세계다. 그것은 일양적인 시인의 개성(혹은 시풍)이 아니고 한 시편으로서의 독자성에 의하여 독자를 붙잡을 것이다. 그것은 항상 청신한 시각에서 바라본 문명비평이다. 그래서 시는 늘 인생과 깊은 관련을 가지게 된다. 단지 소비체계에 속한 향락적인 장식물이 아니고 적극적으로 인생에 향하여 움직이는 힘을 시는 가지지 않으면 아니된다. 그래서 비로소 시는 문화현상 속에서 한개의 가치형식으로서의 위치를 요구할 권리를 가지게 되며 또한 당연히 영광있는 그것의 위치에 향하여 시는 의식적으로 노력하여야 할 것이다. 따라서 시에 나타나는 현실은 단순한 현실의 단편은 아니다. 그것은 의미적인 현실이다. 그리고 그것(현실)이 전문명의 시간적·공간적 관계에서 굳세게 파악되어서 언어를 통하여 조직된 것이 시가 아니면 아니된다. 여기서 의미적 현실이라고 한 것은 현실의 본질적 부분을 가리켜 한 말이다. 그것은 현실의 한 단편이면서도 그것이 상관하는 현실 전부를 대표하는 부분이다.

《新東亞》 1933. 7)

고전주의와 낭만주의

　고전주의와 로맨티시즘은 단순히 문예사조상의 반대개념일 뿐이 아니고 예술가의 마음 속에서도 이 두 가지의 정신은 끊임없는 투쟁을 계속하고 있다. 우리는 이 로맨티시즘이라는 말 대신에 휴머니즘이라는 말을 바꾸어 넣어도 좋다.
　만약에 정치의 영역이라면 그러한 정신의 진통은 필요치 않을 것이다. 그러나 특정된 예술의 영토 안에서는 이 전쟁은 休戰을 바랄 수 없는 것 같다. 왜 그러냐 하면 로맨티시즘 내지 휴머니즘은 예술의 제작과정에 있어서 파괴의 작용을 하는 까닭이다. T. E. 흄은 말하였다.
　"사람을 충분한 가능성의 貯蓄器처럼 생각하는 견해를 나는 '로맨틱'이라고 부르고 사람을 매우 유한한 한정된 생물로 보는 것을 '클래시컬'이라고 부른다"고.
　이 제한없는 인간성의 신뢰는 부정적인 육체적인 악마와 통한다. 여기에 제재를 가하여 질서를 주고 형상을 주려는 것이 고전주의 정신이다.

　다시 말하면 인간성에 대한 비인간적인 지성의 대립이다.
　그런데 사람들은 어떤 까닭인지 이 두 가지 중에서 오직 하나만 읽으려 한다. 우리는 반드시 그 중의 하나만을 가려서 가담할 필요는 없다. 우리들의 과거의 여러 시대는 이 두 정신을 교체해가면서 신봉하였다.
　현대에 오기까지는 아무도 이 두 가지의 極地의 중간지대를 생각한 일은 없다. 투쟁 속에서도 거기에 얽혀지는 연면한 관계를 명료하게 생각해본 사람은 드물다. 예술은 육체의 참가—다시 말하면 휴머니즘의 助力에 의하여 비로소 생명성을 획득한다는 것은 어떠한 고전주의자도 부정할 수 없을 것이다. 로맨티시즘은 질서 속에 조직됨으로써 고전주의에 접근해가고 고전주의는 또한 그 속에 육체의 소리를 끌어들임으로써 로맨티시즘에 가까와간다. 이 두 선이 연결되는 그 일점에서 위대한 예술은 탄생되는 것이라고 생각한다.

나는 여기에 다른 한 개의 비유를 제시하련다.
고전주의에 의하여 대표되는 지성을 시의 골격이라고 하면 육체로서 대표되는 휴머니즘은 근육이요 혈액일 것이다. 완전한 시란 결국은 골격과 근육과 혈액이 한 개의 전체로 통일된 건강한 체격을 연상시킨다.
너무나 여윈 지성은 도리어 육체를 동경할 것이고 비만한 육체는 또는 견고한 골격에 대한 욕구를 가지게 될 것이다.

대체로 르네상스는 인간의 발견에 의하여 휴머니즘을 孵化하였고 한편으로는 그것을 말살하려는 카인인 줄도 모르고 헬레니즘에서 아드리아의 바다빛같이 명징한 지성을 배우는 모순을 범하였다.
르네상스에 그 淵源을 가진 이른바 근대정신 속에는 이 두 가지의 상반한 정신이 살고 있어서 드디어 둘 사이에 조화를 발견 못하고 그 투쟁이 근대의 정신사와 동시에 문명사를 전개시킨 것이 아닌가 생각한다.
변증법은 이 정신의 투쟁의 방식을 설명하여 주었다. 그래서 오늘의 문명은 그것이 너무나 인간의 소리와 육체를 무시함으로써 가장 병적 고전주의의 시대를 이룬 것처럼 생각된다.
현대의 새로운 고전주의(예를 들면 흄이나 엘리엇에 의하여 대표되는 것)는 문학에서 인간을, 육체를 완전히 쫓아내기를 기도하여 인간의 냄새라고는 도무지 나지 않는 비잔틴의 기하학적 예술을 존중하였다. 물론 이는 전에도 말한 것처럼 영국에 있어서 빅토리안과 그 末流의 불결하고 혼탁된 인간적인 너무나 인간적인 휴머니즘의 경향에 대한 반동으로서는 충분히 시대적 의의를 가지고 있기는 하다. 그러나 그들의 이상하는 완전히 인간성을 말살한 예술—생명적인 것에서 아주 단절된 상태에 있는 예술은 지극히 투명한 지성의 상태에 도달할는지는 모르나 드디어는 한 개의 허무에로 발산하고 말 것이다. 허무 속에서는 예술도 인간도 한 가지로 소실되고 말 것이다.

하나 허무로 통하는 것은 반드시 지성만이 아니다. 시에 있어서의 로맨티시즘의 방임은 시 이외의 外在的인 인간적 가치의 발호를 결과하기 쉬워서 이윽고는 역시 시를 소실할 우려가 많다. 도덕이라든지 교훈이라든지 한 것들이 시보다 앞서서 고려될 때에는 시 그것은 잊어버리기 쉽다. 그중에서도 가장 유치한 것은 사람의 본질이라든지 감정을 그대로 숭배하는 소박한 야만주의다. 사실에 있어서 로맨티시즘의 정신이 발흥하던 시기에는 예술로서는 그렇게 성공한 시기가 아니었다고 함은 역사가 우리에게 잘 보여주었다. 바이톤의 정복은 지금 생각하면 실로 우스운 熱中에 지나지 않았다. 19세기 초엽은 문학상 예술상으로는 그리 성공한 것이라고는 생각되지 않는다.

비인간화한 수척한 지성의 문명을 넘어서 우리가 의욕하는 것은 지성과 인간성이 종합된 한 새로운 세계다. 우리들 내부의 센티멘털한 '동양인'을 깨우쳐서 우리는 우선 지성의 문을 지나게 하여야 할 것이다. 만약에 시가 피동적으로 현대문명을 반영함으로써 만족한다면 흄이나 엘리엇의 고전주의가 바른 것이 될 것이다. 그러나 우리의 시 속에 현대문명에 대한 능동적인 비판을 구한다면 그것은 그 속에 현대문명의 발전의 방향과 자세를 제시하고야 말 것이다.

그런데 우리 시단은 대체로 얼마나 문명 그것보다도 뒤떨어져 있었더냐. 문명 그것에 대한 인식이 거진 우리 시인들에게는 굳세게 파악되어 있지 아니하였다는 것도 우리들이 태만하다는 증거에 틀림없다. 이 타기할 만한 태만과 그리고 자기 도취에서 우리는 일각이라도 바삐 깨어나야 했었다.

　우리는 지금 갑자기 문명을 버리고 야만으로 돌아갈 수는 없다. 역사를 발전하는 것이라고 믿는 사람들에게는 문명은 絶望을 교사하지는 않는다. 그것은 다음 단계로의 발전을 확신시킨다. 내일의 문명은 르네상스에 의하여 부과된 휴머니즘과 고전주의가 종합된 세계를 가져와야 할 것이다. 너무나 기계적인 것으로 달아나고 만 문명이 인간과 육체의 협동에 의하여 생명적인 것에로 앙양되어야 할 것이라고 생각한다. 그것은 고전주의나 로맨티시즘의 일방적 고조나 부정이 아니고 그것들의 종합에 의하여 도래할 것이나 아닌가고 생각한다.

(1935. 4. 26~4. 28)

모더니즘의 역사적 위치

> 여기는 늙은이들의 나라가 아니다.
> 젊은이는 서로 서로 팔을 끼고
> 새들은 나무 숲에 ―
> 물러가는 세대는 저들의 노래에 취하며 ―
> ―「W.B. 예이츠」

문학사는 과학이라야 할 것은 말할 필요도 없다. 사실의 객관적 인식에 충실해야 하는 것은 우선 그 안목일 것이다. 그러나 그것은 개개의 사건(유파·작품·작가·이론 등등)의 특수성을 붙잡아 끄집어내는 동시에 그 사건의 계열을 한 체계에 정돈해야 한다.

어느 시기에 특히 문학을 하는 사람들 사이에 문학사를 요망하는 기운이 움직인다고 하면 그것은 그 시기의 문학이 자신의 계보를 정돈함으로써 거기 연결한 전통을 찾아서 그 앞길의 방향을 바로잡으려는 요구를 가지기 시작한 증거일 것이다. 이러한 조건이 어느 사이에 엄정하게 객관적이라야 할 문학사에 시대의 주관적 요구를 침투시킨다. 문학과학의 시대성이란 이런 데서 오는 것 같다.

우리들 사이에서 은연중에 들려오는 우리 新詩史 요망의 소리는 틀림없이 수년래 시단이 혼미 속을 걸어오던 끝에 어디로든지 그 바른 진로를 찾아야 하겠고 그래서 교훈을 받으려 역사를 우러러보게 된 데서 일어난 것이 아닐까. 시선은 바로 돌려야 할 데로 돌려졌다.

우리 신시의 역사는 단순한 繼起·병존처럼 보이는 현상의 잡답 속에서도 (모든 역사가 그런 것처럼) 분명히 발전의 모양을 갖추었던 것이다. 긍정과 부정과 그 종합에서 다시 새로운 부정에로—이렇게 그 것은 내용이 다른 가치의 끊임없는 투쟁의 역사였다. 새로운 가치가 요구되어서는 낡은 가치는 배격되었다. 신시의 여명기로부터 시작한 로맨티시즘과 상징주의는 이론적으로는 벌써 20년대의 중쯤에 끝났어야 할 것이다.

　20년대의 후반은 물론 傾向派의 시대였으나 30년대의 초기부터 중쯤까지의 약 5,6년 동안 특이한 모양을 갖추고 나왔던 모더니즘의 위치를 역사적으로는 어떻게 규정해야 할 것인가. 30년대의 중쯤에 와서는 벌써 이 모더니즘, 아니 우리 신시 전체가 한 가지로 질적 변환을 일으켰던 것이다. 그 변환이 순조롭게 발전 못한 곳에 그 뒤의 수년 간의 혼미의 원인이 있었던 것이다. 이 탄탄한 발전을 초시작에서 막아 버린 데는 외적 원인과 함께 시단 자체의 태만도 또한 원인이 되었던 것이다.

　이 소론의 목적은 제1차의 경향파의 뒤를 이어 제2차로 우리 신시에 결정적인 가치전환을 가져온 모더니즘의 역사적 성격과 위치를 구명해서 우리 신시사 전체에 대한 일관된 洞見을 가져 보자는 데 있다. 새삼스럽게 필자가 이 제목을 가린 것은 30년대 말기 수년 동안의 시단의 혼미란 사실은 시인들이 모더니즘을 창황하게도 잊어버린 데 주로 起한 것 같으며 또 자칫하면 모더니즘을 그 역사적 필연성과 발전에서 보지 못하고 단순한 한때의 사건으로 취급할 위험이 보이는 때문이다. 영구한 모더니즘이란 듣기만 해도 몸서리치는 말이다. 다만 그것은 어떠한 역사의 계기에 피치못할 필연으로서 등장했으며 또한 그 뒤의 시는 그것에 대한 일정한 관련 아래서 발전한 것이 아니면 안된다는 결론을 가짐이 없이는 신시사를 바로 이해했다고 할 수는 없다. 또 모더니즘의 역사성에 대한 파악이 없이는 그 뒤의 시는 참말로 정당한 역사적 코스를 찾았다고는 할 수 없다.

　그런데 신시의 발전은 그것의 환경인 동시에 모체인 오늘의 문명에 대한 태도의 변천의 결과였다는 것은 매우 흥미있는 일이다. 모더니즘은 특히 이 점에 있어서 의식적이어서 그것은 틀림없이 문명에 대한 새로운 태도를 가져왔다. 이 일을 이해함이 없이는 신시사 전체는 물론 모더니즘은 더군다나 알 수 없이 된다.

　19세기의 중엽 이래 서양문명은 더욱 급격하게 동양제국을 그 영향 아래 몰아넣었다. 일본·중국·인도 등 제국에서 일어난 신문학—소설 서양시의 모양을 딴 新體詩 등—은 맨 처음에는 서양문학의 모방에서 시작되었다. 그것은 그 문학의 모체인 문명의 침입에 따라오는 불가피한 일이었다.

　이렇게 한 색다른 문명의 진행을 따라서 거기는 반드시 거기 상응한 형식과 정서를 가진 문학이 자라나고 있었다는 사실은 '문학의 孤高'를 믿는 신도들에게는 놀라운 醜聞일 것이다. 동양의 젊은 시인들은 벌써 李太白이나 杜甫처럼 노래하지는 않았다. 그러나 아직까지도 자신의 고유한 성향을 대부분 그대로 가지고 있는 그들이 먼저 맞아들인 것은 그들의 재래의 정서에 가장 근사한 로맨티시즘과 그 뒤에는 세기말의 시였다. 세기말의 시는 서양에 있어서는 그 문학이 가장 동양에 접근했던 예이다. 여기 시몬즈와 예이츠와 타고르가 악수할 가능성이 있었던 것이다.

　우리 신시의 선구자들이 이윽고 맞아들인 것은 로맨티시즘이었고 다음에는 이른바 동양적 情調에 가장 잘 맞는 세기말 문학이었다. 그런데 이 두 문학은 한결같이 진전하는 역사적 현실에 대하여 퇴각하는 자세를 보이는 문학이다.

　로맨티시즘의 혁명성은 물론 인정하나 그것의 목표는 잃어버린 중세기의 탈환이었지 결코 새로운 시민의 질서가 아니었다. 로맨틱의 귀족들이 처음에는 그렇게 혁명적으로 보이다가도 필경 '7월 14일'적 돌진에서는 몸을 뒤로 끈 까닭은 실로 여기 있었다. 산업혁명의 불길 아래 형체없이 사라져가는 성과 기사와 공주의 중세기적 잔해의 완전한 종언에 눈물을 뿌린 최후의 만가시인은 이른바 90년대의 사람들이었다.

은둔적인 회상적인 감상적인 동양인은 새 문명의 개화를 목전에 기다리면서도 오히려 그 心中에는 허물어져가는 낡은 동양에 대한 애수를 기르면서 있었다. 愛蘭의 황혼과 19세기의 황혼이 이상스럽게도 중복된 곳에 예이츠의 「갈대 속의 바람」의 매력이 생긴 것처럼 우리 신시의 여명기는 나면서부터도 황혼의 노래를 배운 셈이다. 20년대의 처음에 이르러서는 이들 선구자와 그 말류들은 벌써 신문학의 건설이라는 위대한 목표를 바라보면서 돌진하기를 그치고 맞아들인 황혼의 기분 속에 자신의 여린 감상을 파묻는 태만에 잠겨 버렸다.
　최초의 반격은 20년대의 중쯤부터 시작된 경향문학의 이론가의 손으로 되었다. 그것은 주로 思想上의 반격이었다.
　그러나 조선에서 '시에 있어서의 19세기'의 문학적 성격이 폭로되어 주로 문학적 입장에서 排擊되기 시작한 것은 30년대에 들어선 뒤의 일이다.
　모더니즘은 두 개의 부정을 준비했다. 하나는 로맨티시즘과 세기말 문학의 말류인 센티멘털 로맨티시즘을 위해서고, 다른 하나는 당시의 偏內容主義의 경향을 위해서였다. 모더니즘은 시가 우선 언어의 예술이라는 자각과 시는 문명에 대한 일정한 감수를 기초로 한 다음 일정한 가치를 의식하고 쓰여져야 된다는 주장 위에 섰다.
　① 서양에서도 오늘의 문명에 해당한 진정한 의미의 새 문학이 나온 것은 20세기에 들어선 다음의 일이다. 20세기 속에 남아 있는 19세기 문학 말고 진정한 의미의 20세기 문학의 중요성은 여기 있는 것이다. 영국에 있어서는 조지안은 아직도 19세기에 속하며 문학에 있어서의 20세기는 이미지스트에서 시작되었던 것이다. 불란서에서는 立體詩의 시험 이후 다다·초현실파에, 이태리의 미래파 등에 20세기 문학의 징후가 나타났다.
　조선에서는 모더니스트들에 이르러 비로소 '20세기의 문학'은 의식적으로 추구되었다고 나는 본다.
　낡은 센티멘털리즘은 다만 시인의 주관적 감상과 자연의 풍물만을 노래하였다. 오늘의 문명의 형태와 성격에 대해서도 그것이 그 속에 사는 사람들의 심정에 일으키는 상이한 정서에 대해서도 완전한 不感症이었다.

　모더니즘은 우선 오늘의 문명 속에서 나서 신선한 감각으로써 문명이 던지는 인상을 붙잡았다. 그것은 현대의 문명을 도피하려고 하는 모든 태도와는 달리 문명 그것 속에서 자라난 문명의 아들이었다. 그 일은 바꾸어 말하면 우리 신시사상에 비로소 도회의 아들이 탄생했던 것이다. 題材부터 우선 도회에서 구했고 문명의 뭇면이 풍월 대신에 등장했다. 문명 속에서 형성되어가는 새로운 감각·정서·사고가 나타났다.

　② 서양에 있어서도 20세기 문학의 특징의 하나는 (특히 시에 있어서) 말의 가치 발견에 전에 없던 노력을 바친 데 있다. 과거의 作詩法에 의하면 말은 주장 운율의 고저, 장단의 단위로서 생각되었고 조선에서는 音數 관계에서만 평가되었다.

　말의 음으로서의 가치, 시각적 영상, 의미의 가치, 또 이 여러 가지 가치의 상호작용에 의한 전체적 효과를 의식하고 일종의 건축학적 설계 아래서 시를 썼다. 시에 있어서 말은 단순한 수단 이상의 것이다. 모더니즘은 이러하여 전대의 韻文을 주로 한 작시법에 대항해서 그 자신의 어법을 지어냈다. 말의 함축이 달라졌고 문명의 속도에 해당하는 새 리듬을 물결과 범선의 행진과 기껏해야 기마행렬을 묘사할 정도를 넘지 못하던 전대의 리듬과는 딴판으로 기차와 비행기와 공장의 燥音과 군중의 규환을 반사시킨 會話의 내재적 리듬 속에 발견하고 또 창조하려고 했다.

　그래서 모더니즘이 전통적 센티멘털 로맨시티즘에 향해서 공격한 것은 내용의 진부와 형식의 固陋였고 偏內容主義에 대한 불만은 그 내용의 관념성과 말의 가치에 대한 소홀이라는 점이었다.

　그런데 조선에 있어서 모더니즘은 집단적 시운동의 모양은 갖지 못했다. 또 위에서 말한 특징을 개개의 시인이 모조리 갖춘 것은 아니다.

오직 대부분은 부분적으로만 모더니즘의 징후를 나타냈다. 또 그것이 반드시 의식적인 것도 아니고 시인적 민감에 의한 천재적 발현인 경우가 많았다. 그러나 여하간에 위에서 말한 두 가지의 지표를 통해서 우리는 몇사람의 우수한 시인과 그 시풍을 한 개의 유파로서 개괄하는 것은 타당한 일이다. 더군다나 그들의 활약한 30년대의 전반기에 있어서 시단의 젊은 추종자들이 압도적으로 이 영향 아래 있었던 사실은 이 시기를 한 개의 특이한 역사적 에포크로서 특징짓기에 족하다.

가령 최초의 모더니스트 鄭芝溶은 거진 천재적 민감으로 말의 주로 음의 가치와 이미지, 청신하고 원시적인 시각적 이미지를 발견하였고 문명의 새 아들의 명랑한 감성을 처음으로 우리 시에 이끌어 들였다.

辛夕汀은 환상 속에서 형용사와 명사의 비논리적 결합에 의하여 아름다운 상징적인 이미지들을 빚어내고 있었다. 그들은 韻文的 리듬을 버리고 아름다운 회화를 썼다. 좀 뒤의 일이지만 시각적 이미지의 적확한 파악과 구사에 있어서 누구보다도 뛰어난 金光均 씨, 辛夕汀의 시풍을 인계하면서 더욱 조소적인 깊이를 가진 張萬榮 씨, 그 밖에 朴載崙 씨·趙靈出 씨 등등에 이르기까지 일관한 시풍은 시단의 완전한 새 시대였다.

그러나 모더니즘은 30년대의 중쯤에 와서 한 위기에 다닥쳤다.

그것은 안으로는 모더니즘의 말의 重視가 이윽고 그 말류의 손으로 언어의 말초화로 타락되어가는 경향이 어느새 발현되었고, 밖으로는 그들이 명랑한 전망 아래 감수하던 오늘의 문명이 점점 심각하게 어두워가고 이지러져가는 데 대한 그들의 시적 태도의 재정비를 필요로 함에 이른 때문이다.

이에 시를 기교주의적 말초화에서 다시 끌어내고 또 문명에 대한 시적 感受에서 비판에로 태도를 바로잡아야 했다. 그래서 사회성과 역사성을 이미 발견된 말의 가치를 통해서 형상화하는 일이다. 이에 말은 사회성과 역사성에 의하여 더욱 함축이 깊어지고 넓어지고 다양해져서 정서의 진동은 더욱 강해야 했다.

全詩壇的으로 보면 그것은 그 전대의 경향파와 모더니즘의 종합이었다. 사실로 모더니즘의 말경에 와서는 경향파 계통의 시인 사이에도 말의 가치의 발견에 의한 자기반성이 모더니즘의 자기비판과 거의 때를 같이하여 일어났다고 보인다. 그것은 물론 모더니즘의 자극에 의한 것이라고 보여질 근거가 많다. 그래서 시단의 새 진로는 모더니즘과 사회성의 종합이라는 뚜렷한 방향을 찾았다. 그것은 나아가야 할 오직 하나인 바른 길이었다.

　그러나 그 길은 어려운 길이었다. 시인들은 그 길을 스스로 버렸고 또 버릴 밖에 없다. 가장 우수한 최후의 모더니스트 李箱은 모더니즘의 초극이라는 이 심각한 운명을 한몸에 구현한 비극의 담당자였다.

　30년대 말기 수년은 어느 시인에게 있어서도 혼미였다. 새로운 진로는 발견되어야 했다. 그러나 그것은 어떤 길이든지 간에 모더니즘을 쉽사리 잊어버림으로써만 될 일은 결코 아니었다. 무슨 의미로든지 모더니즘으로부터 발전이 아니면 아니되었다.

(《人文評論》1939. 10)

우리 신문학과 근대의식

1

우리 신문학이 시작된 후 항용 30년의 시일이 지나갔다고 한다. 30년이라고 하면 서양류로 치면 겨우 한 세대다. 그러나 우리가 이 30년 동안에 겪은 문학적 經歷은 실로 몇 세대가 아니라 3, 4세기에 필적한다. 서양에 있어서도 소위 90년대 이후라고 하는 것은 거의 10년만씩에 세대가 바뀌었다. 그것은 물론 문명의 진전이 가속도적으로 급격해 가는 때문일 것이다. 그러나 우리의 경우는 그것과는 달라서 다만 後進社會의 당연한 욕구로서 현대문명을 집약적으로 효과적으로 또 될 수 있는 대로 짧은 기간에 흡수하여 그 수준에 하루 바삐 도달하려 함이었다.

조선에 있어서의 지금까지의 신문화의 코스를 한 마디로 요약한다면 그것은 '近代'의 추구였다. 따라서 이른바 신문학의 발생 당초의 그 성격은 서양에 있어서의 르네상스와 부합되는 점이 많다. 그도 그럴 것이 르네상스는 근대정신의 발상이었고 '近代'를 추구하는 후진사회가 우선 르네상스의 정신과 방법을 채용한 것은 극히 자연스러운 일이었다.

근대시민사회의 이데올로기로서의 근대정신의 발아였던 르네상스의 특징으로서 세계와 인간의 발견을 든다. 이렇게 새로 발견된 인간이란 개성있는 한 不可侵體였고 계몽시대에 이르러서는 이성의 이름에 의하여 절대화했다. 또 근대의 초시작에는 여러 나라의 민족국가의 형성운동으로 해서 구주지도는 여러 토막으로 갈라지면서도 '인간의 福音'

은 상인들의 배에 실려 국경을 넘어 서로 왕래했을 뿐 아니라 전세계에 범람하기 시작했던 것이다. 상업의 새 시장은 곧 다소간 르네상스의 영토이기도 하였다. 상품이 이렇게 '近代' 그것의 형성과 실로 밀접하게 결합하고 있었다는 것은 재미있는 일이다.

이렇게 르네상스의 세계화의 과정은 근대 시민사회 자체의 숙명적인 의욕이었다. 상품과 자본은 간단없이 국경을 뛰어넘어서 모든 미개발 대륙 혹은 도서에 '近代'를 扶植하면서 돌아다녔다. 그래서 이 근대문화의 뜻하지 아니한 선교사들이 처음 가지고 들어간 것은 다름아닌 르네상스의 복음이었다. 그리하여 '近代'는 실로 세계적 규모로 진전하면서 있었다.

이태리 그 중에서도 피렌체에서 端을 발하여 서구제국을 휩쓸고 다음으로는 동양의 제후진국가에까지 흘러온 르네상스의 유역을 더듬어 보는 것은 문화사의 재미있는 과제의 하나일 것이다. 이러한 르네상스의 전파에 있어서 적지 않게 매개의 勞를 다한 것은 기독교회였다. 원래가 그것은 세계종교여서 로마의 세계국가의 한 과목으로서 채용된 것도 그 때문이다. 근세에 들어와서 新敎의 분열, 국민교회의 분립 등이 있으면서도 그것의 세계성이라는 근본성격에는 변함이 없었다. 그래서 선교사들의 등뒤에는 어느덧 商人이 되어 선 것과 마찬가지로 르네상스의 정신이 또한 그들의 등에 의지하여 후진국가와 민족 속으로 들어갔던 것이다. 말하자면 선교사는 르네상스의 또 하나의 뜻하지 않은 使徒였던 것이다.

2

대원군의 집정으로써 비롯하는 조선 최근세사는 다름아닌 隱士國 조선이 담을 넘어 들어오는 이른바 '근대'를 어쩔 수 없이 맞아들이기 시작하여 爾來 의식적 또는 무의식적으로 그것을 추구해온 시기였다. 이조를 일관하여 지배해 오던 유교문화에 반기를 든 전연 이질의 문화가 낡은 문화의 柱礎를 파들어가기 시작했던 것이다. 인간본위의 이 세계적인 근대문화의 선봉이 낡은 문화와 부닥쳐서 이곳에서처럼 처참한 피의 제전을 연출하고 고투한 유례는 드물 것이다. 생각하면 주로 19세기 후반에 혹은 선교사 혹은 무장상선을 거쳐서 편린적으로 흘러 들어온 '근대'라는 전연 빛 다른 세계에 향해서 이조 5백년의 갖은 악몽에 찬 고집한 은둔자가 한 일은 실로 문을 굳게 닫고 사력을 다하여 그것을 배제하는 일이었다. 한일합병으로써 끝나는 이조 최후의 약 반세기간은 조선이 그 자신의 근대화를 필사적으로 회피하려고 하여 빚어낸 세계문화사상 침통한 「동키호테」의 재연이었다. 18세기의 저 불란서의 「앵시클로페디스트」에도 필적할 정약용 등의 계몽사상, 김옥균 등의 정치적 개혁운동은 그 무모한 반동자들의 갖신에 짓밟혀 그만 죽어버렸다. 게다가 또 당시 태평양의 서안을 무대로 하고 일어난 국제간의 착잡한 角逐은 드디어 이 완고하고 빈한한 지대를 돌볼 여유가 없이 되었다. 조선의 근대화를 더디게 한 또 한 가지 조건은 조선이 '근대'와 접촉한 것이 직접적이 아니고 대부분은 일본이나 청국을 거쳐서 한 간접적 교섭이었던 일이다. 즉 자극은 피부에 곧 부닥친 것이 아니라 늘 소문의 형태로 전해왔던 것이다. 여러차례에 걸친 이른바 洋夷의 침범으로 하여금 그 직접적인 계기를 만들기에는 강화 수비가 지나치게 강하였고 평양 亂民의 돌팔매가 너무나 숙련하였던 것이다. 이리하여 가장 순조롭고도 급속했어야 할 조선의 근대화라는 과제는 그 첫걸음에서부터 불구한 모양을 띠었다. 彼女의 최초의 세계사적 등장은 할 수 없이 관중의 조소와 식자의 통탄을 뒤집어쓸 밖에 없었다.

3

그러나 잠시 열렸다 닫혔다 하는 동안에 비좁은 문틈을 새어 들어오고 또 維新 日本을 거쳐 밀려들어온 '근대'의 섬광은 드디어 개화사상이라는 형태로 차츰 허울과 틀이 잡혔던 것이다. 다시 말하면 한 필수한 과정으로서 조선에도 르네상스는 彼女 자신의 好惡에 불구하고 진행되기 시작한 것이다. 신문학의 발생은 조선에 있어서의 르네상스 정신의 한 발화였고 나중에는 차츰차츰 그것의 가장 뚜렷하고 중요한 부면으로 발전하였다.

조선에서 이 르네상스가 싸워야 할 첫 敵은 그것의 앞길에 완강하게 막아선 봉건적·유교적 구사상이었다. 그것은 이조 5백년간 조선사회의 골수에 맺히고 세포에 스민 치명적인 독소였다. 그러한 관념형태의 마술적 표현수단은 다름아닌 한문이었다.

르네상스의 가장 굳센 한쪽 날개였던 신문학은 구사상과 결전하는 데 있어서 그 새로운 무기로 채용한 새로운 표현수단은 이른바 언문이었고 口語였다. 반드시 곧 그대로 구어가 아니었다고 할지라도 적어도 구어에의 의욕이 밑에 숨어 과도기적 형태로서의 文語였다.

개화사상이 바라마지 않는 것은 근대사상 내지 정신이라는 한 신선한 세계관·인간관·사고방식이었는데 이렇게 새로이 발견된 인간이 그 자신에 알맞는 표현수단을 가지려 한 것은 당연한 일이었다.

서구제국에 있어서 근세 초에 그때까지도 국가나 교회의 공용문이고 또 유일한 학술어였던 라틴을 물리치고 각각 그 자신의 방언을 근거로 표준어를 형성해간 것과 이 땅에 있어서도 역시 유일한 학술어요 공용문이었던 한문의 桎梏을 버리고 조선말로써 새로운 시대와 민중의 가장 자연스럽고 적절한 표현 전달의 수단이라고 생각한 것은 서로서로 符節이 맞는다. 지금의 영어·독어·불어와 그 문학들은 이러한 공통된 자각에서 발생한 것으로 이태리에서조차 본래의 라틴은 어느덧 밀려가고 구어로 남은 라틴 속어에 기초를 둔 새로운 언어로서의 오늘의 이태리어를 형성함에 이르렀던 것이다. 우리 소설이나 시가 의식적으로 한문자나 漢文口調를 배격하는 데는 이러한 역사적 의의가 깃들어 있었던 것이다. 오늘에 이르기까지도 소설이(물론 그 전신인 이야기 책이 순 한글로만 쓰여졌는데도 까닭이 있겠지만) 늘 순 한글로 쓰여지고 있는 것은 반드시 홀홀하게 여길 일이 아니다.

이렇게 개화조선이 그 자신의 언어와 그것에 의한 문학을 수립하였다는 것은 조선 문화사상의 획기적인 성과였던 것이다.

4

林和 씨의 신문학사 연구로 현대소설의 어머니로서의 이른바 新小說의 성격이 매우 천명되었는데 그것은 거진 공통하게 유토피아적 요소가 중심계기가 된 것으로서 우리 밖에 있는 '놀라운 새 세계' 즉 문명사회로 향하여 호기와 경이의 눈을 뜨고 있었다. 신구 두 對蹠되는 정신의 갈등—즉 중세와 근대의 투쟁 같은 것이 작품의 機軸이 된 것은 역시 春園의 일부의 작품에서 시작된 듯하다. 새로운 문학이 바라고 힘쓴 일은 오로지 봉건적 이데올로기를 부숴버리는 일 유교적 질서, 영구한 정체에서 신분적 구속에서 인간을 해방하는 일이었다. 권리와 창조의 주체로서의 개성의 주장이었다.

그러나 우리 신문학의 이데는 결코 이 초기의 단계에 그리 오래는 머물지 않았다. 그것은 서구가 이미 5세기나 6세기를 두고 걸어온 근대문학의 형성과정을 그대로 더듬어 속성해야 했다. 실로 30년이라는 짧은 동안에 그것을 졸업해야 할 벅찬 짐을 걸머지고 있는 것이다. 우리 신문학사가 나이로는 극히 어리면서도 그 내용에 있어서는 서구제국의 근대문학사 전부에 필적하는 복잡성을 가지게 되는 것은 그 때문이다. 그래서 소설에 있어서는 인도주의·자연주의·사실주의·傾向文學·인상주의·심리주의, 시에 있어서는 낭만주의·상징주의·사회파·모더니즘…… 이렇게 최근 구라파 문학이 체험한 내용을 우리도 또한 그러나 자못 창황하게 바삐바삐 소화된 상태에서, 혹은 체한 대로 받아들여야 했다.

그러면 오늘의 우리 문학은 근대정신을 완전히 붙잡았으며 그것을 체현하였는가. 그래서 20세기적 단계에까지 도달하였는가. 이렇게 스스로 물어볼 때에 유감이나마 우리 생활과 사고, 사고와 생활 사이에는 중세와 근대의 틈바귀가 그대로 남아 있는 구석이 있으며 또 한 정신 속에도 봉건사상과 인문주의가 동서하며 한 작가나 시인의 문학 속에 19세기와 20세기가 뒤섞여 있으며 한 상징시인 속에 낭만파와 민요시인과 유행가수가 겹쳐 있는 것조차 도처에서 쉽사리 구경한다. 그러면 이러한 혼돈과 아나르시는 대체 어디서 오는 것일까. 이하에 나는 그 원인으로 생각되는 점 몇가지를 들어보련다.

첫째, 남은 실로 여러 세기를 거쳐 필연한 발전의 결과로 얻은 열매를 우리는 극히 짧은 동안에 모방 혹은 수입의 형식을 거쳐 속성해야 하는 동양적 후진성 때문인가 한다.

둘째, 보다 더 근본적인 원인으로 문화 전반의 지반을 이루는 조선사회 그것이 근대화의 과정이 지지할 뿐 아니라 정상적이 아니었다는 것을 들어야 하리라고 생각한다. 그것은 우선 생산조직을 근대적 규모와 양식에까지 끝끝내 발전시키지 못하고 있다. 고도로 발달된 생산의 근대적 기술은 오직 전설이나 일화로 밖에는 우리에게 알려지지 못하였다. 그와 반대로 소비의 면에서는 모든 근대적 자극이 거의 남김없이 일상생활의 전면에 뻗어들어온다. 말하자면 '근대'라고 하는 것은 실은 우리에게 있어서 소비도시와 소비생활면에 쇼윈도처럼 단편적으로 진열되었을 뿐이다.

5

이러한 토양 위에서 근대정신의 정연한 발화를 바라는 것은 오히려 무리다. 그러나 우리는 이러한 현상에 반드시 실망만 하는 것은 아니다. 위에서 말한 것은 물론 개괄적인 기술이고 개별적으로는 근대정신의 정확한 파악자를 찾을 수 있으며 또 그것의 발현인 문학도 지적할 수가 있다. 혼돈은 차츰차츰 질서로 향하여 정돈될 것이다. 역사는 반드시 사실만의 堆積이 아니고 거기는 창조의 의지가 참여할 여지가 있는 것을 알기 때문이다. 그러므로 뒤떨어졌다는 일만은 그리 큰 일은 아니다. 그 민족이 창조적 열의와 전진의 의지에 불타는 동안은 약간의 후진성쯤은 극복할 수 있을 것이다.

　그러나 당장의 문제는 그런 데만 있는 것이 아니다. 실은 엉뚱한 딴 곳에서 튕겨져나왔다. 그것은 이것이다. 우리가 개화당초부터 그렇게 열심으로 추구해오던 '근대'라는 것이 그 자체가 한 막다른 골목에 부딪쳤다는 것이 바로 그 일이다. 그리하여 르네상스 이래 오늘까지도 근대사회를 꿰뚫고 내려오던 지도원리는 그것에서 연역할 수 있는 모든 答案을 남김없이 끄집어 내놓아 보였다. 그래서 얻은 최후의 해답이라는 것이 결국은 근대라는 것은 이 이상 발 하나 옮겨 놓을 수 없는 상태에 다달았다는 심각한 인상이다. 파리의 낙성으로써 가장 상징적으로 표현된 곤혹이 바로 그것이다. 일찍이 李源朝 씨는 우리 논단의 원리의 상실을 통탄하였다. 원리의 상실이란 다름아닌 사상의 상실이라고 하면 오늘 남은 것은 思惟만의 形骸라는 것이 우리 자신의 속임없는 소묘일 것이다. 최근 10년간 우리가 끌어들인 여러가지 사상 모더니즘·휴머니즘·행동주의·주지주의 등등은 어찌 보면 전후 구라파의 하잘것 없는 신음 소리였으며 '근대' 그것의 말기적 경련이나 아니었던가. 그렇다면 대체 지난 10년 동안의 우리의 노력은 무엇이었나. 우리는 저도 모르게 한낱 혼돈을 수입한 것이며 열매 없는 徒勞에 그치고 만 것일까. 그러나 그것을 긍정하는 것은 조급한 판단일까 한다. 이상의 혼돈이 '근대' 그것의 피할 수 없는 과정이라면 우리에게 있어서 그것은 차라리 미래를 위한 값있는 한 체험이었을 것이다. 우리는 거기 바친 정신과 시간의 소모를 굳이 후회할 것은 없다. 다만 그것들을 응수할 적의 우리의 태도가 그것들을 체험에까지 深化할 수 있도록 진지하였던가 또는 한낱 경박한 모방행위에 그치는가 하는 데 따라서 그것들은 혹은 우리 문학과 정신 속에 좋은 비료로서 침전할 수도 있었고 혹은 한낱 지나가는 바람결이 되고 말 수도 있었을 것이다.

6

나는 앞에서 우리는 혹은 지난 10년 동안 서양의 혼돈을 수입하지나 않았나 하는 의문을 걸어 보았다. 사실 오늘에 와서 이 이상 우리가 '근대' 또는 그것의 지역적 具現인 서양을 추구한다는 것은 아무리 보아도 우스워졌다. 유토피아는 뒤집어진 셈이 되었다. 구라파 자체도 또 그것을 추구하던 後列의 제국도 지금에 와서는 동등한 공허와 동요와 고민을 가지고 '근대'의 파산이라는 의외의 국면에 소집된 셈이다.

벌써 한 지역만을 요리할 수 있는 원리의 성공이라는 것은 가망이 없다. 그것은 조만간 세계적 규모에서 시련을 이기고 승리를 증명하기까지는 오늘의 원리라고 불리워질 수가 없다. 이런 의미에서 우리는 오늘을 단순한 서양사의 전환이라고 부르지 않고 보다 더 함축있는 의미에서 세계사의 전환이라고 형용한다. 또 원리의 발견이라는 세계사적 계기는 반드시 구라파만의 당면한 특권이 아니다. 왜 그러냐 하면 종점에서는 선후의 구별없이 한데 모여서게 되는 것이고 동시에 새로운 출발점에서는 한 열에 설 수 있기 때문이다. 우리의 초조와 홍분은 실로 여기 유래하는 것이다.

그렇다고 해서 오늘 기울어져가는 '근대' 그것에 罵叱이나 조소만 퍼붓는 것은 그리 자랑이 될 것이 없다. 그것은 거리의 야유꾼조차 쉽사리 할 수 있는 일이다. 차라리 우리는 전보다 더 주밀한 관찰과 반성과 計量을 준비해야 할 때다. 우리는 지나간 30년 동안의 우리 자신의 체험을 토대로 '근대' 그것을 다시 은밀하게 검토할 필요가 있겠다. 개인주의・자유주의・민주주의 등등 '근대'의 기초에 가로누운 이른바 근대정신 그것 속에는 물론 버릴 것도 많겠으나 한편 추려서 새 시대에 유산으로 넘길 부분은 무엇 무엇일까. 가령 사실의 정확한 계산과 법칙에 대한 열렬한 傾倒로써 표현할 수 있는 과학정신은 '근대' 그것의 淸算場에서 어떻게 취급되어야 할 것인가. 그것은 근대문명 그것의 착잡 거대한 구조의 技師가 아니었던가. 그것을 부려온 雇主의 실책은 오늘 와서는 감출 수 없으나 그렇다고 해서 기사의 지식과 지혜의 산모인 과학정신조차를 고발하려는 것은 무모나 만용이 아닐까. 잘못된 것은 雇主의 의욕이었다. 새로운 세계의 구조에 있어서도 과학정신은 의연히 가장 정확한 지표일 것이고 또 과학은 가장 신뢰할 수 있는 조언자일 것이다.

또 근대 상업주의의 모든 성공과 실책의 추진력이 되었던 모험의 정신은 그것이 국가나 개인의 분별없는 利慾에 봉사하는 동안 도처에서 실수만 저질렀다 할지라도 이성과 지성의 참여에 의해서 창조의 정신으로 변신할 수도 있는 것이 아닐까.

이 순간에 우리는 '오늘'이라는 것의 성격에 대하여 확고한 판단을 내리지는 못하고 있다. 그것을 벌써 새로운 시대의 進水式으로 보고 경이는 벌써 시작된 듯이 말하는 사람도 있다. 그러나 한편으로 보면 시작된 것은 실은 아직도 새로운 시대가 아니고 '근대'의 決算過程이나 아닐까. 새로운 시대는 오히려 당분간은 먼 혼란과 파괴와 모색의 저편에 있는 것이나 아닐까. 그렇다고 하면 지금 이 순간에 우리에게 던져진 긴급한 과제는 새 세계의 구상이기 전에 먼저 현명하고 정확한 결산이 아닐까 한다. 우리가 깊이 생각해야 할 중요한 점이 여기 숨어 있다고 나는 생각한다.

또 새로운 원리의 발견이거나 역사적 결산이거나 그것은 어떠한 개인의 머리에서 번뜩이는 천재적 幻想만으로서는 아무것도 아니다. 개인의 창의가 아무리 뛰어났다 할지라도 한 민족의 체험으로써 결정되고 조직된 연후에 비로소 시대의 추진력이 될 수 있게 된 것이 '오늘'이라는 역사적 일순의 특이한 성격인 것 같다. 왜 그러냐 하면 오늘의 이 창조와 결산의 이상스러운 향연에는 실로 각 민족이 민족의 자격으로서 참여하고 있으며 그것이 유일한 방식이 되어 있기 때문이다. 서양에서도 동양에서도 돌진하고 대립하는 것은 오직 민족뿐이다. 민족은 민족을 부른다. 그것은 개인주의의 제국에서조차 낮잠 자던 민족을 불러일으켰다. 제민족의 전람회라 일컫는 미국조차 그 발언은 어떤 단일한 민족적 보증을 얻으려 하고 있다. 그래서 이번 역사의 전환은 한 철인이나 문인의 창조라느니보다도 각민족 즉 그 성원의 집단적인 체험과 의욕의 투자를 요구한다.

그러나 여기는 한 한계가 있다. 앞에서도 이미 말이 미친 일이 있지만 오늘에 와서는 한 민족만을 구할 수 있는 원리라는 것은 벌써 있을 수 없다. 한 민족을 건질 수 있는 것은 동시에 세계적인 원리이어야 한다. 그것은 한 민족의 창조적 의욕을 諸民族의 支持 위에 실현할 수 있는 보편적인 원리이어야 할 것이다. 가령 로젠베르크의 신화설은 분명히 한 민족의 체험에 뿌리를 박은 것일 터이나 그것은 그대로 타민족에게 무리없이 통용될 수 있을까. 딴에는 베르사이유의 질곡을 깨뜨리기 위한 전선을 조직하는 데는 민중의 절호한 흥분제였다. 그러나 나치스의 앞에 제출된 것은 벌써 한낱 독일만의 문제가 아니고 구라파 전체의 문제인 오늘에 와서는 로젠베르크는 차라리 독일민족만의 신화 대신에 구라파 전체의 신화를 고안해야 하였다.

그런데 구주에 있어서 혹은 결산기 뒤에 앞으로 기대하는 신질서의 건설에는 제 민족이 민족의 자격으로 참가할 것으로 보이는데 이 민족을 내포하면서도 민족을 초월해야 할 신질서에 있어서 민족 상호간의 정신적 이해와 융합을 가능하게 할 유력한 수단은 무엇일까. 수백의 조문이나 규약이 達할 수 있는 형식의 한계를 넘어서 그것의 저편에 다시 깊이 맺어질 수 있는 것은 서로 서로의 문화의 접촉과 포용과 존경이라는 노력이다. 민족과 민족의 정신은 오직 문화라는 運河를 통해서 왕래할 수 있다는 일은 매양 잊어버리기 쉽다. 그렇다고 해서 거기는 꾸며 보이는 포즈나 제스처가 섞여서는 아니된다. 그것은 차라리 오해와 반발의 作因을 지을 따름일 것이다. 한 민족의 문화는 늘 그 자신의 존엄과 독창성과 의욕을 가지는 것이고 따라서 거기로 통하는 길은 오직 사랑과 존경을 거쳐서만 뚫려진다. 한 민족이 세계에 향해서 실로 그 자신이 이해되기를 원한다면 그것은 자신의 문화를 버림으로써 얻어질 리는 만무하다. 보다도 전통 및 생리와 보편성과의 충격과 조화와 충격의 끊임없는 운동을 따라 그 자신의 문화를 더 확충하고 심화하고 진전시킴으로써 이루어질 수 있을 뿐이다.

7

　조선은 근대사회를 그 성숙한 모양으로 이루어 보지도 못하고 근대정신을 그 완전한 상태에서 체득해 보지도 못한 채 인제 '근대' 그것의 파국에 좋든 궂든 다닥치고 말았다. 벌써 새로이 문화적으로 모방하고 수입할 가치있는 것을 구라파의 **戰場**에서 기대할 수는 없다. 또다시 불구한 상태 그대로 창황한 결산을 해야 하게 되었다. 그것은 어찌 보면 미증유의 창조의 시기 같기도 하다.
　우리 문학은 여하간에 이상에 열거한 여러 문제를 해결할 밖에 없을 것이다. 그것을 게을리하는 문학에는 우리는 아무것도 기대하지 않을 것이다. 그리고 그것이 이 세계사적인 중대한 포인트에 서서 문제의 처리에 반드시 고려에 넣어야 할 몇가지 좌표도 미비하나마 암시하였다고 생각한다.

《人文評論》1940. 10)

시의 장래

　근대라고 하는 이 파렴치한 상업의 시기를 일관해서 시는 늘 동떨어진 곳에서 고독할 밖에 없었다. 파탄은 그가 벌써 집단의 혼연한 부분도 아니요, 중심도 아닌 데서 온다. 이르는 곳마다 있는 것은 갈라지고 흐트러진 개인뿐이다. 르네상스의 초기에 있어서는 시인은 오히려 집단의 예언자요, 시대의 선구일 수 있었다. 그에게 있어서 한가지 매우 유리했던 것은 그 때의 구라파는 비록 가톨리시즘이건 프로테스탄티즘이건 기독교라고 하는 공통된 정신적 지반을 고루고루 나누어 가지고 있었던 일이다. 단테라든지, 내려와서는 밀턴의 성공은 그들이 '근대정신'을 신의 손을 거쳐서 뿌린 데 있지 않았는가도 생각된다.
　그러나 어느덧 시인은 근대의 힘찬 돌진에서 뒤떨어진 한 힘없는 구경꾼이었고 부질없이 중세를 그리는 비탄자가 되었다. 현대의 시인은 드디어 '근대'에 대한 열렬한 부정자요, 비판자요, 풍자자로서 등장했다. 그들은 정신적으로는 현대 그것 속에 국적을 두지 못한 영구한 망명자였다.
　이러한 정신적 망명자의 눈이 그 자신의 안으로 향할 때에 거기 일어나는 것은 침통한 자기분열일 밖에 없다. 보들레르에서 시작된 이 쓰라린 과제는 오늘에 이르러서도 민감한 시인들이 드디어 도망가지 못하고 있는 연옥인 채로 남아 있다.
　그의 눈이 밖으로 향할 때 그는 통렬하게 세상을 매도하고 꾸짖고 조소할 밖에 없었다. 여기 근대시의 한 연면한 전통이 있다. 그것은 늘 반역의 정신에 타고 있었다.
　어떤 한가로운 층이 위안을 제공하는 것을 임무로 삼는 시인도 있었다. 그것은 아마 보안경찰의 興行係의 사무에 속할지는 몰라도 시의 논증과는 관계없는 일이다.

또 어떤 소박하고 단순한 정서에 의지하여 살아가는 시인이 있다. 우리는 그를 가리켜 행복한 시인이라고 했다.

또 기교의 세공에 의한 말초신경의 氣脈으로 연명하는 시인도 있다. 신경의 마멸을 따라 그 뒤에 오는 것은 곧 피로일 것이다. 그러나 현대시인과는 조화할 수 없었던 '근대'라는 세계는 실로 바로 우리의 눈앞에서 드디어 파국에 부딪쳤다. 그것은 '근대' 그것의 내부의 부분적인 어느 시대의 국부의 파탄이라든지 그런 것이 아니다. 실로 '근대' 그것의 전부를 한데 묶어서 역사는 그것을 한 결정적인 시련 속에 던졌다. 세계사는 갱신되어야 하겠다는 것, 또 갱신의 첫 징조는 벌써 보이고 있다는 것은 오늘 와서는 한낱 예언이 아니고 엄숙하게 진행하는 현실이다. 시대는 시가 게으르게도 어떤 단조로운 정서라든지 말초신경에 지지되고 있는 것을 허락할 성싶지는 않다. 그것은 모두 환자가 가지는 증후다.

시대와 시인의 끝없는 대립은 시인의 정신 속에 늘 격심한 불균형을 결과했다. 현대시인의 위기의식이라는 것은 정신적 균형에 대한 갈망과 동시에 절망에서 오는 것인가 한다. 그러면 그는 그의 정신적 균형의 支點을 언제까지고 구할 길이 없었는가. '근대'가 번영하는 동안 그것은 시인에게 만족한 해답을 줄 리 없다. 시인은 자신을 위해서, 세계를 위해서도 '내일'을 발견해야 했다. 그것은 다름아닌 한 시대를 사는 사람의 역사적 자각과 통찰과 예감에 의하여 붙잡은 생존의 신념이다. 그것은 결코 생활의 신념을 가리킨 것이 아니다. 생활조차를 던져버릴 수 있는 생존의 신념이다. 그것은 또한 단순한 객관세계의 개념적 구성이 아니다. 그러한 개념적인 사상의 砂土에서는 시가 말라버린다는 것은 우리가 체험을 거쳐서 겨우 얻은 귀중한 수확의 하나다.

현실의 사태가 각각으로 터뜨리는 벽력은 모든 지상의 주민의 정신에 수없는 균열을 남겼다. 그것은 조만간 메워져야 할 洞穴들이다. 이러한 정신의 형해를 수습해서 그것에 균형을 주고 내일과 오늘 사이에 논리를 구성하여 거기서 생존의 이유와 보람을 찾아서 보여줄 수 있는 것만이 오늘 와서는 생존의 신념일 수 있다.

우리는 투명한 지성이라고 하는 것이 시대의 격동 속에서는 얼마나 쉽사리 부서질 수 있다는 것을 눈으로 보아왔다. 지성과 情意의 세계를 아직 갈라서 생각한 것은 낡은 要素心理學의 잘못이었다. 정신을 육체에서 갈라서 생각하는 것도 오래인 형이상학적 가설이었다. 시는 그 어느 하나에만 의존하지 않는다. 바로 그것들을 통일한 한 전체적 인간이야말로 시의 궁전이다. 그리고 이러한 전체적 인간이 시대시대의 격류 속에서 한 전체로서 체득하는 균형──그것이 바로 오늘의 시인이 그 내부에서 열렬하게 찾아 마지않는 일이다.

동시에 외부에서 시대가 시인에게 향해서 바라는 것은 시인을 통하여 역사를 예감하려는 일이다. 시인은 다시 연연하게 요망되고 있다. 그는 마치 중세가 바로 끝나려 하고 또 근세가 시동할 즈음에 흥분에 싸여서 등장한 것처럼 또 다시 근대의 종점, 새로운 세계의 未明 속에 서지나 않았을까.

역사의 전기라고 하는 것은 결코 한 천재의 손으로 처리되지는 않았다. 늘 집단의 참여에 의해서 추진되었다. 오늘 구라파에 있어서만 해도 세계사의 새로운 전개를 위한 여러 민족의 한데 엉켜서 연출하는 심각한 전율을 보라. 새로운 세계는 실로 한 천재의 머리 속에서 빚어지지는 않는다. 차라리 각 민족의 체험에 의해서 열어지는 것이다. 시인의 고립은 끝나 좋을 때가 온 듯하다. 崔載瑞씨는 「詩壇三世代」속에서 모더니즘이 문제되어야 할 것을 시사하였다. 그 일문만으로는 어떻게 문제되어야 하겠다는 방향이 분명치 않았다. 나는 모더니즘뿐 아니라 오늘의 시가 똑같이 반성될 근거와 필요를 여기 두어야 하리라고 생각한다.

시단에는 근년에 와서 일련의 어두운 노래가 성행했다. 그것은 어느새 센티멘털리즘의 재생인 듯한 인상조차를 주기 시작한다. 다시 말하면 암흑은 암흑인 때문에 애완되고 절망조차가 연모되는 듯하였다. 그것들이 집단의 체험으로 심화되지 못하는 동안은 격정의 딜레탄티즘에 그치고 말 것이다.

어떤 정치가가 정확하게도 '복잡괴기'하다고 형용한 이 전환기의 복잡괴기한 운무를 뚫고 시는 어쨌든 적으나마 끊임없는 閃光이라야 하겠고 그러함으로써 새로운 시대의 전령일 수 있고 또한 다시 집단의 소유로 돌아갈 것이다.

《朝鮮日報》1940. 8. 10》

Ⅳ. 金起林 평전 / 김유중

1. 어린 감상주의자
2. 학창 시절
3. 조선일보 기자가 되다
4. 등단 초기의 활동
5. 모더니즘에 대한 초기의 이해 수준
6. 구인회와 그 주변
7. 다시 일본으로… 동북제대 영문과에 입학하다
8. 「기상도」와 문명 비판의 정신
9. 김기림과 이상
10. 파시즘의 대두와 모더니즘의 자기 반성
11. 근대의 파산 논의와 지식인으로서의 대응 모색
12. 경성 고보 영어 선생 시절
13. 조국 해방의 감격과 새로운 출발의 의미
14. 과학적 시학의 추구 : 『시의 이해』
15. 월남, 6·25, 납북 : 영원한 이별
   □ 附記

1. 어린 감상주의자

片石村 김기림.

어린 시절 兒名 寅孫이었던 그가 태어난 곳은 함경북도 성진에서 서북쪽으로 30여 리 가량 떨어진 鶴城군 鶴中면 臨溟[1] 이라는 조그마한 마을이다. 백두산에서 발원한 마천령 산맥의 끝자락이 동해 바다 근처에 이르러 슬며시 그 꼬리를 감추기 시작하는 곳. 겨울이면 동짓달부터 이듬해 2월까지 1년의 3분의 1은 꼬박 눈 속에서 갇혀 지내야 하는 곳. 그러나 평탄한 지형과 온화한 해풍의 영향 때문인지 겨울을 제외한 다른 계절에는 비교적 맑고 포근한 기후가 지속되는 곳. 김기림은 그곳에서 본관 善山인 부친 金秉淵과 모친인 密陽 朴氏 사이의 1남 6녀중 외아들이자 막내로 태어났다.

그의 부친인 김병연은 젊은 시절 일찍이 만주와 시베리아 등지를 드나들면서 토목 사업에 손을 댄 결과 상당한 재산을 모은 재력가였던 것으로 알려진다. 자수성가한 그는 고향 근처에 대규모 전답과 야산을 매입하게 되는데, 한때는 그 규모가 만여 평 가까이 될 정도였다고 한다. 그 중 일부를 과수원으로 가꾸어 운영하면서, 그는 자신의 과수원 안에 새로이 두 채의 집을 지어 생활의 터전으로 삼는다. 한 채는 자신과 자신의 가족들을 위한 것이며, 나머지 한 채는 형님 가족을 모시기 위한 것이었다.

일찍부터 외지 출입을 하느라 제대로 글을 배울 기회를 얻지 못했던

---

[1] 함경북도 학성군 학중면 임명동 275번지, 假本籍은 서울특별시 종로구 이화동 196번지.

그는, 평소 고장에서 제일로 손꼽히는 한학자인 형님(秉文, 김기림의 백부)을 무척 공경하며 따랐다. 자신이 운영하는 과수원을 형님의 호인 武谷에서 따와 '武谷園'이라 이름붙인 것도 그런 이유에서이다.

무곡원, 즉 그의 과수원은 동해 바다로부터 7, 8리 떨어진 곳에 위치한, 동남쪽을 향해 비스듬히 누운 완만한 구릉지대를 끼고 있었다. 과수원 터로는 더할 나위 없는 최적의 입지 조건을 갖춘 셈이다. 그곳에 그는 사과나무와 배나무를 비롯하여, 갖가지 진귀한 과일 묘목들을 들여와 재배하기 시작하였다.[2] 과일이 주렁주렁 매달리기 시작하는 가을이 되면 그는 형님 내외와 더불어 식솔들을 거느리고 그 나무 숲 사이를 거닐며 한가로이 산책하기를 즐겼다. 과수원에서 바라본 경치는 마치 한 폭의 그림과도 같이 평화롭고 아름다웠다 한다. 맑은 날 나무 위에 올라가 동쪽을 향해 멀찍이 내다보게 되면, 거울처럼 투명한 동해 바다와 그 주위를 빼곡히 둘러싸고 있는 하얀 백사장이 손에 잡힐 듯이 아스라이 두 눈에 들어왔다. 나무 위에서 바라보는 동해의 일출 광경은 더더욱 일품이었다. 붉은 해가 넘실거리며 떠오를 때면 바닷물결은 그 찬란한 햇살에 부딪쳐 마치 유리 조각처럼 하얗게 부서져내렸다. 과수원을 보호하기 위해 그는 어른 키 높이의 돌담을 쌓아 경계로 삼았는데, 담 옆으로는 자그마한 개울이 흐르고 있어 한결 운치를 더해주고 있었다. 여러 날 가물기라도 할 양이면 개울에는 물이 말라 주변에 크고 작은 흰 돌들이 모습을 드러내었다. 몇 해 전 세상을 떠난 부인 김원자 여사[3]의 회고에 따르면, 김기림의 호인 片石村은 바로 그

---

[2] 후손들의 증언에 따르면 이 과수원에서 나는 과일은 사과와 배가 주류를 이루었으나, 포도와 앵두를 비롯한 대추, 감, 머루, 구슬배(서양 품종) 등도 한켠에 별도로 재배하였다고 한다. 이러한 전후 사정으로 미루어 보건대, 과수원은 단순히 사업상의 수익만을 목적으로 한 것이라기보다는 본인의 취미 생활 내지는 가족간의 휴식 공간 등의 목적들을 겸하였던 것으로 생각된다.

[3] 이는 남아 있는 호적명이며, 원래 부인의 이름은 申寶金이다. 6·25 이후 가호적을 정리할 당시 잘못 등재된 것이라 한다.

돌들을 소재로 한 것이라고 한다.[4]

　김기림이 태어난 것은 1908년 5월 11일(음력 4월 12일), 부친인 김병연의 나이 30세 무렵의 일이다.

　출생과 관련하여, 김기림은 어느 옛날 이야기에서나 들어볼 수 있음직한 기막힌 사연을 지니고 있다. 딸만 내리 여섯을 둔 그의 부친 김병연은 대를 이을 아들이 없음을 한탄한 끝에, 마지막 수단으로 용하다는 무당을 집에 불러다 한바탕 푸닥거리를 벌이고 점을 쳐보게 된다. 점을 친 무당은 "만일 정히 아들을 볼 생각이면 아뭇소리 말고 이 집의 막내딸을 남에게 양녀로 주도록 해라. 그리고 그 딸은 평생 집안 출입을 시켜서는 안된다. 만일 그 딸이 집안에 한발짝이라도 발을 들여 놓는 날이면 재앙이 온 집안에 미치리라."는 섬뜩한 점괘를 내놓는다. 지푸라기라도 잡지 않을 수 없는 심정이었을 이들 부부는 무당의 말을 믿고 그대로 따르고 만다. 마을에서 30여 리나 떨어진 성진 시내에 살고 있는 자식없는 독실한 기독교인 부부에게 자신들의 갓난 젖먹이 딸을 맡긴 것이다.

　그러자 정말 기적이 일어났다. 마치 거짓말과도 같이 부인이 아이를 가지게 되었고, 이윽고 달이 차서 태어난 아이는 어김없는 사내 아이였던 것이다. 사정이야 어찌되었건, 결과적으로는 무당의 말이 들어맞아버린 셈이다. 집안 전체가 뛸 듯이 기뻐했던 것은 말할 것도 없었다. 하나뿐인 외아들 인손(김기림)을 얻게 된 이들 부부는 그 후 점괘에 따라 양녀로 내보낸 막내딸을 절대 집에 들여 놓지 않았다. 이는 물론 행여나 귀한 아들에게로 집안의 화가 미치지나 않을까 하는 염려에서

---

4) 이 점에 대해서는 다소간의 설명이 필요하다. 미국에 있는 김기림의 누이 金善德 여사가 보낸 편지에는 '片石村'이라는 호는 한학자였던 백부가 중국 고전에서 따와 지어준 것으로 되어 있다. 김기림 자신의 기록을 보더라도 자신의 호가 '孤雲片石村, 桃花流水世'라는 구절에서 땄다(「작품출사표」,《삼천리》9권 1호)고 적고 있는 것으로 보아 이 주장이 확실한 것 같다. 그렇다고 하더라도 부인의 말이 사실이라면 고향집 정경에서 하나의 모티브를 얻었을 가능성은 여전히 남는다.

였을 것이다.5)

이러한 환경 속에서 소년 김기림은 무척 예민하고 감성적인 성격의 소유자로 자라났다. 위로 누이만 여섯이 있었고, 집안 전체를 통틀어 아들이라고는 혼자뿐이었으니 분위기상 그럴 만하다고도 할 수 있다. 그러나 그가 그렇게까지 예민하게 된 데에는 또 다른 이유가 있었다. 그것은 그의 나이 일곱을 갓 넘긴 해(1914년), 어머니와 누이(셋째누이 信德)의 연이은 죽음을 경험한 데 기인한다. 그때의 충격은 그 후 그의 뇌리에 깊이 각인되어 평생 지워지지 않는 마음의 상처로 남게 된다. 그때의 기억들을 그는 다음과 같이 표현한다.

나의 소년 시절은 銀빛 바다가 엿보이는 그 긴 언덕길을 어머니의 喪輿와 함께 꼬부라져 돌아갔다.6)

그러던 어머니는 이듬해에는 누이가 서울 간다고 좋아라고 뛰놀고 내가 보통학교에 처음 들어간 그해 가을에 세상을 떠났오. 사람들은 어머니가 미쳐서 먼 데로 달아났다고 나로 하여금 그를 잊어버리라고 말하였오.
아버지는 집 일을 보아줄 사람이 없다고 해서 계모를 얻으신다고 하였더니 누이는 보름 동안이나 어머니의 무덤에 가서 울다가 그만 병이 들었오.
마을 사람들은 어머니의 무덤 가까이 작고 아담한 누이 무덤을 만들었오. 나는 누이는 아마도 그가 늘 노래하던 천당으로 간 것이라고 생각하였오. 그래서 누이가 공부하던 그 항구의 바닷가에서 望洋

---

5) 대신 그 딸(6녀인 선덕 여사, 현재 미국 거주)에게는 물질적인 면에서 남부러울 것이 없을 정도의 생활을 유지할 수 있게끔 배려하였으며, 그 후로도 공부를 계속하고자 하는 딸을 위해 당시로서는 드물게 일본 유학까지 시킬 정도의 막대한 지원을 아끼지 않았다.
6) 「길」

亭 위에 높이 흐르는 젖빛 하늘을 쳐다보면서 행여나 흰 구름을 헤치고 누이의 얼굴이 떠올라 오지는 않는가 하고 기다렸오. 어머니와 누이는 어린 시절의 나의 기쁨의 전부를 그 관 속에 넣어가지고 가버렸오. 지나가버린 것은 모조리 아름답고 그립소. 가버린 까닭에 이다지도 아름답게 보이고 그리운가. 아름답고 그리운 까닭에 가버렸누.[7]

사실 나는 열다섯 살 때에 중학교의 작문 선생으로부터 "얘가 이쁜으로 글을 쓰다가는 필경 자살하겠다" 하는 경고를 받은 일이 있다. 나의 본래의 정체는 역시 감상주의자였다. 내가 오늘 감상주의를 극도로 배격하는 것은 나의 영혼의 죽자고나 하는 고투의 표현이기도 하다. 물론 굳은 시대 의식으로부터도 나오는 일이지만 그렇거나 말았거나 나의 어린 날은 지금은 겨우 오래인 사진 속에나 남아 있다. 그 하나는 아버지와 그리고 공부하던 누이와 함께 박은 것이고 또 하나는 어머니와 여러 누이들과 함께 박은 것이다.

그때의 공부하던 누이와 그리고 어머니, 내가 여덟 살이 채 차기도 전에 나의 어린 날을 회색으로 물들여 놓고는 그만 상여를 타고 가버렸다. 잔인한 분들이었다.[8]

어머니의 죽음과 계모(端川에서 온 全州 李氏 成淵)의 등장, 그리고 곧바로 이어진 누이의 죽음. 이러한 일련의 사건들은 어린 그에게는 실로 감당하기 어려운 충격으로 다가왔을 것이다.

훗날 그의 시에 '여행'의 테마와 '바다'의 이미지가 강하게 부각된 것은 어린 시절 고향에서 겪었던 이와 같은 충격적인 기억들에 대한 반작용이 한 원인으로 작용하지 않았을까 추측되기도 한다.

---

7) 「잊어버리고 싶은 나의 항구」
8) 「사진 속에 남은 것」

김기림에게 과연 고향이란 무엇이었는가. 이 물음에 답하기 위해서는 우선 그가 유년기 고향에서 경험하였던 충격 체험들을 문제삼지 않을 수 없다. 김기림은 자신의 어린 시절을 회고하는 한 글에서 "물질적으로는 꽤 축복받은 환경 속에서 자라면서도 정신적으로는 한없이 쓸쓸하고 고독"9) 하였었다고 술회한 바 있다. 소년기의 그와 같은 고독, 그리고 침울의 중심부에 어머니와 누이의 죽음이 가로놓여 있음은 새삼 주목할 만한 점이다. 실제, 어머니와 누이를 향한 애절한 그리움은 위의 경우 외에도 그의 시와 산문 곳곳에 등장한다. 그는 어린 시절 그가 경험해야 했던 그런 아픈 기억을 가능한 한 지워버리기 위해 애썼다.10) 그러나 지우려고 애를 쓰면 쓸수록, 그러한 기억들은 되살아나 그를 겹겹이 에워싸곤 했다.
　　그에게 있어 고향이란 항상 어린 시절의 꿈과 슬픔을 곱게 파묻어 둔 '커다란 분묘'인 동시에 '채색된 환상의 무지개'의 이미지로 다가왔다.11) 그곳은 이후 평생토록 잊혀지지 않는 그리움의 대상이자 잊고 싶은 가슴 아픈 추억이 교차하는, 갈등의 공간으로 남았던 것이다.

---

9) Ibid.
10) 이렇게 본다면 이후 그의 모더니즘 문학 활동 또한 그러한 정신적 외상의 공간인 고향을 떠나 활기넘치고 희망찬, 낯선 도시로 향하고자 하는 의지의 표현 형태라 볼 수 있지 않을까?
11) 「전원 일기의 일절」 중 '고향'에서.

2. 학창 시절

고향 임명에서 보통학교(4년제)를 마친 그는 이후 약 3년여 동안을 고향집에서 한학자를 따로 모시고 그 밑에서 한문과 글씨를 연마하였다고 한다.[12] 한문 선생은 멀리 남쪽 지방에서 불러 왔던 것으로 전해진다. 그렇다면 왜 고을에서 제일가는 한학자인 백부가 직접 조카의 글 공부에 나서지 않고 먼 곳에서 따로 선생을 불렀는가? 의당 이런 류의 의문이 제기될 만하다. 그러나 알고보면 그것은 기림에 대한 백부의 애정을 단적으로 드러내주는 예인 것이다. 백부는 슬하에 자식이 없었다. 그런 까닭에 조카인 기림을 친자식같이 사랑했다. 그러나 백부는 교육 문제만큼은 단호한 입장을 취했다. 평소 '제 자식은 자기가 못 가르친다'는 인식을 갖고 있었던 그는 사랑스런 조카 기림이 학문에 있어서나 인격적인 면에 있어서 올곧게 성장하기를 원했다. 그러기 위해서는 혈육인 자기에게서보다는 별도의 선생 밑에서 수학하는 것이 효과적이라고 판단했던 것이다.

13세 되던 1920년, 소년 김기림은 상급 학교에 진학하기 위해 조금 떨어진 성진으로 나온다. 성진은 청진, 나진과 함께, 함경북도의 3대 항구 도시 중 하나로, 이미 1898년 일본에 의해 개항되었으며, 그 영향 때문에 다른 어느 지역보다도 일찍부터 개화가 시작된 곳이었다.

거기서 그는 잠시 중등 과정의 농학교(성진보통학교 부속 농업전수학교)에 입학, 1년간 적을 두게 된다.

---

12) 여섯째 누이인 선덕 여사가 김기림의 장남 세환 씨에게 보낸 편지(『김기림 · 길』, 깊은샘, 1980. 소수) 참조.

당시 성진 시내에는 양녀로 나와 사는 여섯째 누이의 집이 있었다. 그는 시간날 때마다 틈틈이 그 누이를 찾아가 이런저런 이야기를 하며 함께 시간을 보내곤 하였다. 자신과 누이에 얽힌 사연을 주변 사람들을 통해 알게 된 그는 마음 속으로 늘 누이에 대해 미안한 감정을 품었다. 때문에 더욱 누이에 대해서는 잘해야 한다고 생각하고, 시간날 때마다 자주 찾아갔던 것이다. 주말이면 누이에게로 와서 함께 집으로 가보자고 졸랐다. 그럴 때면 누이는 타이르듯 나는 집에 들어가서는 안되니 너 혼자 떠나라고 일렀다. 동생(김기림)이 심하게 고집을 부리는 날이면 친가가 있는 고향 마을 어귀의 언덕길까지 함께 가기도 하였다. 그러나, 결국 더 이상은 가지 못하고 발길을 돌려야만 했다. 그 때마다 소년과 누이는 서로 얼싸안고 한참 동안을 울다 헤어졌다.

이후 김기림은 공부를 하려면 경성(서울)에 가서 제대로 해야 한다는 백부의 권유에 따라 다니던 농학교를 자퇴하고 서울 유학을 결심하게 된다. 당시 조선 제일의 명문이라면 물론 경성제일고보(현 경기중고등학교의 전신)를 들 수 있겠으나, 그는 굳이 그리로의 진학을 마다하고 보성고보를 택하게 된다. 이러한 그의 진학에는 백부의 영향력이 깊숙히 개입된 것으로 전해진다. 백부는 비록 경성제일고보가 당대 조선 제일의 명문이기는 하나, 일본인에 의해 세워진 관립 학교임을 내세워 한사코 만류하는 입장에 섰다. 대신 순수 민족 사학인 보성으로의 진학을 주장하였다. 백부의 이런 권유는 물론 민족 의식의 발로에 의한 것으로 볼 수 있겠지만, 그 직접적인 동인은 다른 곳에 있었다.

사업가로서 성공한 김기림의 부친 김병연은 그 이전, 고향 마을에 학교를 세우고 한때 그의 형님을 학교의 교장으로 모셨던 적이 있었다. 백부는 교장으로서 남다른 애정을 가지고 학교를 운영해보려 하였으나, 얼마 안 가 일제에 의해 강제로 학교를 빼앗기고 말았다. 이 일로 인해 충격을 받은 백부는 너무도 억울한 나머지 무려 석 달 동안이나 식음을 전폐하다시피 하여 홧병으로 앓아누웠다고 한다. 일본인들에 대한 백부의 적의는 이 사건을 계기로 확고하게 굳어지게 되었고,

이러한 뿌리깊은 반감은 조카인 기림의 학교 선정에도 상당한 영향을 미쳤던 것으로 알려진다.

아무튼 김기림은 1921년, 당시 5년제였던 보성고등보통학교(수송동 44번지, 현 조계사 자리)에 입학하여 3년여 동안 공부하게 되었다. 그리하여 이상, 이헌구, 김환태, 윤기정, 임화 등 훗날 그와 문단 활동을 같이하게 된 쟁쟁한 문우들과 학교 선후배의 인연을 맺게 된다. 그러나 그의 서울 유학 기간 역시 그리 오래 지속되지는 못했다. 가족들의 증언에 따르면, 보성 재학시 우수한 성적으로 급장까지 맡았던 그가 3학년 무렵 갑자기 건강에 문제가 생기는 바람에 장기 휴학을 하게 되었다고 한다. 그 결과 동급생들에 비해 한 학년 늦게 진급하지 않으면 안되게 되었다. 평소 우등생이었는데다 자존심도 강한 편이었던 그는 한때 동기생이었던 이들에게 선배의 예를 갖추어야 하는 것에 대해 몹시 꺼림칙해 하였다는 것이다.

결국 또 한 번 학교를 중퇴한 그는 곧장 일본으로 건너가 동경에 있는 名教中學 4학년에 편입하게 된다. 이것이 그의 첫번째 渡日이다.[13] 그 후 동교를 졸업한 그는 문부성에서 실시하는 검정시험에 합격, 대학 입학 자격증을 얻게 된다. 그리하여 그의 나이 19세 되던 해(1926년), 日本大學 전문부 문학예술과에 입학함으로써 본격적인 문학 수업을 받을 기회를 얻는다. 이 기간 중 그의 행적에 대해서는 그다지 자세하게 알려진 바가 없다. 남아 있는 기록 자체가 전무하거니와[14] 주위 사람들에게서 얻을 수 있는 내용 역시 뚜렷한 것이 없기 때문이다.

다만, 그가 수학했던 일본대학의 전반적인 분위기에 대해서는 이 대학 사회학과 선배인 小梧 薛義植이 남긴 회고를 참고할 수 있다. 그의

---

13) 김기림의 1차 도일 시의 정확한 연도는 아직 확인되지 않고 있다. 대체적으로 볼 때, 그의 나이 16~17세 가량이었던 1924, 1925년 무렵이 아니었나 짐작된다.
14) 보성의 학적부는 6·25 동란 시에, 일본대학 학적부는 태평양 전쟁 시에 각각 소실된 것으로 알려진다.

기록15)에 따르면 당시 일본대학은 과목 선택이나 시간 배정 등에 있어 학생의 자율적인 의사를 최대한 존중해주었으며, 학생들은 각자의 형편에 맞게 3년 동안 수업할 학과의 다소를 스스로 배정할 수 있었다고 한다. 그는 자신이 이 대학을 선택했던 배경에 대해, 입학과 수학, 통학이 쉽고 편리했던 점을 들면서, 이 대학의 가장 큰 장점으로 '자유스러움'을 꼽는다. 이러한 기록으로 미루어, 일본대학은 본격적인 학문 연구를 목적으로 하는 곳이라기보다는 예과가 설치되어 있지 않은 일종의 개방대학이었던 것으로 보인다.

따라서 김기림은 이 기간 중 비교적 자유스러운 여건 속에서 본격적인 학문 연구보다는 문학, 예술의 전분야에 걸친 기초적인 교양 지식을 두루 습득하였을 것으로 추정된다. 그의 초기 글들에서 자주 엿볼 수 있는 영화와 미술에 대한 새로운 이해나 서구 모더니즘의 제 사조에 대한 폭넓은 관심은 그러한 자유로움이 낳은 결과로 보아도 좋을 것이다.

---

15) 《동광》(1931. 2)

3. 조선일보 기자가 되다

　그의 나이 23세 되던 1930년, 대학을 갓 졸업한 야심만만한 청년 김기림은 귀국 직후인 그 해 4월 20일 조선일보사 기자로 입사하게 된다. 동아일보와 함께 당시 이 땅의 양대 민족 일간지였던 조선일보는 이 무렵 새로 문화와 예술 분야를 담당할 학예면을 보강하기로 하고, 이를 꾸려나가기 위해 이 방면에 뜻이 있는 젊고 유능한 인물들을 막 발탁할 시점이었다. 김기림은 당시 조선일보의 편집국장으로 있던 이은상의 원조를 등에 업고 어렵지 않게 동 신문사 기자로 언론계에 첫 발을 들여놓게 된다.[16] 처음 사회부 기자로 활동하였던 그는 학예부 신설과 더불어 곧 그곳으로 자리를 옮긴다.

　신문사에 몸담게 된 것은 이후 지식인으로서 그의 문학적 행보에도 적지 않은 영향을 미치게 되었다. 그가 문단 활동을 시작하게 된 것도 그 자신의 기록에 따르면[17] 대학 선배인 설의식의 권유로 '별다른 뜻 없이' 조선일보 학예란에 출장갔던 기행문을 발표한 것이 계기가 되었다고 한다. 그러나 더욱 중요한 것은 언론에 종사함으로써 그가 사회의 각 분야에 대해, 그리고 무엇보다도 동시대의 실상과 문제점 등에 대해 각별한 관심을 가지게 되었다는 사실이다.

　이 무렵 그가 남긴 글들을 살펴볼 때, 근대 자본주의 문명의 특징과

---

16) Ibid., p. 234.
　참고로 조선일보 기자 시절 그가 사귄 친구로는 양재하, 이홍직, 이여성, 설의식 등을 들 수 있다. (김학동, 「김기림의 시와 산문」, 『현대 시인 연구』Ⅱ, p. 355 참조.)
17) 「문단불참기」

그것이 안고 있는 갖가지 문제점들에 대해 상당히 깊이 있게 고민했던 흔적을 엿볼 수 있다.

일례로 자본주의 사회에서의 인텔리 계층이 안고 있는 문제점을 살핀 「인텔리의 장래 - 그 위기와 분화 과정에 대한 소연구」[18] 라는 글에서 그는 인텔리의 공급 과잉에 따른 위기적 인식을 그것의 모체인 자본주의 사회 문화가 직면한 전면적인 위기 상황과 밀접하게 관련을 맺고 있는 것으로 이해하고 있다. 물론 이러한 그의 판단에 대해서는 논자에 따라 다소간 이견이 있을지 모르나, 하여간 그가 근대를 서구 부르주아 자본주의 물질 문명과 동격으로 파악하고, 그로부터 파생된 문제점들을 사회 내부의 구조적인 차원에서 해명해내고자 노력하였던 점은 마땅히 주목되어야 할 부분이다.

국내외 정세나 시대 조류에 유달리 민감할 수밖에 없는 저널리즘의 속성상, 그의 사고나 판단에 자연스럽게 저널리즘적인 습성이 배이게 된 것은 당연한 일이다. 원래가 감성적인 편에 속했던 그는 빈틈없이 돌아가는 톱니바퀴와도 같은 신문사 업무를 접하면서, 차츰 이지적이며 분석적인 사고의 소유자로 굳어져가게 된다.

> 이리하여 편집국은 한 장의 吸取紙인 것이다. 순간순간에 사회의 各隅에서 일어나는 사건이 그대로 넘쳐흐른 검은 '잉크'와 같이 이 사회적 吸取紙에 吸引되는 것이다. 신문기자는 실로 이 吸取紙의 각 세포에 부착한 吸盤과 같다. 거대한 사회 생활의 기구의 심장에까지 돌입할 수 있는 특권을 우리는 가지고 있는 것이다. 사회생활의 커다란 破綻面과 그 凹凸面에 얼굴과 얼굴을 조침으로 우리는 민중의 고뇌를 그대로 감수하고 피에 섞인 그 절규를 우리들의 '하트'에 느끼는 것이다. 이리하여 신문기자의 신경은 그리고 第六感은 부단히 사회의 표면과 이면에까지 배회한다.[19]

---

18) 《조선일보》(1931. 5. 17~24)
19) 「신문기자로서의 최초 인상 - 저널리즘의 비애와 희열」

신문사 편집국에서 그가 받은 첫인상을 옮겨 적은 이 글을 통해, 우리는 김기림이 신문 기자라는 자신의 직분을 어떤 각도에서 인식하고 있었는가 하는 것을 알게 된다. 그는 기자라는 직업이 사회 각 분야의 변화를 읽어내는 첨병이라는 점을 무엇보다도 중시하였다.

4. 등단 초기의 활동

　김기림이 활동을 시작할 무렵인 1930년대 초의 문단 안팎의 상황은 시사적으로 모더니즘의 도입이 요청되는 시기였다. 우선 카프 맹원들에 대한 대대적인 검거 사건을 계기로 프로 문학이 뚜렷한 하강 국면에 접어들게 되었고, 그 반대편에 섰던 민족주의 문학 진영 역시 침체를 면치 못하였다. 이와 함께 식민 본국인 일본 문단에서 이미지즘과 쉬르리얼리즘, 미래파, 입체파를 비롯한 서구 각 유파의 모더니즘 사조들이 한창 문단적인 관심 대상으로 부각되고 있었으며, 이러한 분위기는 그대로 조선 문단에까지 전달될 수 있었던 것이다. 또 정지용, 김광균, 신석정 등 일군의 신진 시인들이 종래의 것과는 다른, 새롭고 신선한 감각의 시를 발표하기 시작함으로써 새로이 떠오르기 시작한 모더니즘 문학 운동의 자양 구실을 한다. 이러한 분위기와 함께 김기림을 위시한 최재서, 이양하, 임학수 등은 주로 영미 계열의 모더니즘 문학 이론을 수입, 소개함으로써 그 저변을 확대해나간다.
　후에 김기림은 모더니즘 도입 당시의 사정을 이렇게 진술하고 있다.

　'모더니즘'은 두 개의 부정을 준비했다. 하나는 '로맨티시즘'과 세기말 문학의 말류인 '센티멘털·로맨티시즘'을 위해서고, 다른 하나는 당시의 偏內容主義의 경향을 위해서였다. '모더니즘'은 시가 우선 언어의 예술이라는 자각과 시는 문명에 대한 일정한 감수를 기초로 한 다음 일정한 가치를 의식하고 쓰여져야 된다는 주장 위에 섰다.[20]

---
20) 「모더니즘의 역사적 위치」

그에 따르면 모더니즘의 도입은 당시 문단의 주류를 형성하던 센티멘털 로맨티시즘과 프로 문예의 편내용주의에 대한 반작용으로서 이루어진 것이다. 그리하여 모더니즘이 주장한 것은 첫째, 시는 곧 언어 예술이라는 자각과, 둘째, 문명에 대한 일정한 감수를 기초로 하여 쓰여져야 한다는 점이라는 것이다. 그는 모더니즘이 근대 문명 그것으로부터 자라난 '문명의 아들'이며, 동시에 '도회의 아들'이라고 단정한다. 모더니즘 도입과 관련된 이러한 그의 이해는 당시 식민 통치 아래서 불완전하나마 근대 도시의 풍모를 갖추었던 경성 거리의 체험을 밑바탕에 깔고 있는 것이라는 점에서 문제적이다.[21]

그리하여, 김기림은 이와 같은 시대적 문제 의식을 기초로 자신의 모더니즘 문학 활동을 전개해 나가기 시작한다.

연보상으로 살펴볼 때, 현재까지 남아 있는 김기림의 글(신문 기사를 제외한) 가운데 최초로 활자화된 것은 1930년 4월 28일에서 5월 3일에 걸쳐 조선일보 지상에 발표되었던 「오후와 무명 작가들—일기첩에서」로 확인된다. 젊은 화가 K군과의 사이에 오고가는 대화를 중심으로 한 단편적인 사색 형식의 이 글은 근대 예술 전반에 대한 김기림의 인상과 함께, 앞으로 그가 추구해나갈 예술의 일반적인 성격에 대해 제시하고 있다. 여기서 그는 자신의 모더니스트적인 기질을 유감없이 드러내놓고 있는데, 그런 그의 태도는 예술도 시대의 흐름과 변화에 발맞추어 변하지 않으면 안된다는 신념을 바탕으로 한 것임을 알 수 있다.

그가 시를 발표한 것은 이보다 조금 뒤늦은 1930년 후반기의 일이다. 그 해 9월 6일 《조선일보》에 「가거라 새로운 생활로」를 발표한 것을 시작으로, 「슈르레알리스트」(9월 30일), 「가을의 태양은 플라티나의 연미복을 입고」(10월 1일), 「시체의 흐름」(10월 11일) 등을 연달

---

[21] 모더니즘 문학과 당시의 도시 문화의 상관성을 다룬 글로는 '서준섭, 「모더니즘과 1930년대의 서울」, 《한국학보》 45(1986. 겨울)'을 대표적으로 들 수 있다.

아 발표하게 된다.[22]

「바빌론」으로
「바빌론」으로
적은 女子의 마음이 움직인다.
개나리의 얼굴이 여린볕을 향할 때…….

「바빌론」으로 간 「미미」에게서
복숭아꽃 봉투가 날러왔다.
그날부터 안해의 마음은 시들어져
썼다가 찢어버린 편지만 쌓여간다.
안해여, 작은 마음이여

너의 날어가는 自由의 날개를 나는 막지 않는다.
호올로 쌓아놓은 좁은 城壁의 문을 닫고 돌아서는
나의 외로움은 돌아봄 없이 너는 가거라.

안해여 나는 안다.
너의 작은 마음이 병들어 있음을…….
동트지도 않은 來日의 窓머리에 매달리는 너의 얼굴 우에
새벽을 기다리는 작은 不安을 나는 본다.

가거라. 새로운 生活로 가거라.
너는 來日을 가저라.
밝어가는 새벽을 가저라.
　　　　　　　　　　　―「가거라 새로운 생활로」

―――――――――
22) 『김기림 전집』 제1권 뒷부분에 수록된 「김기림의 시작 연보」 참조.

김기림이 발표한 최초의 시 작품으로 알려져 있는 이 텍스트[23]는 그 중요성으로 인해 그간 여러 차례 평론가들의 분석 대상이 되었다. 한때 찬란한 도시 문명을 이룩했던 바빌론으로 간 '미미'에게서 '복숭아 꽃봉투'가 날아온 뒤부터 안해의 작은 마음이 시들기 시작했으며, 그 모습을 바라본 남편은 안해로 하여금 새로운 생활이 기다리는 미래의 이상 세계를 향해 미련 없이 떠날 것을 권유한다는 것이 이 시의 간추린 내용이다. 바빌론의 견인력과 성벽이 지닌 물러설 수 없는 완고한 저항력이 이 시의 기본 골격을 이루기는 하나, 그 양자 사이의 대결이 그렇게 치열한 것도, 기법적으로 주제 의식 자체가 성공적으로 형상화된 것도 아니다. 의식의 편향성이 텍스트 전체에 걸쳐 확고하게 노출되어 있어서, 대립 세력들간의 힘의 균형은 일찌감치 상실된 것으로 보이기 때문이다. 또한 그러한 대결 양상을 아내와 남편 사이의 관계 설정을 통해 해소하려 한 것 역시 독자들의 공감대를 불러일으키기에는 미흡한 듯이 보인다.

그러나 이 시는 서구 문명에 대한 동경을 기본 구조로 하고 있다는 점에서, 이후 전개된 김기림 초기의 시작 경향을 압축적으로 제시해놓은 중요한 자료로 평가받고 있다.

박철희 교수는 이 시가 지닌 구조적 특성에 대해 다음과 같이 평가하고 있다.

'바빌론'으로 상징되는 문명 세계는 그에게 있어 '새로운 생활'이며 '내일'이며 또한 '밝아가는 새벽'이다. 하지만 현실은 '좁은 성벽'이며 '동트지도 않은 내일의 창머리'며 '새벽을 기다리는 작은 불안'이다. 그만큼 '자유' '태양' '새벽'에 대한 그리움이 간절할수록 오히려 현실적인 것을 시의 주제로 삼았던 모순, 그 모순 속에서 그의 시는 출발한다. 그에게 있어 서정은 '자유'와 '성벽', '밝음'과

---

23) 이 무렵 그는 G.W. 라는 필명으로 몇 편의 시를 발표하였다.

'어둠', '새벽'과 '밤' 등 바램과 현실의 대립과 갈등으로 나타나고, 바램에 의해 현실이 극복되는 희극적 구조로 대체된다. 그리하여 '성벽'보다 '자유'를, '어둠'보다 '밝음'을, '밤'보다 '새벽'을 도모하는 건강한 세계가 그의 시의 지향점이며, '바다' '태양' '아침'의 이미지를 중심적 구심점으로 해서 시집 『태양의 풍속』 전체에 원심적으로 사무쳐 있는 것은 이 때문이다. 그만큼 '자유'는 '바다'의 이미지로, '밝음'은 '태양'의 이미지로, '새벽'은 '아침'의 이미지로 나타나고 있는 것이다.

그러므로 시 「가거라 새로운 생활로」가 보여준 희극적 구조는 초기 김기림 시의 구조를 그대로 압축하고 있다고 해도 과언이 아니다. 아니, 「가거라 새로운 생활로」 속에 그의 시, 전 시력 과정이 이미 예언되어 있었다고 할 수 있다. 그의 전 시력 과정을 통하여 중요하게 다루어져야 할 '태양'과 '아침' 그리고 '바다'의 정서가 가장 함축성 있게 이 시 한 편에 걸려 있기 때문이다.[24]

위의 처녀작에서 선보인 이와 같은 서구 문명에 대한 의식적인 동경과 지향성이 좀더 세련된 표현법을 통해 예술적 의장을 걸친, 비교적 완성도 높은 정제된 형태로 제시된 것이 그 후에 발표된 「가을의 태양은 플라티나의 연미복을 입고」이다.

　　가을의
　　太陽은 겨으른 畫家입니다.

　　거리 거리에 머리 숙이고 마주선 벽돌집 사이에
　　蒼白한 꿈의 그림자를 그리며 댕기는……

---

24) 박철희, 「김기림론 (상)」, 『현대문학』(1989. 9)

「쇼-윈도우」의 마네킹 人形은 홋옷을 벗기우고서
「셀루로이드」의 눈동자가 이슬과 같이 슬픔니다.

失業者의 그림자는 公園의 蓮못가의 갈대에 의지하야
살진 금붕어를 호리고 있습니다.

가을의 太陽은 「플라티나」의 燕尾服을 입고서
피빠진 하눌의 얼굴을 散步하는
沈默한 畫家입니다.
　　　　　　―「가을의 太陽은 플라티나의 燕尾服을 입고」

앞서의 「가거라 새로운 생활로」의 세계가 작자인 김기림의 사상, 관념의 직접적인 노출에 가깝다고 한다면, 이 경우는 그러한 부분들이 가능한 한 축소되어 있는 대신, 감각적인 형상화가 두드러져 보인다. 시의 화자는 태양이라는 화가의 시선을 통해 새롭게 건설된 근대 도시 바빌론 거리의 구체적인 풍경들을 포착하고 있다. 그는 대상에 대한 일정한 거리를 유지하는 한편, 그것들에 적절한 정도의 감정을 부여함으로써 자신이 애초 의도했던 목적을 달성하고 있다. 그러나 이러한 평가 이면에는 무엇보다도 기존의 시작 태도와 대비되는 참신한 발상과 신선한 어법의 사용이 문제시되어야 할 것이다. 이 텍스트가 이지적인 면이 강조된 영미 계통의 주지주의적인 성향의 모더니즘으로 분류되는 까닭은 바로 여기에 있다.[25]

이러한 작품 경향은 김기림이 그의 시에서 새로운 시대에 걸맞는 새로운 감각과 이미지, 그리고 활기 넘치는 근대적 표정을 담는 것을 주목표로 삼고 있음을 알려 주는 것이다.

---

25) 김학동, 『김기림 연구』(새문사, 1988), p. 15.

5. 모더니즘에 대한 초기의 이해 수준

 문학사상 모더니즘이란 20세기 서구 각국에서 발생한 제 유파들의 문학적 경향을 통칭하여 일컫는 용어이다. 그것은 과거의 문학적 전통에 대한 부정과, 문명에 대한 새로운 이해 및 그 문학적 형상화를 목표로 한다.
 이러한 모더니즘의 이론적 근거로는 흄(T.E. Hulme)에 의해 정식화된 소위 '불연속성의 원리(Principle of Discontinuity)'가 널리 알려져 있다. 흔히 신고전주의적인 세계관에 바탕을 둔 것으로 알려져 있는 이 논의는 실재의 세계를 ① 수학적, 물리학적 과학의 무기적 세계, ② 생물학, 심리학, 역사학에 의해 취급되는 유기적 세계, ③ 윤리적, 종교적 가치의 세계로 3분하여, 이들 세계 사이의 엄격한 위계 질서, 즉 불연속을 주장한다.[26]

---

26) T.E. Hulme, *Speculations*(R. & K.P., 1971) 참조.
 흄은 다음과 같은 도표를 통해 이들 세계의 특성을 설명하려 한다. 그에 따르면 가운데 중심 부분에 위치한 ③ '윤리적, 종교적 가치의 세계'와 가장자리의 ① '무기적 세계'는 절대적인 가치를 지닌다는 점에서 동일하다. 반면 중간 부분의 ② '유기적 세계'는 상대적인 가치를 지닌다. 따라서 이들 세계 사이의 가치 질서의 혼동은 인간 생활에 있어 치명적인 혼란을 야기하게 된다.

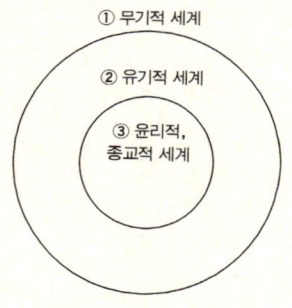

그 후 스피어즈(M.K. Spears)는 흄의 이론을 자신의 문학론에 원용하여, 모더니즘 문학의 기초가 되는 불연속성을 ① 형이상학적 불연속(Metaphysical discontinuity), ② 미학적 불연속(Aesthetic discontinuity), ③ 시간적 불연속(Temporal discontinuity), ④ 수사학적 불연속(Rhetoric discontinuity) 등 4종류로 세분한다.[27]

이렇게 봤을 때, 서구 모더니즘의 이론적 근거란 이것이 단순히 수사학적 기법의 차원에서만 논의될 성질의 것이 아님을 알 수 있다. 요컨대 모더니즘이란 기법 이전에 존재하는 세계관적 기반을 문제삼을 때, 비로소 그 심층적인 의미까지 파악하였다고 말할 수 있다.

그렇다면, 문단 활동 초기, 이 문제와 관련하여 시작에 임하는 김기림의 태도는 과연 어떠했는가? 이 물음은 김기림으로 대표되는 초기 한국 모더니즘의 이론적 수준을 문제삼는 것이기에 적지 않은 의미를 지닌다. 결론부터 먼저 말한다면, 이 무렵에 이르기까지 아직 그의 모더니즘 이해는 퍽 소박한 수준이었음이 드러난다. 다음과 같은 글에서 우리는 그 특징적인 면면들을 엿볼 수 있을 것이다.

> 시의 세계에서 돌진을 감행하는 자는 어떠한 유에 속한 시인일까? 그는 결코 암흑과 死와 靜謐을 사랑하지 아니할 것이다. 광명을, 활동을 사랑하는 그의 천진한 마음은 나아가 태양 아래서 약동하는 생명을 포옹할 것이다. 그는 정열을 가지고 붉은 피가 흐르는 생활 속에 그의 작은 자아를 묻을 것이다. 우리들은 현대시의 광야 위에 나타날 이 놀라운 원시적이고 무모(?)하고 야만한 돌진을 차라리 축복할 것이 아닐까.
> 퇴폐와 권태와 무명 속에서 허덕이는 현대시를 현재의 궁지에서 건져내 가지고 태양이 미소하고 기계가 아름다운 음악을 교향하는 가두로 해방하지 않으면 아니되리라.[28]

---

27) M.K. Spears, *Dionysus and the City* (Oxford Univ. Press, 1970)
28) 「현대 예술의 원시에 대한 욕구 - 현대시의 성격, 원시적 명랑성」

한 마디로 시작에 임하는 그의 태도는 과거의 현실 조건들에 대한 전면적인 부정과 새로운 세계를 향한 긍정적인 지향성으로 요약될 수 있을 것이다. 문제는 그러한 그의 태도가 뚜렷한 세계관적 인식을 기반으로 한 것이 아닌 까닭에, 단지 문명이 던지는 단편적이고 피상적인 인상만을 고집하게 되었고, 그 결과 20년대 낭만파 시인들이 그랬던 것처럼 심하게 경험의 단순화 현상에 사로잡히게 되었다는 점이다. 김용직 교수는 이 점에 대해, 그의 피상성과 편향성은 낭만파 시인들과는 또 다른 의미에서의 '감상적 태도(sentimental attitude)'를 낳고 말았다고 진단한다.[29]

또한, 과거의 시와는 다른, 새로운 시를 써야 한다는 그의 신념은 이들 양자에 대한 극단적인 대비적 인식을 낳기도 했다.

「과거의 시」	「새로운 시」
독단적	비판적
형이상학적	즉물적
국부적	전체적
순간적	경과적
감정의 편중	정의와 지성의 종합
유심적	유물적
상상적	구성적
자기중심적	객관적[30]

물론 이와 같은 도식적인 틀로써 자신의 이론을 합리화하려 했던 그의 태도는 그 후 많은 평자들에 의해 집중적인 비판의 대상이 되었다. 그러나, 사실 위 도표의 내용은 일본 주지주의 문학 이론가의 한 사람

---

29) 김용직, 「모더니즘의 시도와 실패」, 『한국 현대시 연구』(일지사, 1979), p. 284.
30) 「포에시와 모더니티」

인 春山行夫가 제시한 틀을 그대로 모방한 흔적이 있는 것으로, 김기림의 독자적인 사고의 소산이라고는 보기는 힘들다.[31]

따라서 이 시기 김기림의 활동을 제대로 이해하기 위해서는 서구 모더니즘과의 영향 관계뿐만 아니라 일본에서의 모더니즘 문학 활동과의 영향 관계 여부도 세심하게 검토될 필요가 있다. 이러한 이해는 아직 이 무렵까지 김기림이 모더니즘의 세계관적 기반에 대해 제대로 인식하지 못하고 있었으며, 자기 나름의 문학관 역시 정립하지 못한 상태였음을 드러내주는 것이다. 다만 근대 문예 사조로서의 모더니즘과 그것의 기반이 되는 서구 물질 문명의 압도적인 인력에 이끌려, 문단 내외의 현실적 조건에 대한 체계적인 이해와 분석이 미비한 상태에서 성급하게 자신의 입장을 활자화한 결과라고 판단된다.

이 시기 쓰여진 시들은 대부분 서구 문명에 대한 그의 그런 무분별한 관념적 편향성, 즉 뿌리없는 코즈머폴리타니즘적 의식을 반영하고 있다. 새로움에 대한 호기심, 신기함, 이런 것들만이 전면에 부각되고 있는 실정이다. 그 일례로 우리는 아래와 같은 경우(시 「여행」 중 일부)를 들 수 있을 것이다.

    七月은
    冒險을 즐기는 아이들로부터
    故鄕을 빼앗었다.

    우리는 世界의 市民
    世界는 우리들의 「올리피아―드」

    시컴언 鐵橋의 엉크린 嫉妬를 비웃으며 달리는 障害物競走選手들

---

[31] 김기림 시와 시론에 수용된 일본 주지주의 문학의 영향에 대한 자세한 해설은 문덕수, 『한국 모더니즘 시 연구』(시문학사, 1981), pp. 225~231 참조.

汽車가 달린다. 國際列車가 달린다. 展望車가 달린다……

　　　海洋橫斷의 定期船들은 港口마다
　　　푸른 旗빨을 물고「마라톤」을 떠난다……

　1939년 간행된 『태양의 풍속』은 그의 등단 초기부터 1934년 재차 도일하기 전까지 발표되었던 그의 초기시들을 모은 시집이다. 거기 실린 대부분의 시들은 전반적으로 위와 같은 비판으로부터 크게 벗어날 수 없는 것들이다. 그러나, 그는 이후 곧 이러한 자신의 한계를 스스로 인식하고 이를 차근차근 극복해 나간다. 그는 그러한 스스로의 입장을 이 시집의 서문에서 다음과 같이 분명히 밝히고 있다.

　　　네가 아다시피 이 책은 1930년 가을로부터 1934년 가을까지의 동안 나의 총망한 宿泊簿에 불과하다. 그러니까 來日은 이 주막에서 나를 찾지 마러라. 나는 벌서 거기를 떠나고 없을 것이다.[32]

---

32)「어떤 친한 시의 벗에게」, 시집『태양의 풍속』서문.

6. 구인회와 그 주변

1933년 8월 30일, 조선일보 학예란 한쪽에는 다음과 같은 낯선 기사가 실린다.

순연한 연구적 입장에서 상호의 작품을 비판하며 다독다작을 목적으로 하고 아래의 9명은 금번 구인회라는 사교적 클럽을 만들었다.
이태준, 정지용, 이종명, 이효석, 유치진, 이무영, 김유영, 조용만, 김기림.

이 짧막한 기사는 같은 시기 활동했던 어느 비평가로 하여금 "조선 문학계에 있어 '카프'에 버금가는 문제의 문학 단체"[33] 라는 평가를 남기게 했던 구인회의 탄생을 알리는 것이었다.
이 무렵 우리 문단의 주류를 형성하고 있었던 것은 카프 중심의 프로 문학 계열이었다. 카프는 1925년 결성된 후, 줄곧 문단의 주도권을 장악하고 있었다. 그러나 1930년대에 접어들자 일제의 식민 통치가 한층 강화되기 시작하면서 이러한 문단 내외의 사정도 급변한다. 군국주의 체제 확립을 천명한 일제는 한반도 내의 정책을 문화 통치로부터 무단 통치 방식으로 변경하는 한편, 사회 전부문에 걸쳐 사상적인 단속을 대대적으로 강화해나가기 시작한다. 1, 2차에 걸친 카프 맹원 검거 사태와 조선어학회 사건, 신간회 해산 등은 이 시기 일제에 의해 자

---

33) 박승극,「조선 문학의 재건설」,《신동아》(1935. 6) p. 136.

행된 조선에서의 사상 탄압의 대표적인 사례들이라고 할 수 있다. 이러한 시대적 분위기는 자연 이데올로기의 내면화 현상을 몰고 왔으며, 문단 쪽에서 본다면 이는 카프의 위상이 결정적인 타격을 입는 대신, 사상적인 면에서 비교적 자유로웠던 순수 문학 계열 문인들의 활동이 부상하게 되는 과도기적 상황으로 바뀌어 감을 의미하는 것이었다. 그 위에 이 시기 확산되기 시작한 문학에 대한 새로운 자각과 반성, 그리고 근대에 대한 새로운 해석 등은 뜻 있는 문학인들로 하여금 어떤 형식으로든 문단의 변화가 필요한 시점임을 예감하게 하였다. 구인회의 출발은 이러한 문단 내외의 분위기를 그대로 반영한 것으로 생각될 수 있다.

지금 도라다보면 於焉 二十餘年前인 一九三三年의 일이다. 그 때로 말하면 日本에서 '나프'라고 하는 左翼文藝團體가 활발히 활동할 때이었고, 우리나라에서도 이것에 영향을 받아서 '카프'란 단체가 생겨서 八峰, 懷月 등을 중심으로 활발한 활동을 하고 있었다. 그래서 그 쪽에 가담한다든지 그런 색채를 띠지 않고서는 文士 행세를 못할 지경이었다. 그러나 이것에 대항해서 일본에서는 十三人俱樂部라는 단체가 생겨서 純粹藝術을 지켜 왔었다.
  이럴 무렵이었다. 지금 젊은 사람들은 이름을 알지 못할는지 모르지만 李鐘鳴이란 作家가 있었다. 方仁根氏의 편집으로 오랜 역사를 가진 文藝雜誌《朝鮮文壇》에 등장한 작가로서 蔡萬植, 桂容默氏와 같은 시기에 문단에 나온 사람이다. 이 李鐘鳴氏와 또 한 사람 金幽影이란 영화감독도 하고 무대연출도 하던 美青年이 있었다. 九人會는 사실인즉 이 두 사람이 만든 것이다.[34]

위 인용문에서 구인회의 초기 회원 중 한 사람이었던 조용만은 그

---

34) 조용만, 「구인회의 기억」,《현대문학》(1957. 1)

형성에 얽힌 내력을 밝히고 있다. 그의 회고에 따르면 구인회는 당시 우리 문단의 牛耳를 잡고 있던 프로 문사들의 문학 단체인 카프의 지나친 이데올로기 편향성에 반발하여, 순수 문학 위주의 창작 활동을 전개해나가고자 하는 작가들간의 친목 단체의 형태로 출발한 것으로 되어 있다. 이들이 자신들의 모임 명칭을 '구인회'라 이름 붙인 것은 당시 일본에서 활동하던 '십삼인구락부'(1929년 결성)로부터 착안한 것임이 드러나거니와, 그 첫 모임이 1933년 8월 15일에 있었다는 것이 당시의 기록을 통해 확인된다. 그 후 발기인이었던 이종명과 김유영, 또 이효석 등이 개인적인 사정으로 인해 탈퇴하고[35], 이들을 대신해서 새로 박태원, 이상, 박팔양이 가입함으로써 이전보다 모임의 분위기가 활발해지게 되었다. 그 후 재차 유치진, 조용만 두 사람이 탈퇴하고, 그 자리를 김유정과 김환태가 메우게 된다.

한편, 김기림은 이 모임에 대해 다음과 같이 기록해 놓고 있다.

尙虛·芝溶·仇甫·無影·幽影 기타 몇몇이 九人會를 한 것도 적어도 우리 몇몇은 文壇意識을 가지고 했다느니보다는 같이 한 번씩 50전씩 내가지고 雅敍園에 모여서 支那料理를 먹으면서 지껄이는 것이…… 나중에는 仇甫와 箱이 그 달변으로 응수하는 것이 듣기 재미있어서 한 것이었다. 그때에는 支那料理도 퍽 싸서 50전이면 제법 술 한잔씩도 먹었다.

九人會는 꽤 재미있는 모임이었다. 한동안 물러간 사람도 있고 새로 들어온 사람도 있었지만, 가령 尙虛라든지 仇甫라든지 箱이라든

---

[35] 모임의 첫 발기인인 이종명과 김유영의 탈퇴는 애초에 이들이 프로 문학에 관여하였다는 사실에서 그 원인을 찾을 수 있다. 모임의 성격이 순수 문학 위주였음에도 불구하고 프로 문학의 입장에 서려 했던 이들의 행동은 그 후 회원 개인들간의 갈등의 불씨를 제공했던 셈이다. 이들은 특히 정지용과의 대립이 자못 심해 서로를 이단시 했던 것으로 기록되고 있다. 자세한 내용은 조용만, 「이태준 회상기─차고 자존심 강한 소설가」, 상허문학회 편, 『이태준 문학 연구』(깊은샘, 1993) 참조.

지 꽤 서로 信義를 지켜갈 수 있는 友誼가 그 속에서 자라가고 있었다는 것은 지금 생각해도 유쾌한 일이다. 우리는 때때로는 비록 문학은 잃어버려도 友誼만은 잊지 말았으면 하고 생각할 때가 있다. 어떻게 말하면 문학보다도 더 중한 것은 인간인 까닭이다.[36]

이러한 기록들로 미루어 보건대, 구인회란 그 성격상 뚜렷한 소명감이나 특정 유파의 성립을 목적으로 한 것이라기보다는 마음맞는 문학인들 사이의 순수한 동호회 형태의 모임이었던 것으로 짐작된다. 회원들은 한 달에 한두 번씩 회합하여 서로의 작품을 놓고 합평 형식의 토론을 벌였는데, 실질적인 좌장은 이태준의 몫이었으며, 김기림이 가장 열심이었고, 재담이 뛰어난 박태원과 이상이 주로 모임의 분위기를 주도해나갔던 것으로 되어 있다. 모임은 이후 약 3년 가량 계속되었으나, 김기림과 이상의 동경 행을 전후로 흐지부지 해산되어버리고 만다.[37] 1936년 4월, 모임의 회지인 『시와 소설』 창간호를 낸 적이 있긴 하나, 회지의 발간은 이것이 처음이자 마지막이었다고 한다.

이렇게 본다면 기실 구인회라는 단체 자체의 중요성은 별 의미를 지니지 못하는 것으로 생각되기도 한다. 특히 구인회 회원 중의 한 사람이었던 조용만은 후에 "지금도 구인회가 문학적으로 평가되는 이유를 이해할 수 없다"고 술회하며, 다음과 같이 적고 있다.

생각건대 구인회가 자주 거론되는 것은 해방 후 조연현의 공로가 아닌가 한다. 해방 후 어느 날인가 조연현이 나를 찾아와서 "구인회가 문학사적으로 중요하니, 글 좀 써 주십시요."하기에 "구인회가

---

36) 「문단불참기」
37) 이 당시(1935, 6년경) 동경에 가 있던 이상이 동북제대에 유학중인 김기림에게 보낸 몇 통의 편지에는 구인회 회원들의 태만에 대한 실망감이 잘 묘사되어 있다. 자세한 것은 김윤식 편, 『이상문학전집』 3 (문학사상사, 1993) pp. 225~230 관련 부분 참조.

뭐가 중요해."했더니 그는 아니라고 완강히 부인했던 기억이 떠오른다. 조연현과의 그 일이 있은 후 구인회에 대한 글을 발표했고 그것이 계기가 되어 구인회는 여러 사람들의 입을 오르내리며 중요한 단체로 평가되었던 것이다.[38]

그러나, 위와 같은 사정에도 불구하고 이 모임은 그후 문학사 기술에 있어 빼놓을 수 없는 중요한 단체로 취급되는 경향이 있다. 특히 이 시기 전개된 모더니즘 문학 운동과의 상관 관계를 고려할 때, 이들 회원 개개인의 활동 양상은 결코 무시할 수 없는 수준의 것이었다고 할 수 있다. 부언한다면, 이들 모임의 회원들은 비록 집단적인 활동은 별로 가진 것이 없지만, 회원 각자의 개인적인 활동에 있어서는 30년대의 어느 유파보다도 활발했다는 것이 기록상으로 볼 때 확인된다.[39] 무엇보다도 이들 회원 가운데 김기림, 정지용, 이상, 이태준, 박태원 등 모더니즘 계열의 작가들이 그 실질적인 주역의 역할을 담당하였다는 점, 그리고 당시 카프 중심의 프로 문예 활동이 하강기에 접어든 시점에서 이들 회원들의 활동이 신문 등 각 언론 매체와 문학 잡지의 집중적인 조명을 받았다는 점[40] 등은 더 이상 이 모임을 문학사의 주변부에만 머무르도록 하지 않는다.[41]

회원들 상호간의 공통된 감각과 관심사는, 비록 그들 스스로가 충분

---

38) 조용만, op. cit.(1993)
39) 김시태,「구인회 연구」,『논문집』7 (제주대, 1976)
40) 당시 언론계와 문화계에서의 이들에 대한 관심은 이 모임의 회원 가운데 상당수가 언론계에 몸담고 있었다는 사실과 밀접한 관련이 있다. 당시 조선일보 학예부 기자였던 김기림을 위시하여, 조선중앙일보의 학예부장 이태준, 그리고 동 신문의 사회부장이었던 박팔양, 동아일보의 이무영, 매일신보의 조용만 등이 이 모임의 회원들이었던 점은 주의 깊게 살펴야 할 부분이다.
41) 구인회와 모더니즘 문학 운동과의 상관 관계에 대한 자세한 논의는 서준섭,「1930년대 한국 모더니즘 문학 연구」(서울대학원 : 박사, 1988) 제2장 '구인회와 새로운 문학 정신' 내용 참조.

히 자각하지 못 하였다 하더라도, 이 모임이 한국 모더니즘 문학 운동사에서 빠질 수 없는 중요한 문학 단체임을 입증해줄 수 있는 중대한 자료의 구실을 하는 것이다.[42]

김기림에게 구인회란 무엇이었던가. 이 물음은 구인회 후기 회원인 이상과 박태원 등과의 관계를 문제삼을 때 비로소 그 의미가 명확하게 떠오르게 된다. 그것은 이 단체가 함경북도의 후미진 시골 임명 출신인 김기림이 순 서울 토박이인 이들 두 사람이 뿜어내는 도회적인 체질 및 감각과 극적으로 조우하는 접점에 위치한 것임을 뜻한다. 김기림은 이들과 어울려 낙랑팔라, 미모사, 제비 등의 다방과 종로, 본정통, 명치정, 장곡천정 등의 거리를 휩쓸고 돌아다녔다.[43] 그리고 이들과 더불어 밤새도록 떠들고 마시며 쉬르리얼리즘, 퓨리즘, 네오 리얼리즘, 포비즘 등의 서구 전위 사조들과 미술, 영화 등 그들이 가지고 있는 공통된 관심사들에 대해 이야기를 나누었다. 그러한 가운데서 그는 자신의 도회 체험을 총체적으로 조망하며, 이를 다시 새로운 방식으로 구성해내는 문학적 능력을 얻게 되었던 것이다.

---

42) 물론 회원들의 충분한 자각의 결여는 그후 이들의 문학적 경향이 모더니즘으로부터 멀어져가는 하나의 결정적인 계기로 작용하기도 한다. 이 점에 대해서는 황종연, 「한국 문학의 근대와 반근대 - 1930년대 후반기 문학의 전통주의 연구」(동국대 대학원 : 박사, 1991), pp. 5~6 참조.
43) 이미경, 「김기림 문학 연구」(서울대 대학원 : 석사, 1988), p. 72.

7. 다시 일본으로…… 동북제대 영문과에 입학하다

  그의 나이 25세 되던 1932년, 김기림은 주위 어른들의 주선에 의해 평산 申氏 寶金을 만나 혼례를 치른다. 그리고는 동년 12월, 두 사람 사이에 장남인 世煥이 태어난다. 그보다 조금 전인 1931년을 전후하여 그는 한때 신문사 일에서 벗어나 고향인 임명에 내려가서 과수원을 경영하며 머물렀던 것으로 보이는데, 그 정확한 시기는 확인되지 않는다. 그러나 이 기간 동안에도 그는 고향 집에 머물면서 사색과 연구에 몰두하는 한편, 신문, 잡지 등에 꾸준히 글을 써서 발표한다.
  얼마 후, 다시 경성(서울)으로 돌아온 그는 스스로의 발전을 위해서는 좀더 체계적인 연구가 필요함을 깨닫고 제2차 일본 유학을 결심한다. 이미 아내와 두 아이까지 거느린 20대 후반의 가장이었던 그로서는 물론 이러한 결정을 내리기가 쉬웠을 리 없다. 그러나, 그러한 외적 조건의 불리함에도 불구하고, 학문을 향한 그의 열정은 그 모든 어려움을 뒤로 한 채 유학의 길을 재촉하게 만들었다.
  신문사에 자신의 뜻을 전한 그는 곧바로 유학을 위한 수속과 준비에 들어간다. 그의 재 도일이 성사되기까지에는 주변 인물들의 적극적인 협조와 도움이 있었다. 김기림이 유학의 뜻을 내비치자, 당시 조선일보사 사주였던 방응모는 선뜻 장학금 지원을 제의하고 나선다. 김기림으로서는 매우 고맙고 반가운 제의임에 틀림없으나, 처음 그는 심사숙고 끝에 이 제의를 정중하게 사양하고 만다. 장학금을 지원받을 경우, 그에 대한 반대 급부로서 의당 요구되리라 예상되었던 신문사 근무 기간 연장 의무에 대한 짐을 덜어버리고 싶었기 때문이다. 이러한 사정이 알려지자, 그릇이 컸던 방응모는 김기림에게 재차 조건 없는 장학금 지원의 뜻을 전한다. 그리하여 1936년 4월, 그는 조선일보사 후원으로 설립된 正相장학회의 장학생 자격으로, 현해탄 너머 일본 센다이(仙臺)에 있는 명문 東北帝大 법문학부 영문과에 입학하게 된다.[44]

당시 동북제대 법문학부에는 미학 전공의 阿部次郞과 영문학 전공의 土居光知, 그리고 외국인으로는 랄프 호치슨과 같은 쟁쟁한 교수들이 학생 강의를 담당하고 있었다.[45]

그곳에서 그는 엄격한 자기 관리와 빈틈 없는 생활 수칙을 통해 유학 기간 내내 학구적인 자세를 흐트러뜨리지 않는다. 4월에도 이따금씩 눈발이 휘날리는 그곳, 하숙집 6조 다다미 방에 홀로 기거하면서, 그는 건강을 잃지 않기 위해 아침이면 어김없이 丁抹(덴마크) 체조로 하루를 시작하였다. 객지 생활에서 오는 고독감에 남몰래 시달리면서도, 다른 한편으로는 "우편 배달 시간마다 선배와 벗들의 편지가 저도 모르게 기다려지는 것"[46]에조차 자신을 탓하며 채찍질할 정도로 오로지 학문에 전념한다. 틈틈이 영화를 보러 간다거나 산보를 하는 정도가 스스로에게 허락된 심신의 피로를 달래는 유일한 수단이요, 소일거리였다.

동북제대 유학 기간의 연구 활동은 이후 그의 문학관에 적지 않은 변화를 가져 왔다.

우선, 그 이전까지 단편적이고 피상적인 수준에 머물렀던 근대 문명에 대한 체험을 체계화, 조직화해서 흡수할 능력을 지니게 된다. 이전까

---

44) 이때 김기림은 早稻田대학과 동북제대에 응시하여 양 대학에 동시에 합격하였으나, 최종적으로 동북제대를 선택한다. 장남인 세환 씨의 증언에 따르면 동북제대 유학 기간 동안 김기림은 正相장학회에서 보내오는 일정 금액의 장학금 외에, 고향의 부친에게서 정기적으로 상당한 정도의 학비를 별도 지원받았다고 한다. 이러한 증언을 참고로 한다면, 유학 기간 중 그의 생활은 별다른 어려움 없이 학과 공부에 전념할 수 있는 여건이었던 것으로 생각된다.
45) 조달곤, 「김기림 연구」(동아대 대학원 : 박사, 1991), p. 8 재인용.
46) 「殊方雪信」

지 그의 문학 활동에 나타난 시와 현실과의 관계는 구체적인 체험이 드러나 있기보다는 관념적인 지향성만이 돋보였던 것이 사실이다. 새로운 문명에의 지향성이 늘 '바다' '태양' '새아침'과 같은 비유적 차원으로 표현된 것은 그 직접적인 증거라 할 수 있다. 입체파나 미래파, 쉬르리얼리즘에 대한 관심 역시 부분적인 형식 실험의 틀을 크게 벗어나지 못하고 있었다. 이는 김기림의 현실 체험이 다분히 제한적이며, 그런 만큼 관념 편향적이었음을 드러내주는 대목이다. 그리고 그런 그의 한계는 논리 자체를 도식화, 단편적인 이미지와 결부시키게 한 가장 큰 요인이었다. 그러나 이 시기 일본에서의 생활과 체계적인 학문 연구를 통해서 그는 이와 같은 초기적 한계로부터 차츰 벗어나게 된다.

둘째, 위의 논의와 밀접한 관련을 지닌 것으로, 모더니즘에 대한 초기적인 인식에서 벗어나 그것에 대한 반성적 이해의 기틀을 마련한다. 그는 모더니즘이 단지 근대 문명의 밝은 부분, 즉 긍정적인 요소만을 대상으로 한 것이 아니라, 그것의 부정적인 면에 대해서도 상당한 관심을 지닌 사조라는 것을 깨닫게 된다. 그전에 이미 기교주의 논쟁을 거치면서 그는 이 문제에 대해 어렴풋이나마 이해를 갖게 되나, 논쟁의 과정에서 알 수 있듯이 그러한 이해를 논리화된 틀로 해명하는 데에는 미숙성을 드러내고 만다. 그러나 재 도일 이후 그는 근대 문명의 본질에 대한 의문과 함께 본격적인 문제 의식을 제기하게 되었고, 이를 근거로 사회와 문화, 역사 일반에로 그의 관심을 지속적으로 확장해 나간다. 이후 그의 텍스트에 문명 비평적인 요소가 두드러지게 나타나기 시작한 것은 이와 같은 인식 변화에 따른 현상이다.

셋째로, 평소 관심을 가져왔던 영국의 문예 비평가 I. A. 리처즈의 문예 이론에 대해 체계적으로 공부할 기회를 얻는다. 기록상 그가 리처즈를 처음 접한 것은 일본대학 재학 시절이었던 것으로 알려져 있다.[47] 그러나 리처즈의 이론에 대해 본격적으로 연구할 수 있었던 것은

---

47) 이활, 『정지용·김기림의 세계』(명문당, 1991), pp. 234~235.

아무래도 재 도일 이후인 동북제대 재학 시절부터가 아닐까 한다. 당시 동경제대에는 리처즈의 제자인 엠프슨(W. Empson)이 교환 교수 자격으로 건너와 있었거니와, 김기림이 한때 그의 강의를 들은 적이 있다는 사실은 이후 그의 활동을 염두에 둘 때, 연구자들의 비상한 관심을 모으게 하는 대목이다. 그리하여 그는 이후 영문과 土居光知 교수의 지도로 리처즈의 시론에 대한 연구를 자신의 학부 졸업 논문으로 제출하기까지 한다.[48]

---

48) 이 부분은 김기림의 동북제대 동기동창인 신태식 씨의 증언에 토대한 것이다. 한편, 이 졸업 논문은 동북제대에 문의 결과 2차 대전 기간 중 미군의 폭격으로 소실된 것으로 확인되었다.

8. 「기상도」와 문명 비판의 정신

동북제대 유학을 전후한 1930년대 중반 무렵부터, 근대 자본주의 문명의 장래에 대한 김기림의 시각에는 상당한 변화가 나타난다. 근대 문명에 대한 초기의 긍정적인 이해가 차츰 부정적인 것으로 바뀌기 시작하는 것이다.

그는 당대의 자본주의가 이미 막다른 한계점에 도달했으며, 이로 인해 갖가지 병적 징후들이 노출되고 있다고 보았다. 그리고 이러한 사태에 적절히 대응해나가기 위해서 문학은 응당 문명 비판의 형식을 취해야 한다는 것이 김기림의 생각이었다.

그런 그의 견해는 앞으로의 역사 전개에 대한 지식인으로서의 불안감과 내적 고민을 담고 있는 것이라는 점에서 문제적이다. 여기서 그가 주목했던 것이 바로 새타이어(풍자)의 양식인데, 그는 그것을 현실 비판의 적극적인 대응책으로 제시하였다.

시는 우선 시 자체의 역사를 가지고 있다. 다음에는 시대성의 이름으로 대표되는 역사 일반의 시간성의 제약을 받을 밖에 없다. 역사 일반의 시간성은 그것을 시가 소극적으로 반영하려는 것과 적극적으로 그 속에 현대에 대한 해석을 가지려고 할 때의 두 가지 경우를 예상할 수가 있다.

아무리 반시대적인 예술일지라도 자연발생적으로는 시대의 어느 부분적인 病症일망정 대표하는 것이 사실이다. 이에 반하여 시 속에서 시인이 시대에 대한 해석을 의식적으로 기도할 때에 거기는 벌써 비판이 나타난다. 나는 그것을 문명 비판이라고 불러 왔다.

이 비판의 정신은 어느새에 '새타이어'(풍자)의 문학을 胚胎할 것이다.[49]

김기림이 말한 새타이어란 외부 현실에 대한 적극적인 관심과 해석을 포함한 것이라는 점에서, 비슷한 시기 최재서에 의해 거론된 자기 풍자의 양식과는 뚜렷이 구별된다. 김기림의 경우, 그것은 직접적인 행동에는 이르지 못한다 할지라도 "행동의 준비 자세거나 그렇지 않으면 적어도 행동에의 가능성을 가지고 있는 것"[50]으로, 그 속 깊숙한 곳에는 왜곡된 현실에 대한 분노가 가로 놓여 있다.

이와 같은 새타이어의 양식을 텍스트 전면에 부각시킨 것으로 우리는 김기림의 대표작인 「기상도」를 떠올릴 수 있을 것이다. 「기상도」는 《중앙》지 1935년 5월호와 7월호, 그리고 《삼천리》지 1935년 11월호와 12월호에 걸쳐 발표되었던 전체 7부 424행[51]의 장시로, 발표 당시부터 임화와 박용철, 최재서 등 당대 일급 문인들이 앞다투어 작품평을 게재하는 등, 문단 안팎의 폭넓은 반향을 불러 일으켰던 문제작이다.[52] 더욱이 이 텍스트가 김기림의 절친한 친구이자 문학적 이념적 동반자였던 천재 시인 이상의 손을 거쳐 최종적으로 활자화되었던 사실[53]은 결코 단순하게 넘겨버릴 성질의 것이 아니다.

---

49) 「시의 시간성」
50) 「속 오전의 시론－몇 개의 斷章」
51) 제1부 〈세계의 아침〉, 제2부 〈시민 행렬〉, 제3부 〈태풍의 기침 시간〉, 제4부 〈자최〉, 제5부 〈병든 풍경〉, 제6부 〈올배미의 주문〉, 제7부 〈쇠바퀴의 노래〉
52) 발표 당시 김기림은 서언에서 「기상도」의 기획 의도를 다음과 같이 밝히고 있다. "한 개의 現代의 交響樂을 計劃한다. 現代 文明의 모든 面과 稜角은 여기서 發言의 權利의 機會를 拒絶 당하는 일이 없을 것이다. 無謀 대신에 다만 그러한 寬大만을 準備하였다."(《중앙》 3권 4호(1935년 4월호)에 실린 「기상도」의 서언)
53) 이상이 김기림에게 보낸 몇 통의 서신을 살펴 보면, 이 텍스트가 창문사에서 시집으로 출간(1936년)되기 직전(당시 김기림은 동북제대 유학중이었던 관계로 국내에 없었다.), 이상이 수차례 교정을 본 것으로 되어 있다. 이러한 사실과 관련하여 잡지 연재 당시의 내용과 시집 출간 시의 내용이 상당 부분 고쳐진 것을 볼 수 있는데, 이 점에 있어서 이상의 역할이 궁금해진다.

지금까지 「기상도」에 대한 평가는 단연 부정적인 쪽이 우세했다. "'문명 비판'으로 보아도 천박한 것이며, 더군다나 시라는 예술품은 아니다."라는 송욱 교수의 극단적인 비판론을 위시하여, 그간 우리 주변에서 행해진 대부분의 연구가 이 텍스트를 장점보다는 단점이 많은 것으로 지목하고 있다는 점에서 의견상의 일치를 보이고 있다. 다시 말해서, 지금까지 「기상도」는 우리 문학사상 문제작으로 분류될 수 있을지언정 결코 성공작으로 평가받을 수는 없다는 것이 이들의 공통된 입장이다.
　그러나 그러한 이해는 과연 얼마나 정확한 것일까? 長詩인 이상, 부분적으로 엉성하게 느껴지는 부분이 군데군데 눈에 띄는 것도 사실이다. 그러나 적어도 「기상도」가 근대 문명이 지닌 문제점들에 대한 김기림 나름의 고민과 모색을 가장 조직적이고 치열하게 드러낸 텍스트라는 점은 인정되어야 하리라고 본다.
　시의 출발은 문명에 대한 밝고 명랑한 전망을 감각적인 이미지들로 제시해 놓고 있다.

　　비눌
　　돛인
　　海峽은
　　배암의 잔등
　　처럼 살아났고
　　아롱진 「아라비아」의 衣裳을 둘른 젊은, 山脈들

　　바람은 바닷가에 「사라센」의 비단幅처럼 미끄러웁고
　　傲慢한 風景은 바로 午前 七時의 絶頂에 가로누었다

　해협의 파도와 산맥을 시각적으로 묘사한 이런 대목은 형태에 대한 배려와 함께, 참신한 비유어들의 사용으로 표현법상의 생동감을 획득하고 있다. 그러나 이러한 밝고 명랑한 인상은 차츰 불안의 징조를 드러낸다.

  자본주의적 근대화가 진행되어감에 따라 부수적으로 등장하게 되는 갖가지 모순들, 혼란들, 파괴적인 양상들이 불거져나오기 시작한 것이다. 그 개별적인 양상들을 김기림은 다음과 같이 제시해놓고 있다.

    넥타이를 한 흰 食人種은
    니그로의 料理가 七面鳥보다도 좋답니다
    살갈을 희게 하는 검은 고기의 偉力
    醫師「콜베―르」氏의 處方입니다
    「헬매트」를 쓴 避暑客들은
    亂雜한 戰爭競技에 熱中했습니다
    숲은 獨唱家인 審判의 號角소리
    너무 興奮하였으므로
    內服만 입은 파씨스트
    그러나 伊太利에서는
    泄瀉劑는 일체 禁物이랍니다
    필경 洋服 입는 법을 배워낸 宋美齡 女史
    아메리카에서는
    女子들은 모두 海水浴을 갔으므로
    빈 집에서는 望鄕歌를 불으는 니그로와
    생쥐가 둘도 없는 동무가 되었습니다

  이 부분에서 김기림이 비판한 내용은 열강의 아프리카 침략 정책과 파시즘의 광적인 권력욕, 중국을 비롯한 동양 세계의 무분별한 서구 추수의 경향, 왜곡된 근대화의 결과 발생하게 된 온갖 사회적 부조리와 병폐 등이다. 그는 위트, 새타이어를 비롯한 각종 수사법상의 기교를 동원하여 이를 조소, 비판하고 있다.

김기림은 문명의 결과인 이러한 각종 모순과 혼란의 양상들을 그 몰락의 징후로 보았다. 그것을 그는 '태풍'이라는 초자연적인 현상과 결부하여 표현해보려 하였거니와, 여기서 태풍이란 인간의 의지에 의해서는 결코 조종되거나 통제될 수 없는 어떤 절대적인 힘, 즉 역사적 필연을 의미하는 것으로 이해된다.

태풍은 맹렬한 기세로 중국을 비롯한 아시아 전역을 휩쓸고, 그 주변의 모든 것들을 초토화시킨다. 김기림에 따르면 근대 문명은 그 엄청난 자체 내의 모순으로 인해, 스스로 파산의 막다른 골목을 향해, 마치 태풍과도 같이 필사적으로 달려가고 있는 셈이다. 이 경우 그에게 태풍이란 세계의 종말과 함께 몰려오는 '묵시록의 기사'와 동일시된다.

근대의 파산이 이미 돌이킬 수 없는 지경에 이르고 말았다는 인식은 문명에 대한 절망, 그것과 불가분의 관계를 유지한다. 철저하게 절망한 김기림은 마지막으로 인간 본연의 문제를 끄집어내게 된다.

  나는 참말이지 善良하려는 惡魔다
  될 수만 있으면 神이고 싶은 짐승이다
  그렇건만 밤아 너의 썩은 바줄은
  웨 이다지도 내몸에 깊이 친절하냐[54]

그에게 있어 인간이란 신도 악마도 아닌, 그 중간자적인 존재일 뿐이다. 여기서의 인간은 근대 자본주의 문명 성립 이후의, 부르주아 계몽주의 합리성을 체득한 존재로서의 인간이다. 그는 합리성의 바탕 위에 세계를 새롭게 건설해보려 하였으나, 결과는 그의 의도와는 전혀 반대의 방향으로 나타나고 말았다.

그러나 현실이 우리에게 절망을 강요한다 하더라도, 미래에 대한 희

---

54) Ibid., p. 149.

망을 완전히 포기할 수는 없다. 「기상도」의 마지막 부분인 6, 7부에서 김기림은 아직 희망이 남아 있음을 강하게 드러내고 있다.

> 나의 生活은 나의 薔薇
> 어디서 시작한 줄도
> 언제 끝날 줄도 모르는 나는
> 꺼질 줄이 없이 불타는 太陽
> 大地의 뿌리에서 地熱을 마시고
> 떨치고 일어날 나는 不死鳥
> 叡智의 날개를 등에 붙인 나의 날음은
> 太陽처럼 宇宙를 덮을게다
> 아름다운 行動에서 빛처럼 스스로
> 피여나는 法則에 引導되어
> 나의 날음은 즐거운 軌道 우에
> 끝없이 달리는 쇠바퀴ㄹ게다[55]

   김기림이 「기상도」를 통해 의도한 문명 비판이란 과연 어떤 것이었을까? 김기림은 엘리엇(T.S. Eliot) 식의 문명 비판[56]을 통해 이 세계가 근본적으로 교정되고 치유될 수 있으리라 믿지 않았다. 그러기에는 근대 문명 자체가 이미 신으로부터 너무 멀리 떨어져 있으며, 구제가 불가능할 정도로 철저하게 타락했다고 생각했기 때문이다. 그러므로 그가 「기상도」의 문명 비판을 통해 암시하고자 한 것은 근대의 구원 가능성이 아니라 그것의 파멸이 돌이킬 수 없는 지점에까지 도달하고 말았다는 인식이다. 근대의 파산이란 그 문명의 타락에서 비롯된 역사

---

55) 제7부 「쇠바퀴의 노래」, 『김기림 전집』 1, pp. 152~153.
56) 「기상도」가 엘리엇의 「황무지 *The Waste Land*」를 의식하고 기획된 텍스트라는 것은 이미 여러 기록들을 통해 확인된 바 있다.

의 필연이며, 뒤를 이을 시대는 이제까지 진행되어온 문명사의 흐름과는 무관한, 전혀 새로운 질서와 문명에 의해 건설된 시대여야만 한다는 것이 그의 생각이었다.

「기상도」의 문명 비판에 담긴 문제 의식은 바로 이와 같은 인식론적 기반 위에 서 있다. 많은 논자들이 「기상도」의 문제점 가운데 하나로, 작품 내적인 통일성을 부여해줄 수 있는 튼튼한(「황무지」에서의 신화적인 것과 같은) 구조의 부재를 들고 있으나, 그런 것은 처음부터 김기림의 구상에서 배제되고 있음을 알아차릴 필요가 있다.

시집 출간 당시 박용철은 "그 중에서도 필자의 가장 불만인 점은 이 시가 명랑한 아침 폭풍 경보에서 시작해서 다시 명랑한 아츰 폭풍 경보 해제에서 끝나는 이 완벽한 좌우 동형적 구성이다."라고 지적한 바 있다.57)

여기서 좌우 동형이라는 말이 어떤 의미 맥락을 포함하고 있는지 그 여부는 명확치 않으나, 그는 분명 기획 당시 김기림의 의도를 제대로 읽어내지 못하였음에 틀림 없다. 모더니즘의 특성 가운데 하나가 근대 문명의 무질서와 퇴폐상으로 인해 주체 내부에 형성된 위기 의식과, 그러한 위기 의식으로부터의 탈출 및 그것의 초극에 대한 강한 의지라고 한다면, 「기상도」의 이와 같은 구성은 모더니즘의 정신을 충실히 구현한 것으로 풀이되어야 할 것이기 때문이다.58)

---

57) 박용철, 「올해 시단 총평」, 『박용철 전집』 2(시문학사, 1940), p. 95.
58) 이러한 모더니즘의 특징적인 국면을 우리는 그것이 간직한 유토피아 지향성에서 엿볼 수 있다.
  모더니즘의 유토피아 관에 대한 자세한 이해는 마테이 칼리니스쿠, 『모더니티의 다섯 얼굴』, 이영욱 외 역 (시각과 언어, 1993), pp. 71~81, 위르겐 하버마스, 『현대성의 철학적 담론』, 이진우 역(문예출판사, 1994), p. 6 참조.

9. 김기림과 이상

 센다이의 동북제대에 유학 중인 김기림에게, 와병 중이던 이상은 무려 7통이나 되는 애절한 사연의 편지를 띄운다. 구인회 회원 중, 유독 김기림만이 이상 자신의 참된 동료로 인식되고 있었다는 것, 그리고 동경에 건너간 이상이 죽음 직전까지 애타게 김기림의 방문을 고대하고 있었다는 것 등을 우리는 이 편지들을 통해 알게 되거니와, 이들 두 사람은 이제까지 알려진 것 이상으로 서로에 대해 깊은 신뢰와 존경심을 보내고 있었던 것으로 생각된다.
 실상 이들의 문학은 근대 문명의 외피가 아닌, 그 본질을 문제 삼은 것이라는 점에서 여타의 모더니스트들의 것과 구별된다. 특히 그들은 위기에 처한 근대 자본주의 문명의 장래에 대한 불안감과 그 초극에의 열망을 작품을 통해 표출하려 하였다는 점에서 공통점을 지니고 있다. 그들은 각자가 다른 방식으로 자신들의 세계관을 표출하였으나, 서로의 방식을 이해하고 존중하였으며, 나아가 서로의 인간과 문학에 대해 깊은 호감을 느꼈다. 이러한 호감에는, 당대 조선의 모더니스트들 가운데, 근대 문명의 본질과 그 문제점에 대한 체계적인 인식을 구비한 이는 자신들밖에는 없다는 정신적인 유대감이 큰 몫을 차지한 것으로 보인다.
 후일, 김기림은 이상의 문학과 인생에 대해 다음과 같은 평가를 내린다.

> 箱은 필시 죽음에 진 것이 아니리라. 箱은 제 육체의 마지막 조각까지라도 손수 길러서 없애고 사라진 것이리라. 箱은 오늘의 환경과

種族과 無知 속에 두기에는 너무나 아까운 天才였다. 箱은 한 번도 '잉크'로 시를 쓴 적이 없다. 箱의 시에는 언제든지 箱의 피가 淋漓하다. 그는 스스로 제 血管을 짜서 '시대의 혈서'를 쓴 것이다. 그는 현대라는 커다란 破船에서 떨어져 漂浪하던 너무나 처참한 船體 조각이었다.

……(중략)……

箱이 우는 것을 나는 본 일이 없다. 그는 世俗에 반항하는 한 惡한 精靈이었다. 악마더러 울 줄을 모른다고 비웃지 말아라. 그는 울다 울다 못해서 인제는 淚腺이 말라 버려서 더 울지 못하는 것이다. 箱이 소속한 20세기의 악마의 종족들은 그러므로 번영하는 위선의 문명을 향해서 메마른 웃음을 토할 뿐이다.[59]

그는 이상이 "世俗에 반항하는 한 惡한 精靈"이었음을 선언한다. 그리고 그의 죽음을 통해 근대 문명의 말기적 징후를 예감하려 했다. 그것은 그에게 한 개인의 죽음이라는 좁은 의미 한계를 넘어선, 근대 문명이 부딪히게 된, 나아가 역사 전체가 부딪히게 된 시대적 고민의 축쇄된 비극으로 읽혔던 것이다. 여기서 김기림이 문제 삼고 있는 것은, 이상에게 있어 자신의 운명과 관련된 실존적 위기 의식과 근대 문명 전반에 대한 불안감은 따로 떼어서 논할 수 없을 정도로 밀접하게 연관되어 있다는 사실이다.

조금은 심각한 구도로 제시된 이러한 문제와 관련하여, 김기림이 남긴 다음 두 편의 글은 우리의 이해에 적지 않은 도움을 줄 수 있으리라 생각된다.

箱의 숙소는 九段 아래 꼬부라진 뒷골목 2층 골방이었다. 이 '날개' 돋힌 시인과 더불어 東京 거리를 漫步하면 얼마나 유쾌하랴 하

---

[59] 「고 이상의 추억」

고 그리던 온갖 꿈과는 딴판으로 箱은 '날개'가 아주 부러져서 起居도 바로 못하고 이불을 뒤집어 쓰고 앉아 있었다. 전등불에 가로 비친 그의 얼굴은 象牙보다도 더 창백하고 검은 수염이 코 밑과 턱에 참혹하게 무성하다. 그를 바라보는 내 얼굴의 어두운 표정이 가뜩이나 병들어 약해진 벗의 마음을 상해올까보아서 나는 애써 명랑을 꾸미면서
"여보, 당신 얼굴이 아주 '피디아스'의 '제우스' 神像 같구려."
하고 웃었더니 箱도 예의 그 정열 빠진 웃음을 껄껄 웃었다. 사실은 나는 '듀비에'의 '골고다의 예수'의 얼굴을 연상했던 것이다. 오늘 와서 생각하면 箱은 실로 현대라는 커다란 모함에 빠져서 십자가를 걸머지고 간 '골고다'의 시인이었다.[60]

청춘이 좋다고 하는 것은 그는 꿈과 환상으로써 인생의 유감을 물리치는 까닭이다. 그러나 조만간 그도「유토피아」라는 武器를 꺾어 버리고 인생의 軍門 앞에 엎드리고 만다. 예외로 내 의지 아닌 것에 끌리지 않고 스스로의 생을 창조해 가려는 무모한 영웅들도 있다. 모든 벗들이 인생의 나래 아래서 가정을 가지고 예금을 가지고 田地를 가지고 번영할 때 영웅은 沙場을 피로써 물들이고 자빠진다.
                              '랭보', '고갱', 李箱.[61]

김기림은 왜 병든 이상을 희랍 신화에 나오는 제신들의 우두머리, 신 중의 신인 제우스에 비유하였을까? 동시에 그는 왜 머릿속으로 은밀히 골고다 언덕을 오르는 예수의 형상을 떠올렸을까? 그리고 현대라는 커다란 모함에 빠졌다는 말의 진정한 의미는 과연 무엇인가? 이상을 무모한 영웅으로 규정하며, 랭보나 고갱 등과 동일한 반열에 올려

---

60) Ibid.
61)「山」

놓을 수 있는 근거는 무엇인가? 이러한 의문점들에 대해 김기림은 우리들로 하여금 그 의미를 추적할 수 있도록 약간의 해설을 덧붙여두는 것을 잊지 않고 있다. 그에 따르면 이상은 당대의 환경과 무지 속에 두기에는 너무나 아까운 천재였으며, 그의 죽음은 한 인간의 죽음만이 아닌, 축쇄된 한 시대의 비극으로 확대 해석되어야 한다는 것[62] 이다. 다시 말해 김기림은 이상의 죽음을 통해 근대 문명이 안고 있는 허와 실, 그리고 그 속에 거주하는 일상인들의 안이한 생활 자세를 비판하려 했던 것이다.

일찍이 벤야민은 보들레르의 문학을 논하는 자리에서 '영웅'을 '모더니즘의 진정한 주제'[63] 라고 평한 바 있다. 단, 여기서 그가 말하는 영웅이란 고대 서사시적인, 낭만주의적인 개념으로서의 영웅이 아니라, 보들레르에게서 보듯, 근대 이후 자본주의 사회에서의 변형된 개념을 지닌 영웅이다. 보다 직접적으로 그것은 자본주의 사회에 제대로 적응치 못하는 '건달(apache)'의 이미지를 띠고 등장한다. 그는 항시 룸펜 인텔리겐치아라는 위장된 형태로 모더니즘 텍스트 속에 나타나서 독자들을 혼란에 빠뜨린다. 그가 다루는 주제나 대상 역시 외견상 거창하고 화려한 것과는 거리가 멀며, 극히 개인적이며 사적인 것으로 한정된다. 그러나 이러한 개인적이며 사적인 주제가 결코 그 차원에만 머무는 것이 아니라는 데 영웅이 지닌 문제적인 측면이 가로 놓여 있다. 왜냐 하면 이 경우 모더니즘은 반드시 영웅적인 의지를 실현시키지 못하게 하는 사회 제도 및 구조를 포함한 것이기 때문이다. 근대 자본주의 사회에서 영웅이란 한마디로 불필요한 존재로 인식된다. 당연히 그는 사회로부터 격리되며, 배척당한다. 그가 사회 속에서 생활해

---

62) 「고 이상의 추억」, Ibid., p. 416.
63) W. Benjamin, C. III. Modernism, "The Paris of the Second Empire in Baudelaire", *Charles Baudelaire: A Lyric Poet in the Era of High Capitalism*, trs. by Harry Zohn (London: NLB, 1973), p. 74.

나가기 위해서는 싫든 좋든 자신에게 부여된 불합리한 삶을 받아들일 수밖에 없다. 그는 그런 삶이 부당하다는 것을 알고 있긴 하지만, 그렇다고 그것을 거부할 권리는 그에게 주어져 있지 않다. 또한 영웅은 어디까지나 영웅이기에 그에게는 군중들 틈에 끼어 적당히 즐기면서 살아갈 권리조차 없다. 여기에 영웅이 갖는 딜레마가 있다.[64]

김기림이 이상에게서 보았던 것은 바로 이런, 근대 자본주의 사회에서 살아가는 '영웅'의 모습이었던 것이다. 그는 그의 동료 이상의 비극이 바로 여기에 있다고 보았다. 그러기에 그는 이상을 제우스에 비유하면서도, 한편으로는 골고다 언덕을 오르는 예수를 떠올리지 않을 수 없었던 것이다. 이상 역시 그의 대표작 「날개」의 첫 머리에 "剝製가 되어버린 天才"라는 표현을 쓴 적이 있거니와, 내면적으로 이 문제에 대한 깊은 자각을 가지고 있었음을 알 수 있다.

해방 이후 간행된 김기림 시집 『바다와 나비』(1946)에는 "우리들이 가졌던 황홀한 천재"[65]인 이상의 추도시 「쥬피타 추방」이 실려 있다. 그 마지막 부분에서 김기림은 자본주의 시대의 버림받은 영웅, 조선 문학의 주피터인 이상의 죽음을 다음과 같이 자못 장엄한 어조로 그리고 있다.

  쥬피타 昇天하는 날 禮儀없는 사막에는
  마리아의 찬양대도 분향도 없었다.
  길잃은 별들이 遊牧民처럼

---

64) Ibid., pp. 74~76.
  이런 측면에서 볼 때, 모더니즘의 '영웅'은 리얼리즘 문학에서의 '문제적 개인(problematische Individual)'과 유사한 특성을 지니고 있다고 생각될 수도 있다. 그러나 '영웅'은 적어도 겉으로는 항상 무기력과 나태만을 드러낸다는 점에서, 보다 심층적인 분석이 요구된다. 양자는 그것이 기반으로 삼고 있는 이데올로기적 기반에 의해, 분명히 구분되어 이해될 필요가 있다.
65) 「머리말」, 『김기림 전집』 1, p. 158.

허망한 바람을 숨쉬며 떠 댕겼다.
허나 노아의 홍수보다 더 진한 밤도
어둠을 뚫고 타는 두 눈동자를 끝내 감기지 못했다.

　전지전능한 신, 그러나 이 세계에서는 결국 살지 못하고 추방당한 주피터(제우스)의 모습. 이는 김기림이 본 '박제가 되어버린 천재'의 또 다른 모습이며, 동시에 그의 마지막 모습인 것이다. 자본주의 사회에서 영웅이 왜 그렇게 초라한 모습으로 전락할 수밖에 없는지, 그리고 그는 왜 고집스레 자살[66]이라는 극단적인 선택을 꿈꾸지 않을 수 없는지, 이러한 점들을 정확히 이해하기 위해서는 근대 문명 자체가 안고 있는 제반 문제점들을 속속들이 꿰뚫고 있어야만 한다. 적어도 1930년대 중반이라는 시점에서 이 점을 정확하게 알아차렸던 이 땅의 문학인이 이상과 김기림, 이 두 사람에 한정된다는 것은, 아쉽긴 하지만, 부인하기 어려운 사실이다.

---

66) 이상의 글 곳곳에 나타나는 자살 충동을 말한다. 이러한 자살 충동이 근대 문명에 대한 전면적인 회의의 산물임은 이미 여러 논자들에 의해 지적된 바 있다.

10. 파시즘의 대두와 모더니즘의 자기 반성

1939년, 32세의 나이로 동북제대를 졸업한 김기림은 귀국 후 조선일보사에 복직한다. 당시 보성전문이나 연희전문에서 교수로 와 달라는 청이 있었긴 했지만, 유학 기간 내내 신문사에서 보여준 후의를 쉽게 저버릴 수 없었기 때문이다. 그는 복직과 동시에 신문사 사회부장이라는 중책을 맡게 된다.

경성(서울)에 생활 근거지를 마련한 그는, 마침 장남인 세환이 취학할 연령이 되자 그때까지 고향집에서 지내던 처와 자식들을 이끌고 서울로 올라온다. 그리고 그 해 9월에는 주로 동북제대 유학 이전에 발표했던 초기 시들을 모아 학예사에서『태양의 풍속』이라는 시집을 상재한다.

경성에서의 생활이 차츰 안정과 평온을 찾아가는 것과는 반대로, 그를 둘러싼 주변의 시국 정세는 그리 평화롭지 못한 것이었다. 중일전쟁 발발 이후 전시 체제 구축을 선언한 일제는, 대륙 침략을 위한 한반도의 병참 기지화를 서두르면서 식민지 조선에서의 사상 통제를 한층 노골적으로 강화해나간다. 이미 카프가 해산되었고(1935년), '조선 사상범 보호 관찰령'이 시행(1936년)되고 있었다. 그 뒤를 이어 '조선 중앙 정보 위원회'(1937년), '조선 방공 협회'(1938년), '시국 대응 전선 사상 보국 연맹'(1939년) 등 각종 어용 단체들이 등장하여 식민지 지식인들을 사상적으로 옭아매고 있었다.

사실 파시즘의 대두란, 당시의 관점에서 보면, 전세계적인 위협 요소였다. 1936년 7월 17일 일어난 스페인 내전은 그러한 위협의 실체가 무엇인지를 여실히 보여준 것이었거니와, 여기서 독일과 이탈리아의 원조를 등에 업은 프랑코의 반란군이 자본주의 국가인 영국과 미국, 사회주의 체제의 소련 등의 전폭적인 지지를 받은 인민 전선을 여지없이 무너뜨렸다는 사실은 당대 지식인층에 하나의 상징적인 의미를 지닌 사건으로 받아들여졌다.

김기림은 일제의 군국주의화, 군사 대국화가 바로 그런 파시즘으로 치닫기 위한 하나의 발판임을 당대의 어느 문학인보다도 정확하게 꿰뚫고 있었다.

이런 시점에서 그는 지금까지 줄곧 추구해온 자신의 모더니즘 활동에 대한 반성적 성찰과 함께, 근대 이후의 역사에 대비하기 위해 문학이 나아갈 길에 대해 진지한 모색을 전개하고 있음은 마땅히 주목되어야 할 사실이다. 때마침 일본 지성계에서 불어닥치기 시작한 근대에 대한 갖가지 회의의 담론들은 그런 그의 판단을 한층 구체화시키는 촉매제 구실을 한다.[67]

이 즈음 그는 이 문제와 관련된 자신의 입장을 재정리하는 한편, 우리 문단 내부에서 이를 공식적으로 거론할 수 있는 분위기를 조성할

---

[67] 일본 지성계에서 이 문제가 공식적으로 거론되기 시작한 것은 1940년대 들어서의 일(구체적으로 잡지 《사상》에서 「구주 문명의 장래」라는 특집을 마련한 것이 1940년의 일이다. 그 후 保田與重郎에 의해 『근대의 종언』(1941)이 출간되었으며, 이어서 문학 철학 역사 신학 과학 음악 영화 등 각 분야의 전문가들이 총망라된 형태로 「근대의 초극」이라는 주제를 놓고 대규모 심포지움(1942)이 열렸던 바 있다.)이나, 이에 대한 관심은 이미 1930년대 중반경에 싹튼 것으로 볼 수 있다. NAPF 의 해체(1934년 3월)와 함께, 전형기에 접어들게 된 이 시기 지식층 가운데 일부는 서구 문화의 몰락과 동양 전통의 부활이라는 관점에서 자신들의 견해를 구체화하기 위해 힘썼는데, 이러한 경향은 이 무렵 서구에서의 자본주의 문명에 대한 자기 반성적 움직임과도 밀접한 관련을 지닌 것으로 보인다. 이 문제에 대한 일본 내에서의 대응 양태는 주로 민족주의적인 색채를 띠고 있었으며, 때문에 이 논의는 이후 태평양 전쟁 기간을 전후로 하여 대동아공영권의 논리와 결탁, 지식인들의 사고와 행동에 실질적인 영향력을 행사했던 것으로 평가받고 있다.
神谷忠孝,「民族主義と文學」,『日本文學全史』6 現代, 市貞次 三好行雄 編 (學燈社, 1978) 참조.

필요성을 느끼게 되는데, 그 결과 발표된 글이 「모더니즘의 역사적 위치」(1939년)와 「시의 장래」(1941년)이다.

「모더니즘의 역사적 위치」는 여러 가지 면에서 주목되는 평론이다. 무엇보다도 이전까지 모더니즘의 대표적인 기수로 활동하였던 김기림 스스로가 문학에서의 모더니티 추구의 한계를 인정하였다는 점과, 그러한 바탕 위에 새로운 문학적 양식의 출현을 앞장서서 제안하였다는 점에서 그러하다. 그는 일단 모더니즘의 시도를 역사적 필연으로 인식함으로써 자신의 입장을 정리해나간다. 그에 따르면, 모더니즘은 시가 우선 언어 예술이라는 자각과 문명에 대한 일정한 감수를 기초로 한 다음 일정한 가치를 의식하고 쓰여져야 한다는 주장 위에, 전대의 센티멘털 로맨티시즘과 편내용주의를 부정하고서 등장한 것이다. 그러나 그는 이러한 모더니즘이 30년대 중반쯤에 이르러 위기를 맞이하게 되었다고 보았다. 이 부분을 김기림은 다음과 같이 설명하고 있다.

> 그러나 '모더니즘'은 30년대의 중쯤에 와서 한 위기에 다닥쳤다. 그것은 안으로는 '모더니즘'의 말의 重視가 이윽고 그 말류의 손으로 언어의 말초화로 타락되어가는 경향이 어느새 발현되었고, 밖으로는 그들이 명랑한 전망 아래 감수하던 오늘의 문명이 점점 심각하게 어두워가고 이지러가는 데 대한 그들의 시적 태도의 재정비를 필요로 함에 이른 때문이다.

이 문제에 대해 김기림은 그 나름의 대안을 제시함으로써 문제의 해결을 모색해보려 한다.

> 全詩壇的으로 보면 그것은 그 전대의 경향파와 '모더니즘'의 종합이었다. 사실로 '모더니즘'의 말경에 와서는 경향파 계통의 시인들 사이에도 말의 가치의 발견에 의한 자기 반성이 '모더니즘'의 자기 비판과 거의 때를 같이하여 일어났다고 보인다. 그것은 물론 '모

더니즘'의 자극에 의한 것이라고 보여질 근거가 많다. 그래서 시단의 새 진로는 '모더니즘'과 사회성의 종합이라는 뚜렷한 방향성을 찾았다. 그것은 나아가야 할 오직 하나인 바른 길이었다.

그러나 그가 대안으로 제시한 경향파와 모더니즘의 종합이 기실 상식의 범위를 벗어나지 못한, 형식 논리적 종합에 불과한 것임을 알고 보면,[68] 평소 그가 강조해온 시대적 양식으로서의 시문학이라는 주장이 갖는 의의와 효용성 또한 상당 부분 퇴색되어버리고 만다. 요컨대 성급한 해결책 모색보다는 당대의 시가 안고 있는 내적, 외적 연관과 그 문제점들을 전반적으로 재점검해볼 기회가 더욱 필요했던 것인데, 이 점에 대한 그의 인식이 비교적 제대로 정리되어 드러난 글이 바로 그 뒤에 발표된 「시의 장래」이다.

「시의 장래」에서 김기림은 시인이 근대 초기 르네상스 이후 집단의 예언자요 시대의 선구라는 지위로부터 오늘날 어떻게 힘없는 구경꾼이나, 혹은 고독한 망명자의 위치로 전락하게 되었는지 설명한다. 시대와 시인의 대립은 어느 시기에나 있었던 현상이긴 하지만, 그것이 특별히 근대에 이르러 문제시되게 된 데에는 그 속에 집단과 개인 사이의 내적 모순이 자리잡고 있기 때문이다. 다시 말해 그는 근대의 번영이 그것을 이끌어낸 집단의 균열 위에 이룩된 것이라고 보았다. 자본주의적 근대화의 마지막 모습은 결국 '갈라지고 흐트러진 개인뿐'이라는 것이 김기림의 생각이다. 따라서 근대는 결국 이러저러한 자체 내의 모순으로 인해 파국에 다다를 수밖에 없는 운명에 놓이게 되는데, 이 시기가 가까워짐에 따라 시인은 다시 그 본연의 역사적인 임무를 되돌려받게 된다고 여겼던 것이다. 그런데, 김기림의 판단에 따르면, 당시(1930년대 말경)가 바로 그 역사적 시기에 해당하는 시점으

---

68) 김윤식, 「소설사의 역사철학적 해석─모더니즘과 리얼리즘의 넘어서기에 대하여」, 『한국 근대 소설사 연구』(을유문화사, 1986), p. 552.

로, 시인의 적극적인 역할이 요청되는 시기이다.

동시에 외부에서 시대가 시인에게 향해서 바라는 것은 시인을 통하여 역사를 예감하려는 일이다. 시인은 다시 연연하게 요망되고 있다. 그는 마치 중세가 바로 끝나려 하고 또 근세가 시동할 즈음에 흥분에 쌓여서 등장한 것처럼 또다시 근대의 종점, 새로운 세계의 未明 속에 서지나 않았을까.

그의 이러한 주장은 계몽적 합리성이라 부를 수 있는 자본주의 문명의 현실 논리가 더 이상 시대 조류로서의 역할을 유지할 수 없는 시점에 도달했음을 인식한 결과라 해석할 수 있을 것이다. 김기림은 자신의 이러한 성찰과 주장이 모더니즘의 경우만이 아닌, 당대의 모든 시와 시인들에 무리없이 적용될 수 있으리라 보면서 논의를 마감한다.

이상의 논의를 토대로 우리가 알 수 있는 것은 김기림이 모더니즘에 대한 반성적 인식을 통해 문학과 관계된 스스로의 내적 논리를 역사 전반으로 차츰 확대해나간다는 사실이다. 즉, 그는 모더니즘 활동을 통해 얻은 문학적 경험과 지식을 근대라는 역사적 지반이 갖는 본질적인 문제점들과 연결시켜 논하고자 한다. 구체적으로 그것은 앞으로의 역사 전개에 대한 불안감과, 민족적 생존의 위기 의식을 그 밑바탕에 담고 있다. 후에 그가 "30년대의 중쯤에 와서는 벌써 예술주의의 의장조차가 일제의 공격의 날을 피할 수는 없었다. 조선의 지식인들이 문화와 같은 정신적인 것조차를 단순히 정신적 노력에 의해서만은 지켜갈 수가 없다는 진리를 몸소 깨달아낸 것도 이때였다."라고 술회한 점은 이러한 추론의 정당성을 간접적으로 뒷받침해주는 것이다. 계몽주의 모더니티의 타락한 형태로 분류되는 군국주의 파시즘과 부르주아 계몽주의 본래의 이상을 그대로 간직하고 있는 비판적 원리로서의 모더니즘 간의 대결은 이미 피할 수 없는 것으로, 김기림은 이 점에 대해서만은 뚜렷하게 의식적인 자세를 유지하고 있었던 것으로 판단된다.

11. 근대의 파산 논의와 지식인으로서의 대응 모색

　김기림의 문학론이 역사에 대한 긴 전망 위에 놓인 것임을 인정할 경우, 가장 두드러진 특징 가운데 하나는 그것을 민족 문화의 장래 문제와 관련하여 그가 느낀 시대적 고민 내지 위기 의식과 따로 분리하여 논할 수 없다는 점일 것이다. 그러나 이러한 사실을 놓고, 이를 곧장 그의 내부에 잠재된 민족주의 의식의 표출로 받아들이려는 태도[69]는 다소 성급한 것처럼 보인다. 그가 물론 이 문제에 대해 여러 차례 진지하게 고심한 것은 사실이지만, 그것은 어디까지나 인류 전체의 역사, 특히 근대 이후 왜곡된 방향으로 흐르고 있는 세계 역사에 대한 우려라는 더 큰 틀을 그 밑바탕에 깔고 있는 것이기 때문이다. 파시즘이 배타적인 민족 의식으로부터 출발하는 논리임을 정확히 꿰뚫고 있었던 그로서는 동일한 논리로 그것에 저항한다는 것은 가당치 않은 일이었다. 다시 말해, 김기림에게 있어 파시즘에의 대응은 비단 우리 민족에만 국한된 문제가 아닌, 역사 전체의 활로를 찾으려는 보다 넓은 전망과 연결된 것이다. 이 지점에서 그의 논조는 임화나 김남천 류의 마르크스주의 리얼리즘의 입장과 준별되며, 문장파 중심의 전통주의적 입장과도 준별된다. 동시에 이 점에 관한 한 그는 같은 모더니스트인 이상과도 뚜렷한 차별성을 유지하고 있다.
　근대의 파산과, 그 초극에 대한 논의에 있어 김기림이 보여준 태도는 이와 같은 추론의 정당성을 입증해주는 적절한 예가 될 것이다. 그의 그런 노력이 가시적인 성과물로 나타난 것이 평문「조선 문학에의

---

[69] 서준섭, op. cit.(1988), pp. 96~105.

반성 현대 조선 문학의 한 과제」70)이다.
 이 글에서 김기림은 신문학 성립 이후 서구적 의미에서의 근대에 대한 그 자신의 인식 변화와 그 속에 내포되어 있는 문제점, 대책 등에 대해 논의하고 있다. "조선에 있어서의 지금까지의 신문화의 '코스'를 한 마디로 요약하면 그것은 '近代' 추구였다."라는 그의 말마따나, 조선의 신문학은 30년이라는 짧은 기간 동안 서구가 5, 6세기에 걸쳐 걸어온 근대 문학의 형성 과정을 속성으로 체현해야 했다. 근대란, 어차피 "우리 밖에 있는 놀라운 새 세계"였으며, 동시에 '문명 사회'에로 향하는 외줄기 길로 인식되었기 때문이다. 그러나 김기림의 판단에 따르면, 그렇게 창황하게, 혹은 체한 대로 받아들여 왔음에도 조선의 신문학은 아직 근대 정신의 완전한 실현에 도달하지 못한 상태라는 것이다. 그 원인으로 그는 ① 동양적 후진성과, ② 근대화 과정의 비정상성을 들고 있다. "말하자면 '근대'라고 하는 것은 실은 우리에게 있어서 소비 도시와 소비 생활 면에 '쇼윈도'처럼 단편적으로 진열되었을 뿐"이다.
 그러나 1940년이라는 시대 상황 아래에서 진짜 문제는 실로 엉뚱한 곳에서 튕겨져 나왔다. 그것은 다름 아닌 "우리가 개화 당초부터 그렇게 열심으로 추구해오던 '근대'라는 것이 그 자체가 한 막다른 골목에 부딪쳤다는" 그 나름의 세심한 정세 판단에서 비롯되었다. 제2차 세계 대전 개전과 동시에, 불란서 혁명의 근원지이자 자유주의 이상 수호의 본거지라 믿었던 파리가 히틀러의 군화 아래 무참히 짓밟힌 사실은, 이 경우 조선의 사상계 내부에 방향 감각의 상실이라는 심각한 충격을 던져 주었던 것이다.
 그 곤혹감을 김기림은 다음과 같이 표현하고 있다.

---

70) 《인문평론》, 1940. 10(후에 『시론』 재수록 시의 제목은 「우리 신문학과 근대 의식」으로 고쳐져 있음)

'파리'의 낙성으로써 가장 상징적으로 표현된 곤혹이 바로 그것이다. 일찍이 李源朝 씨는 우리 논단의 원리의 상실을 통탄하였다. 원리의 상실이란 다름아닌 사상의 상실이라고 하면 오늘 남은 것은 思惟만의 形骸라는 것이 우리 자신의 속임없는 소묘일 것이다. 최근 10년간 우리가 끌어들인 여러가지 사상 '모더니즘'·'휴머니즘'·'행동주의'·'주지주의' 등등은 어찌 보면 전후 구라파의 하잘것 없는 신음 소리였으며 '근대' 그것의 말기적 경련이나 아니었던가. 그렇다면 대체 지난 10년 동안의 우리의 노력은 무엇이었나. 우리는 저도 모르게 한낱 혼돈을 수입한 것이며 열매 없는 徒勞에 그치고만 것일까.

뒤집어 볼 때 이러한 진술은 당시 식민지 조선의 지식인들이 그때까지 근대를 서구 부르주아 시민 계급의 논리와 전적으로 동일시했음을 인정하는 것에 지나지 않는다. 중세기적인 민족의 신화를 앞세운 파시즘에 의해 이제까지 추구해왔던 근대의 질서가 여지없이 허물어져내리는 사태를 바라보며, 그들이 겪어야 했던 의식상의 혼란과 당혹감이란 바로 위와 같은 것이 아니었을까. 전혀 예기치 못했던 이와 같은 사태에 직면하여, 당대 조선의 마르크시즘이나 모더니즘 양 진영 모두는 역사 일반을 향한 그들의 논리를 황급히 수정하지 않으면 안될 처지에 놓이게 된 셈인데, 그러한 수정이 내부적으로 만족스럽게 이루어지지 못할 경우 그것은 곧 논리 자체의 포기를 의미한다는 점에 이 사안의 중대성이 걸려 있다.

이 점에 대한 김기림의 대응책은 그다운 침착성과 성실함을 보여주는 것이다. 우선 그는 현실을 현실 자체로 인정하고 받아들이되, 이를 새로운 시대의 시작으로 보지는 말자고 제안한다. 즉, 당대 현실이 "세계사적인 중대한 '포인트'"에 처해 있는 것은 분명한 사실이지만, 이를 성급하게 역사에 대한 전망과 연결지으려는 태도는 금물이라는 것이다. 이러한 인식에 기초하여 그는 당대의 혼란을 미래를 위한 값

있는, 의미 있는 체험으로 긍정한다. 그리고는 다음과 같이 덧붙인다.

> 이 순간에 우리는 '오늘'이라는 것의 성격에 대하여 확고한 판단을 내리지 못하고 있다. 그것을 벌써 새로운 시대의 進水式으로 보고 경이는 벌써 시작된 듯이 말하는 사람도 있다. 그러나 한편으로 보면 시작된 것은 실은 아직도 새로운 시대가 아니고 '근대'의 決算過程이나 아닐까. 새로운 시대는 오히려 당분간은 먼 혼란과 파괴와 모색의 저편에 있는 것이나 아닐까. 그렇다고 하면 지금 이 순간에 우리에게 던져진 긴급한 과제는 새 세계의 구상이기 전에 먼저 현명하고 정확한 결산이 아닐까 한다.

근대의 파산이 이미 피할 수 없는 역사적 현실로 주어진 마당에, 보다 시급히 요구되는 것은 그것을 정확하게 결산하는 일이라는 주장이다.

여기서 그는 근대가 민족 의식의 확립으로부터 시작하여 그것과 더불어 유지 발전되어 왔다는 사실을 중시한다. 파시즘의 신화가 배타적인 민족의 권리를 담고 있는 것이라고 한다면, 그것은 결국 근대의 결산 과정에서 함께 청산되지 않으면 안된다. 요컨대 자민족의 우월성에 대한 강조란 김기림에 있어 전형적인 근대의 논법에 속한다. 그러므로 근대를 벗어나기 위해서는 무엇보다도 이러한 논법에서 탈피하여야만 한다. 그렇다고 그가 무작정 민족의 해체를 주장한 것은 결코 아니다. 민족은 민족 나름대로의 존재 의의를 지니고 있어서, 그것을 무시하고는 근대의 초극 또한 근원적으로 불가능하다고 생각했기 때문이다. 다가올 새로운 시대에 대비하기 위한 방편으로써 그가 역설한 것은 "민족을 내포하면서도 민족을 초월"하는 신질서를 발견해야 한다는 것이다. 제 민족은 민족의 자격으로 세계 문화의 창조에 이바지하여야 하며, 이 때 필요한 것은 서로간의 접촉과 포용과 존경을 위한 노력이 될 것이라고 보았다.

12. 경성고보 영어 선생 시절

日曜日 아츰마다 陽地 바닥에는
무덤들이 버슷처럼 일제히 돋아난다.

喪輿는 늘 거리를 도라다 보면서
언덕으로 끌려 올라가군 하였다.

  아모 무덤도 입을 버리지 않도록 봉해 버렸건만
  默示錄의 나팔소리를 기다리는가 보아서
  바람소리에조차 모다들 귀를 쫑그린다.

潮水가 우는 달밤에는
등을 이르키고 넋없이 바다를 구버본다.

　1939년 10월, 《인문평론》에 발표된 「공동묘지」라는 시다. 기괴하고 을씨년스런 이미지들로 가득 찬 이 시는 당대 현실에 대한 깊은 절망감을 형상화하고 있는 것으로 평가받고 있다. 그러나 이 시가 단순히 식민지적 현실에 기인한 패배 의식만을 그리고 있는 것은 아니다. 그것은 왜곡된 현재의 역사 저편에 존재하는 이상 세계에 대한 굳은 신념을 그 밑바닥에 내포하고 있는 것이기 때문이다. 그가 기다리는 '묵시록의 나팔소리'란 현재의 왜곡된 식민지적 현실이 언젠가 종말을 고할 것임을, 이어서 새로운 세계가 도래할 것임을 암시해주는 신호음이다. 그 소리를 기다리며 귀를 세워 쫑그리는 것. 이것이야말로 진정한

이 시대의 민족적 지성이 담당해야 할 임무라 여겼던 것이다. 일제 말기의 그 어려운 시기를 지내면서, 김기림은 자신만의 이러한 신념을 내내 잃지 않고 간직해나갔던 것이다.

이 시절, 조선 내에서의 일제에 의한 탄압은 점차 그 강도를 더해갔다. 1940년을 넘어서자 일제는 창씨 개명과 국어(일본어) 상용을 강제적으로 시행함과 동시에, 조선 민족의 영구 지배를 노린 철저한 황국 신민화 정책을 펴 나간다. 탄압의 검은 손길은 언론계에도 예외없이 뻗쳐, 급기야는 당시 양대 민족 언론 매체였던 동아일보와 조선일보가 총독부 기관지인 매일신보로 흡수, 통합되며 문을 닫는 사태가 벌어진다(1940년 8월). 이어 종합 문예지인 《문장》이 폐간되고(1941년 4월), 또 다른 종합지였던 《인문평론》은 《국민문학》으로 개칭되어 일제의 지배 체제에 적극 동조하는 친일 잡지로 변모하고 만다.

조선일보 폐간과 함께 직장을 잃고 집에 있던 김기림은 이즈음 거의 매일같이 찾아와 잡지에 원고를 게재해줄 것을 부탁하는 《국민문학》 주간 최재서의 요청에 시달리고 있었다. 일제의 강요에 못이겨 어쩔 수 없이 창씨개명을 하고는 말았다지만,[71] 백부로부터 물려받은 뿌리 깊은 그의 민족 의식과 지식인으로서의 양심은 그런 반민족적 친일 행위를 도저히 더 이상 용납할 수 없었던 것이다.

고향에 계신 아버지의 별세 소식을 접한 것이 바로 이 무렵이었다. 그는 이 일을 핑계 삼아 가족들은 경성(서울)에 남겨놓은 채로 고향 근처로 내려가 당분간 혼자 조용히 지내기로 한다.

당시 고향에서 얼마 떨어져 있지 않은 경성(함경북도 鏡城)에는 그의 동북제대 유학 시절 후배였던 金遵敏[72]이 이 지역 명문인 경성고보

---

71) 김기림의 창씨명은 '곤노(金野)'이다.
72) 다음과 같은 기록을 참고할 수 있다.
"김준민 선생은 경성고보에서 생물을 가르치고 있었는데, 이 분은 개성 송도고보를 졸업하고, 대동공전(大同工專)에서 수학 후, 1938년 동북제대 방계 입학 시험의 어려운 관문을 뚫고 합격, 동북제대 이학부 생물학과를 나온 분이었다. 김준민 선생이 동북제대에 입학했던 1938년에 김기림 선생은 같은 동북제대 법문학부 영문과 3

에서 교편을 잡고 있었다. 문득 그에게 생각이 미친 김기림은 고향 인근에 머무는 동안만이라도 함경북도 지방의 인재들이 모이는 그곳에서 제자들을 기를 수 있었으면 하는 희망을 갖게 된다. 김준민에게 그의 이러한 깊은 뜻을 전했던 그는 그 길로 경성고보의 영어과 교사로 부임하게 된다.

김기림이 경성고보에 자리잡게 된 데에는 김준민의 도움 외에, 이 학교의 일본인 교장이던 가메야마 립뻬이(龜山利平)의 힘이 크게 작용하였다. 동경고등사범학교 출신인 그는 매우 합리적인 사고방식을 지닌 인물로, 여타의 일본인 교사들과는 달리 평소 조선인 교사와 학생들을 마치 자신의 가족처럼 아끼고 위하였다. 당시 경성고보는 광주고보 혹은 동래, 함흥고보가 그러했듯이 학생 소요 사건이 흔히 있었던 학교이고 항일 사상이 대단히 강한 편이었다.[73] 그런 곳의 교장을 지내면서, 그는 조선인 학생들이 어려움에 처할 때마다 발벗고 나서 학생들 편에 서서 문제를 해결해내곤 하였다. 그는 김준민을 통해 김기림에 대한 설명을 듣자마자 쾌히 받아들일 것을 결정한다.

경성고보에서의 교사 생활은 이렇게 해서 시작되었다. 그들의 학교에 조선 문단에서도 널리 알려진 김기림이 부임하게 되자, 학생들은 그에 대해 지대한 관심과 기대를 갖게 되었다. 그런 그들을 가르치면서 그는, 일본 본토 유학까지 마친 엘리트 기자 출신의 자신의 경력을 과시하기보다는 여느 평범한 교사와 다를 바 없이 차분하게, 그러나 빈틈 없는 태도로 내실있는 교육을 위해 힘썼다.[74]

학년이었으므로 1년간 같은 대학에서 수학한 셈이었으나 그 1년간을 같은 하숙에서 보낸 사이였으므로 김준민 선생은 매사에 김기림 선생의 감화에 마음 깊이 느낀 바가 많은 분이었다."
이활, op. cit., 197.
73) 김규동,「아 기림 선생과 인환!」,『시인의 빈 손』(소담출판사, 1994), p. 81.
74) 경성고보에서 그가 가르친 제자로는 시인 김규동, 영화감독 신상옥, 언론인 이활, 동국대 교수였던 서경수, 만화가 신동헌 등이 있다.

교사로서 제자들을 가르치는 것을 제외하고는, 경성에서의 생활은 고적하기 짝이 없었다. 소설가 이태준에게 띄운 엽서에서 김기림은 경성의 인상에 대해 "실연이라도 당하고 울기 좋은 곳에 온 것 같은 조용한 벽지"[75] 로 소개하고 있다. 훗날 이 시절 그의 제자였던 김규동은 평소 이곳에서의 그의 생활을 다음과 같이 들려 준다.

시인에게 있어서 경성 시절은 삭막하기 짝이 없고, 또 외롭기 한이 없는 것이었을지 몰라도, 어느 한면으로는 사색하고 독서하며 스스로를 단련하는 뜻있는 시기가 아니었을까 느껴진다.
선생은 경성고보에 재직(1941년~1944년)한 사 년 동안 가족을 서울에 남겨두고 하숙집에 기거했는데, 선생의 독서량은 무서운 것이어서 매일같이 도서실의 책을 한아름씩 안고 퇴근하고 또 출근하는 부지런함을 보였으며, 밤이 깊도록 선생의 하숙집 방에는 불이 켜져 있었다.
아침에 일찍 일어나면 맑은 목소리로 흔히 영시 같은 것을 음독했는데, 어학은 쉬면 버리게 된다고 매일매일 연습하는 습관을 붙여야 한다는 것이 지론이었다.[76]

1943년을 고비로, 지리하게 계속되던 전쟁은 차츰 일본의 패색이 짙어지는 쪽으로 굳어져갔다. 미 공군의 B 29가 한반도 북쪽에 위치한 이 지역에까지 출몰하는 횟수가 점차 잦아졌다. 전세가 그들에 불리하게 돌아가자, 일제는 조선 내에서의 사상적 탄압과 단속을 더욱 강화한다. 적성 국가의 언어라는 이유로 각급 학교에서 영어 교육이 대폭 축소되거나 완전 폐지되는 사태가 속출하였다.
이 시절, 김기림에게도 당연히 어려움이 닥쳤다. 경성 고보의 영어

---
75) 이태준, 『문장독본』 수록.
76) 김규동, op. cit., p. 87.

과목 시간이 점차적으로 폐지됨과 동시에, 일제 고등계 형사들의 감시의 눈초리가 전에 없이 매서워지기 시작한 것이다. 평소 틈틈이 독학으로 수학을 공부했던 그는 영어 과목이 폐지되자 어느 틈엔가 수학 선생으로 변신한다. 그리고 고등계 형사들의 올가미에 걸려들지 모를 행동을 일체 자제하고, 학생들에게도 몸조심할 것을 신신당부함으로써 이 어려운 고비를 무사히 넘기는 데 성공한다.

1943년 11월 어느 날, 경성에 있는 김기림의 하숙집으로 서울에 있던 부인이 찾아온다. 부인과 더불어 경성에 있는 남대천변 과수원 오솔길을 산보 삼아 거니는 동안, 그는 이제 이 전쟁이 끝날 날도 얼마 남지 않았음을 예감하게 된다. 중요한 것은 전쟁이 끝나서 조국이 해방되는 그 날까지 일제의 끈질긴 협력 요청에서 벗어나, 지금까지 지켜왔던 민족과 역사에 대한 그 자신의 신념을 잃지 않고 어떻게 유지하느냐 하는 것이었다. 이미 이광수나 최남선을 비롯한 최재서, 임화 등 숱한 문단의 선후배, 동료 문인들이 저들의 회유와 강요에 못이겨, 혹은 역사에 대한 그릇된 판단으로 인해, 일제에 의해 조직된 어용 단체인 문인보국회에 가입하여 친일 문인으로 전향하고 말았다. 이제껏 그는 이런저런 이유를 붙여 그러한 협조 요청을 요령 있게 피해 온 터이지만, 전쟁이 막바지 고비로 치닫는 지금 더 이상 그런 식의 핑계가 통할 것 같지 않았다.

그 순간 그는 경성에서의 교사 생활을 청산하고 고향 근처 성진으로 갈 것을 결심하게 된다. 그는 남은 전쟁 기간 동안 가족들과 함께 낙향하여 고향 마을에서 조용히 묻혀 지내기로 작정한다.

13. 조국 해방의 감격과 새로운 출발의 의미

  8·15 해방을 고향에서 맞은 김기림은 얼마 후 서울로 올라온다. 처음 몇 달 동안을 장남과 함께 하숙하며 보냈던 그는 종로구 이화동에 새로 조그마한 2층집을 마련하여 생활하게 된다.
  역사에 대한 깊은 이해와 전망을 가졌다고 자부하던 그에게 해방은 과연 어떤 의미로 다가왔을까? 일찍이 근대 자본주의의 몰락을 예감하였던 그, 근대의 현명한 결산을 촉구하던 그의 사고 구조를 이해하는 데 있어 이 물음은 실로 중대한 의미를 지니는 것이다. 우리는 그 해답의 실마리를 다음에서 찾아볼 수 있을 것이다.

  八月 十五日은 分明 우리 앞에 偉大한 '浪漫'(로망틱)의 時代를 펼처 노았다. 그러나 또다시 感傷的으로 이 속에 耽溺하기에는 우리는 너무나 큰 洞察과 透視를 준비해야 할 것이다. 한 古典主義도 아니다. 한 象徵主義도 아니다. 한 超現實主義도 아니다. 우리는 모든 그런 것을 지나왔다. 인제야 우리 앞에는 大戰 以前에 좀처럼 想像할 수 없었던 새로운 世界가 誕生하려 하고 있다. 朝鮮은 門을 열고 이 世界와 마조서게 되었다. 이 새로운 世界 ― '올더쓰·헉쓸레'가 빈정댄 그런 意味가 아니고 眞正한 새로운 찬란한 世界 ― 가 완전히 人類의 것이 되기까지에는 아직도 여러 가지 陣痛이 있을는지 모른다. 그러나 먼저 透明의 前哨에 눈을 뜬 사람 또 먼저 먼 기이한 발자취에 귀가 밝은 사람들의 꾸준하고도 끈직한 努力만이 참말로 이 새로운 世界의 門을 열어 제낄 수 있을 것이다.[77]

---

77)「머리말」,『바다와 나비』

그가 꿈꾸었던 것은 바로 '大戰 以前에 좀처럼 想像할 수 없었던 새로운 세계'였다. 역사적 진공 상태를 전제로 한 이런 가정이란 언제나 극단으로 치닫게 마련이다. 따라서 그 세계를 바라보는 눈길은 마땅히 상징적인 것이지 않으면 안된다. 여기서의 상징성은 해방의 감격을 노래한 그의 시「世界에 웨치노라」에서 다시 극적인 형태로 부각된다.

> 여러 誤解와 敵意의 가시덤불에 쌓여
> 한갈래 좁고 가는 理解와 知慧의 길은
> 아직도 어둔밤「푸라티나」머리칼처럼 히미하게 떨릴 뿐,
> 너의 아름다운 世界 현란히 열릴 날 언제냐
> 오직 하나뿐인 世界 금가지 않은 世界로 향해
> 「사라센」의 휘장처럼
> 아츰안개 눈부시게 걷힐 날은 언제냐.

그의 눈길은 중간 단계의 논의도 생략한 채 곧장 '오직 하나뿐인 세계' '금가지 않은 세계'로 향하고 있지 않은가. 그리고 그것을 그는 단지 가능성의 수준에서가 아닌, 역사적 실제의 차원에서 이해하고 받아들였던 것이다.

이러한 그의 역사 이해는「기상도」에서 보인 모더니즘의 묵시록적 세계관으로부터 출발한 것이긴 하지만, 동시에 이미 모더니즘 자체의 사정권을 벗어난 지점에서 행해진 발언이라는 점에서 보다 문제적이다. 다시 말해, 근대에 대한 과도기적 인식을 기반으로 한 그의 모더니즘론은 이 지점에서 여지 없이 폐기되어버리고 마는데, 이와 함께 그의 문학론의 방향도 급격한 변화와 수정을 겪지 않으면 안되게 되었다.

1946년 2월 8일, 조선문학가동맹 주최의 전국 문학자 대회에 참가한 김기림은「우리 시의 방향」이라는 제목의 강연을 통해, 문학인을 포함한 이 땅의 전지식인들을 향해 근대 청산의 문제와 초근대의 문제를

동시에 제기하고 있다. 한 걸음 나아가 그는 역사에 있어 그러한 역할을 다름 아닌 우리 민족이 담당하여야 한다고 주장한다.

문화의 건강을 회복하기 위하여도 근대는 이번 전쟁을 통하여 스스로 處刑의 하수인이 되었던 것으로 알았다. 우리들의 신념은 오늘에 있어서도 그것을 수정할 아무 필요도 느끼지 않는다. 오늘 전후의 세계는 물론 '근대'의 결정적 청산을 가져오지 못하고 있다. 또 이 나라 안에서만 해도 8·15 이후 오늘까지 이르는 동안의 혼란한 정치적 정세는 우리들이 기대하는 새로운 세계의 탄생의 진통으로만 보기에는 너무나 병적인 데가 있다. 그러함에도 불구하고 우리는 주장한다. 새로운 시대가, 근대를 부정하는 새로운 시대가 지구상의 어느 지점에 시작되어도 상관이 없을 것이다. 세계사의 한 새로운 시대는 이 땅에서부터 출발하려 한다. 또 출발시켜야 할 것이다.

문학자 대회에서 행한 강연 원고임을 감안한다 하더라도 그의 논리는 심하게 비약되어 있으며, 또한 의욕 과잉, 감정 과잉의 상태임을 알 수 있다. 그러나 해방이라는 전에 경험해보지 못했던 압도적인 국면의 등장은 김기림으로 하여금 위에 서술된 내용이 실제 가능하다고 여기게끔 만들었다.

새로운 시대를 열어나가기 위한 문학인, 학자로서의 그의 노력은 곧 실행에 옮겨진다. 해방된 조국을 위해 자신이 담당해야 할 임무가 너무도 많음을 느꼈던 그는 시간을 쪼개어 자신에게 부여된 모든 일들을 의욕적으로 처리해나갔다. 이 무렵부터 그는 서울대 사대와 연희대, 중앙대 등의 영어과 전임 교수로, 그리고 그밖의 몇몇 대학에서는 강사로 분주하게 활동한다. 한편, 해방 이전 자신이 썼던 글들을 모아 『바다와 나비』(시집, 신문화연구소 刊), 『시론』(시론집, 백양당 刊), 『바다와 육체』(수필집, 평범사 刊) 등을 차례로 펴내었고, 아울러 『문학개론』(개론서, 문우인서관), 『새노래』(시집, 아문각), 『과학개론』

(번역서, 을유문화사), 『학생과 학원』(교양서, 수도문화사), 『시의 이해』(시론서, 을유문화사), 『문장론 신강』(학술서, 민중서관) 등을 새로 발간한다. 인간의 능력 범위를 넘어선, 가히 초인적인 작업량이라 하지 않을 수 없다.

14. 과학적 시학의 추구 : 『시의 이해』

해방이 되고 난 후, 김기림은 리처즈 이론에 대한 그간의 연구 성과를 일차 정리할 기회를 갖는다는 의미에서 『시의 이해』(1950)라는 이론서를 출간하게 된다. 1930년대 이후 줄곧 리처즈에 대해 지대한 관심을 가지고 연구를 계속하였던 그는 리처즈 이론의 수용과 비판을 기반으로 한 독자적인 시론의 정립을 위해 매달렸다. 여기서 그는 자신이 수행하는 시 이론의 체계화 작업의 궁극적인 목표로 '과학적 시학'의 수립이라는 거창한 주제를 설정한다. 주로 시의 기능적인 측면에 초점을 맞춘 이러한 논의는 김기림 자신의 과학에 대한 열정을 대변해 주는 것이기도 하다.

과학에 대한 김기림의 열의가 얼마나 컸던가 하는 것은 그의 글 곳곳을 통해 충분히 입증될 수 있을 것이다. 일례로 그는 근대를 넘어서는 새로운 세계에 있어서의 가장 신뢰할 수 있는 조언자로 과학을 서슴없이 꼽았다.[78]

이와 같이 과학적 태도와 방법 등에 대해 깊이 매료되었던 그는 자신의 평소 주된 관심 분야인 시의 '사실'에 대한 체계적인 이해를 위하여 과학적 시학이 필요함을 느끼게 된다. 때맞춰 비슷한 시기에 접하게 된 리처즈의 치밀한 비평론은 그러한 그의 시도에 한층 자신감을 불어넣어주게 되었다.

이미 전체로서의 시 이론을 주장할 무렵부터, 그는 이와 관련된 자신의 생각을 구체화시키기 위해 노력했다는 사실을 알 수 있다. 시란

---

[78] 「조선 문학에의 반성-현대 조선 문학의 한 과제」

'유기적 화합 상태의 전체'라는 전체시론의 인식이야말로 그가 과학적 시학의 수립을 위해 뛰어든 가장 큰 이유였을 것이다. 그는 언어학과 심리학을 양 축으로 한 리처즈 비평론의 기본 구조를 거의 완벽하게 이해하고 있었다. 그리고 무엇보다도 리처즈의 언어관과 비평론을 연결하는 연결고리가 심리학적 지식임을 간파하고, 그것을 과학적 시학의 체계화를 이루기 위한 하나의 발판으로 삼았다.

그러나, 물론 그가 리처즈의 이론을 맹목적으로 추종하기만 한 것은 아니었다. 시란 원래 정서적인 용법에 국한된 것이며, 따라서 그것의 체계적인 이해를 위해서는 심리학이 원용되어야 한다는 주장에 대해서는 김기림도 원칙적으로 동의하였지만, 그는 거기서 한걸음 더 나아가 이 정서적인 용법이라는 것도 따지고 보면 결국 사회, 역사적인 규제에서 자유로울 수 없는 것이라고 생각했던 것이다.

> 시는 이렇게 물론 심리학적 사실로서의 면을 가지고 있지만 그 면을 성립시키는 것은 일정한 문화적 전통의 약속이며, 뿐만 아니라 그것은 늘 문명의 일정한 단계의 역사적 특징을 반영하며 그 시대의 문화의 제 면과의 사이에 상호 교류의 작용을 가진다. 다시 말하면 시는 이리해서 늘 일정한 역사적 사회에 형성되는 산물이다. 따라서 문명의 어느 특정한 단계의 뭇 특징과 그 시대의 시의 특징과의 사이의 상관 관계를 밝히며 같은 시대의 다른 문화의 뭇 부면과의 사이의 교류를 더듬어 찾는 일은 詩史가 하는 일이나, 시의 역사적 사회적 事實로서의 면을 그 일반적 성질에서 설명하는 것은 시학의 남은 半面이다.[79]

시의 심리학적 사실과 역사적 사회적 사실. 그가 보기에 이 두 면은 동전의 양면과 같은 것이어서, 그들을 따로 떼어 생각한다는 것은 있

---

[79] 「과학으로서의 시학」

을 수 없는 일이다. 이런 각도에서 볼 때, 리처즈가 제시한 방법론만으로는 일면적임을 면치 못한다. 심리학적 지식만으로 시의 모든 현상을 설명하기에는 실상 너무도 다양한 역사적 사회적 요소가 이미 그 속에 스며 있는 까닭이다.

이상에서의 논의를 종합해볼 때, 김기림이 주장하는 과학적 시학의 윤곽이 어렴풋이나마 떠오르게 된다. 그는 시의 해명을 위한 구체적인 도구로 심리학과 사회학을 내세웠다. 한편 시는 언어의 한 형태인 까닭에, 이러한 과학적 시학에서의 심리학과 사회학적인 지식은 반드시 언어학의 범위 내에서 다루어져야 할 것이다.

『시의 이해』를 통해 그는 시의 심리학과 사회학을 두 중심축으로 하는 과학적 시학의 기본 골격을 선보인다. 시의 심리학에서 그가 주목했던 것은 시적 경험의 문제였다. 이에 따라 그는 그 특성을 "① 여타의 경험과 같되 잘 조직된 것, ② 전달 가능한 것, ③ 통일성과 전체성을 지닌 것, ④ 지적 기능과 구별되는 정의의 기능에 속하는 분야의 것"이라는 4가지 항목으로 정리하고, 리처즈의 설명에 자신의 생각을 일부 가미하여 이를 해명해나간다. 그러나 시가 미치는 효과면, 즉 '태도'의 문제와 '가치'의 문제에 대해서는 리처즈의 설명이 만족스럽지 못하다고 생각하고, 이 부분의 해명을 위해서는 사회학의 원리까지를 도입해야 하리라고 보았다. 결국 그는 자신이 의도했던 시의 사회학을 부분적으로만 완성하였으나, 그 방향성과 성격만큼은 분명히 드러내 보인 셈이다. 한가지 특징적인 것으로, 그가 리처즈 비판에 주로 기대었던 이론은 New Country 派의 이론가들인 마이클 로버츠(M. Roberts)와 오올릭 웨스트(A. West)의 것이었다는 점이다.[80]

---

80) 김기림이 자주 인용했었던 이들의 장서(로버츠의 *Critique of poetry*와 웨스트의 *Crisis and Criticism*)가 서울대 도서관에 소장되어 있음을 확인할 수 있었다. 이러한 사실로 미루어 보건대, 김기림은 이 책들을 서울대에 출강할 무렵, 접했던 것같다. 책의 내용을 훑어 보면 로버츠의 경우, 시가 가지는 정서적인 면을 인정하면서도 동시에 사회적인 접근 방식의 필요성도 주장한다. 이는 웨스트가 시의 모든 가치

시의 세부적인 면들에 대해 어느 정도 이해를 갖추게 된 그는, 다시 그의 오랜 지향점이었던 유기적 구조를 해명하는 문제로 눈을 돌린다. 지금까지 그는 시에서 유기적인 것을 주장해 왔으면서도 끝내 형식 논리의 수준을 벗어나지 못했는데, 시의 과학적 해명에 어느 정도 성공한 이후, 그는 드디어 매개로서의 의의학(의미론)의 원리를 발견하게 된 것이다. 이러한 설명에 따른다면 시의 심리학(미시적 방향)과 시의 사회학(거시적 방향)은 다만 시학의 체계 내의 층위상의 차이일 뿐, 형식 논리에서와 같은 대립되는 2항 구조의 성격을 지니지는 않는다.

시를 언어의 일종으로 보고 그 의미를 연구한다는 것, 그것은 단순한 언어학적인 접근만을 뜻하지는 않는 것이다. 리처즈는 이 점에 주목하여 언어학적 연구 외에, 그것을 둘러싼 심리학적 측면에 대한 연구가 필요하다고 여겼다. 리처즈의 입장은 이 심리학적 층위까지만 내려오면 시에 대한 이해는 비교적 완벽해질 수 있다는 것이다. 그러나 김기림은 리처즈의 설명 방식이 효과적임은 인정하였지만, 그것만으로는 턱없이 부족하다고 생각했다. 그래서 그는 다시 시가 가지는 사회학적인 측면에 대한 해명도 필요하다고 주장한다. 과학적 시학이 계획되게 된 경로는 이와 같다.

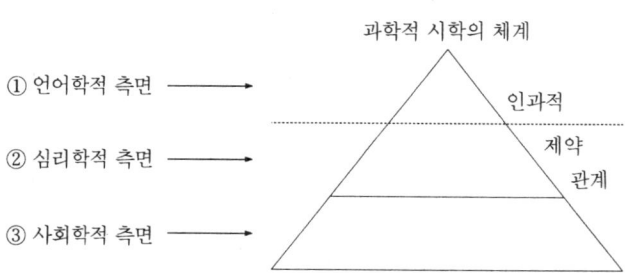

는 결국 그 사회적인 면에 수렴해야만 한다고 주장한 것과는 다소 차이를 보이는 것이다. 따라서 웨스트가 짙은 사회주의적 색채를 띤 인물이라면, 로버츠는 비교적 온건한 쪽에 해당된다고 할 수 있다. 그러나 김기림은 리처즈 비판이라는 시각에서 이들의 논의를 별 구분 없이 동등하게 인용하고 있다.

김기림이 마음 속으로 그려 보았을 자신의 시학 체계는 분명 이와 같은 것이었으리라. 이 도표상에 나타난 세 층위는 각각 자체 내의 독자적인 질서를 가지고 있다. 그러나 또한 이들은 인과적 제약 관계에 의해, 전체의 질서에 합치되도록 재정립된다.[81]

시의 심리학이 가지는 미시적 방향성과 시의 사회학이 가지는 거시적 방향성은 그 자체만으로는 의미가 없다. 양자가 언어학, 특히 의의학[82]의 문제를 염두에 두고 상호 연관될 때만이 의미를 갖는다. 왜냐하면 과학적 시학의 내적 통합 원리란 다름 아닌 의의학의 원리이기 때문이다.

김기림이 이러한 과학적 시학의 세부 내용을 완성하지 못한 채 북으로 피랍되어간 것은 우리 학계로서는 무척 안타까운 일이 아닐 수 없다. 그러나 그 책임은 김기림 개인에게 있다기보다는 마땅히 우리의 혼란스러웠던 지난날의 역사에 있다고 해야 옳을 것이다. 만일 그가 좀더 일찍, 이 시학의 구조를 보다 진전된 모습으로 내놓았었더라면 하는 아쉬움을 남기게 하는 대목이다.

---

81) 이렇게 본다면 『시의 이해』에서 제시한 이론은 시의 심리학의 내적 원리와, 그것과 시의 사회학간의 관계의 일부에 대해서만 언급한 것이다. 따라서 아직도 시의 사회학이 가지고 있는 내적 메커니즘과, 또한 심리학과 사회학 간의 관계에 대한 전체적인 해명은 이루어지지 않은 상태이다.

82) 여기서의 의의학이란 용어는, 일반적으로 볼 때는 의미론을 가리키는 것이나, 보다 포괄적인 개념으로 사용된 듯하다. 아마도 '광범한 의미의 관념 형태론(「부록 : I. A. 리처즈 비판」)'이 그가 말하는 의의학일 것이다.
위의 도표를 토대로 김기림의 논리를 풀어 보면 다음과 같다. 시의 인과적 제약의 방향은 ③ → ② → ①의 방향이다. 반면 시를 해석하는 방향은 그 역순인 ① → ② → ③의 방향이다. 따라서 시를 이해한다는 것은 이러한 교차된 관계망 속에서 역동적으로 생산되는 시의 '의미'를 포착하는 것이다.

15. 월남, 6·25, 납북 : 영원한 이별

일제의 패망과 동시에 한반도에는 미·소 양국의 군대가 일본군의 무장 해제를 위해 진주하게 됐다. 애초 그들의 군사적인 편의를 위해 임시로 설정되었다던 38선은 시간이 지남에 따라 점차 국경 아닌 국경선으로 굳어져가고 있었다. 해방 후 얼마 지나지 않아 서울에서 장남과 함께 지내던 김기림은 그러한 사태를 근심스런 눈길로 지켜보고 있었다.

그 무렵 그는 임화와 이태준이 주축이 된 소위 문학가동맹에서 시분과 위원장으로 활동하고 있었다. 그가 좌우 합작 성향의 이 단체 임원을 맡은 것은 순전히 해방된 조국에 대한 기대감 때문이었다. 좌익이니 우익이니 하는 구별은 이미 지나간 구시대의 유물이라고 생각했던 그는 전문단적인 성격을 지닌 이 모임이 자신의 이상과 포부를 펼치기에 적합하다고 판단했던 것이다. 그러나, 그러한 그의 순수한 열정과는 달리, 이 모임은 처음부터 카프의 서기장 출신인 임화의 치밀하고도 의도적인 계산 아래 조직된 단체였다. 몇 차례 강연에 동원된 끝에 문학가동맹의 실체를 파악하게 된 그는 1948년 10월, 최종적으로 이 단체와의 관계를 정리한다.

한편, 그는 바쁜 서울 생활 와중에서도 늘 고향에 두고 온 가족들에 대한 걱정으로 마음이 편치 못했다. 아내가 고향 집에 남은 것은 재산 관리를 위한 어쩔 수 없는 선택이었다. 그러나 이제는 벌써 사정이 달라지고 있다. 이미 북쪽에서는 대대적인 토지 개혁을 시행, 지주들의 토지를 강제적으로 몰수하고 있다지 않은가. 대지주 출신인 그의 가족에게 해가 미칠 것은 불을 보듯 뻔한 일이었다. 그 와중에 처와 어린

자식들이 행여 다치지나 않을는지…….

1947년 6월 김기림은 가족들을 데려오기 위해 38선을 넘는다. 평양을 거쳐, 몰래 고향에 도착한 그는 가족들을 월남시키기 위해 백방으로 노력한다. 그리하여 우선 가족중 3남매를 이끌고 남으로 내려오는 데 성공한다. 이때 가산 뒷정리 관계로 부인과 막내아들(세훈)은 당분간 고향집에 머물러 있기로 한다.

그러나 북에서의 생활을 견디다 못한 그의 부인은 그 이듬해인 1948년 봄, 막내아들과 함께 주위의 눈을 피해 몰래 월남한다. 이로써 오랜만에 전 가족이 모여 서울 이화동에 있는 집에서 함께 생활하게 된다. 아마도 김기림으로서는 이 무렵(1948년 봄~1950년 6·25 직전)이 그의 일생 중 가장 행복했던 시절이었을 것이다. 그러나 행복했던 그 시절은 그리 오래 지속되지 못했다. 얼마 지나지 않아 6·25 사변이 터진 것이다.

전쟁이 나자, 수도 서울은 단 3일 만에 맥없이 함락되었다. 인민군의 서울 점령 소식을 듣고서 김기림은 한동안 집에서 두문불출하며 바깥 출입을 삼가한다. 함부로 나다니다가 북쪽에서 온 사람들에게 붙들리기라도 하는 날에는 월남한 지주 출신의 인텔리 지식인인 그를 그쪽에서 가만 놔둘 리가 없었다. 그는 앞으로 어떻게 해야 할지 고민에 빠진다. 피하는 것이 상책이나, 남아 있는 가족들에게 미칠 화를 생각하면 이러지도 저러지도 못할 형편이다. 이윽고 그는 장남인 세환을 2층 그의 서재로 불렀다.

"지금 현재 우리 사정이 이렇구나. 내가 앞으로 어떻게 했으면 좋을지, 네 의견을 듣고 싶어 불렀다."

당시 고등학생인 장남 세환은 이 때 아버지의 약한 모습을 처음 보았다. 항상 그의 마음 속에 아버지 김기림은 어떤 경우에도 당황하지 않고 흔들리지 않는 거인과 같은 존재로 자리잡고 있었던 것이다.

잠시 머뭇거렸던 그는 단호하게 자신의 의견을 말한다.

"여기 일은 저와 어머님이 어떻게든 꾸려나갈테니, 아버님일랑 일단 몸을 피하시는 게 좋을 것 같습니다."

그러나 그 말을 들은 김기림은 묵묵부답이었다. 쉽게 결정내릴 일은 아니었기 때문이다. 세환을 돌려보낸 그는 또다시 깊은 고민에 빠진다.

이틀 후, 그는 가족들을 좀더 안전한 곳으로 피난시킬 요량으로, 재직 중이던 학교에 가서 동료와 함께 이 일을 의논하기 위해 처음으로 집 바깥으로 나갈 결심을 한다. 일말의 불안감이 머릿속을 스치고 지나갔으나, 쓸데 없는 걱정이겠거니 하고 스스로 침착하게 가다듬었다. 가족들에게는 잠시 다녀올테니 염려 말고 집이나 잘 보고 있으라고 안심시킨 후 현관 쪽을 향해 몸을 돌렸다.

순간, 예감이었을까? 현관께 이르러 그는 잠시 자신도 모르게 발길이 멈칫, 떨어지지 않는 것을 느꼈다.

'뭐…… 별 일이야 있을라고…… 이 친구 기다리고 있을텐데. 어서 가봐야지.'

아내와 아들을 흘낏 한 번 둘러본 그는 재차 바삐 그의 발걸음을 옮겼다.

그러나, 그 길이 다시 돌아오지 못할 길이 될 줄은 그도, 가족들도 예상치 못했다.

이 때 당시의 사정에 대해 제자인 김규동은 다음과 같이 이야기하고 있다.

기림 선생이 납북된 것은 1950년 6월 30일이다. 인민군이 서울에 들어온 바로 다음날이었다.

6·25가 나자 선생은 곧 피난을 할 계획으로 27일 밤에 가족을 데리고 이화동 집을 떠나 한강으로 나섰다. 그러나 한강 다리는 이미 막히고 피난민 대열은 인산인해를 이뤄 대혼란을 빚고 있었다. 나루를 건너 다니는 배를 타려 하여도 사람이 하도 몰려서 이리 밀리고 저리 쏠리는 인파 속에서 어린아이들을 데리고 배를 탄다는 것은 도

저히 불가능한 일이었다.

 더욱이나 선생의 심성으로 봐서 못 건너면 못 건넜지 남을 밀치고 떼밀며 아귀다툼하면서까지 자신의 안전을 도모할 엄두를 내지 못했을 것이다.

 백사장에 앉아 강건너 마을을 바라보다가 하는 수 없이 가족을 데리고 도로 집으로 돌아왔다.

 도대체 세상이 어떻게 돌아가는지 암흑 바로 그것인 이틀이 지난 30일 낮, 당시 강의를 맡고 있던 서울대 사대(사대는 당시 을지로 6가에 있었다)에 나가본다고 을지로 입구를 지나다 북에서 온 고향 청년들에 의해 붙들려 갔다.

 고향 청년들은 차를 세우며
 "선생님, 오래간만입니다. 잠깐 타십시오."
 했다는 것이다. 고향 청년들이란 바로 성진 출신 젊은이들이다.

 이리하여 곧 서대문 형무소에 수감되고, 얼마 후 다른 많은 저명 인사들과 더불어 사슬에 묶여 북으로 끌려가는 몸이 되었다.[83]

 김기림을 납치해간 고향 청년, 그는 전쟁이 일어나기 이전에 이미 북에서 파견되어 활동하던 인민정치보위부 출신의 기관원이었던 것으로 밝혀졌다.

 가족들에 따르면, 6·25가 나던 해인 1950년, 김기림은 미국에 교환 교수로 갈 예정이었다고 한다.[84] 만일 그가 조금만 더 빨리 미국에 건너 갔었더라도, 아니 전쟁이 조금만 더 늦게 일어났었더라도, 그는 자신 앞에 닥친 그 엄청난 불행을 피할 수 있었을 것이다. 운명의 장난이라기엔 너무나도 가혹한 결과가 아닐 수 없다.

---

83) 김규동, op. cit., pp. 101~102.
84) 강유일, 「김기림 미망인 김원자 여사 대담기사」《주간조선》, (1987. 8)

□ **附記**

    북으로 간 이후 김기림의 행적에 대해서는 아직까지 공식적으로 확인된 바가 없다. 그간 북에서의 그의 행적을 추적했던 몇 권의 서적들은 서로 다른 내용의 기술을 보이고 있어 혼란만을 가중시키고 있을 뿐이다. 또한 북쪽에서 발간된 자료들을 검토해보더라도 그가 그곳에서 특별히 문필 활동 또는 사회 활동에 참여했다는 증거는 발견되지 않는다. 다만 그간 귀순자들의 입을 통해 납북 이후 교화소에서의 수형 생활을 거쳐 풀려난 그가, 한동안 평양 소재의 국립 극장 말단직으로 근무했었다는 증언이 있었긴 했지만, 사실인지의 여부는 미지수이다.

    전쟁이 끝난 후, 대한민국 정부는 뜻밖에도 그를 월북자로 분류했다. 그 후 각급 학교 교재를 포함한 모든 공공 서적에서 그의 이름은 완전히 삭제되었다. 간혹 연구 차원에서 현대 문학사 정리를 위해 불가피하게 언급되어야만 할 경우도 있었으나, 그런 경우에도 단지 '김○림', 혹은 '김기○' 등으로 호칭되는 것이 허용될 뿐이었다. 이 땅의 위대한 문인, 30년대 대표적인 모더니스트였던 김기림의 존재는 그렇게 세인들의 기억 속에서 점차 사라져가는 듯했다.

    정부 차원에서 그가 월북 문인이 아닌 납북 문인으로 재분류되고, 그와 그의 문학 작품이 정식으로 해금, 복권의 절차를 밟게 된 것은 그가 강제로 납북된 지 만 38년이 지난 뒤인 1988년의 일이다. 오랜 세월 동안 그를 잊지 않고 기억했던 사람들이 백방으로 뛰어다니며 애쓴 결과였다. 38년이라는 긴 세월 동안, 남편을 다시 만나볼 날만 애타게 손꼽아 기다리던 부인 김원자(본명 신보금) 여사는 해금이 있고 나서 얼마 후인 1991년, 끝내 눈을 감고 말았다.

    남아 있는 그의 가족, 6·25 당시 경기고등학교 3학년생이던 장남 세환 씨 일가는 현재 서울 은평구 증산동에 살고 있다.

V. 金起林 연구논집

現代詩의 生理와 性格/ 최재서
金起林 즉 모더니즘의 口號/ 송　욱
金起林 論/ 朴喆熙
모더니즘 超克의 시도/ 김용직

現代詩의 生理와 性格
―― 長篇詩 『氣象圖』에 대한 小考察

최 재 서

　金起林의 장편시 『氣象圖』가 출판된 것을 기회삼아 현대시에 대한 몇가지 의견을 말하고자 한다. 이 글은 동시에 이 詩를 이해하는 데 도움이 되고 또 일면 그 비평도 되기를 기대한다.

主題와 기교

　우리들은 시를 볼 때에 우선 그 주제가 무엇이냐고 묻는다. 그로써 그 시의 내용을 대강 예상하려고 한다. 결국 그것이 그 시를 이해하는 데에 큰 도움이 되기 때문이다. 그래서 맨 처음 그 제목을 상식적으로 해석한다. 이 상식적 선입관은 최후까지 그 시를 이해하는 열쇠가 되고 만다.
　그러나 이러한 전통적 방법을 가지고 이 시에 접근한다면 그는 대단히 실망할 것이다. 이 시의 제목 『氣象圖』라는 것부터가 상식적 예측을 벗어나는 데에다 이 시를 읽고 나서도 그 주제는 역시 포착하기 곤란하기 때문이다. 그 테마는 무엇이냐? 이것이 이 시의 이해의 앞에 가로놓여 있는 우선 중대한 문제이다.
　이 문제에 관하여 우선 분명한 것이 두 가지 있다. 그것은 즉 이 詩가 (1) 현대를 대상으로 삼았다는 것, (2) 전세계를 재료로 삼았다는 것이다. 이 시의 현대성은 역사책의 현대성이 아니라 실로 신문의 그것이다. 「伊·에전쟁」과 南米의 국제분쟁 등을 대상으로 하는, 즉 우리가 오늘 듣고 보고 살고 있는 현대이다. 그리고 이 시인의 시야는 近東 지방으로부터 유럽, 남미, 아프리카, 중국 대륙 등으로 전개된다.

그리고 조선 都會의 어느 뒷골목도 아마 그 시야의 한구석을 점령하였을 것이다.

그러나 이 시의 대상이 현대세계라는 대답만으로선 독자의 궁금증은 가라앉지 않을 것이다. 그 내용을 좀 더 구체적으로 미리 짐작하고 싶어할 것이다. 시인은 어떤 입장에서 현대 세계의 어떤 단면을 관찰하였으며 또 어떤 사상으로써 그것을 비평하고 어떤 결론을 얻었는가? 이런 등속의 무수한 질문이 나올 것이다. 장편시라면 의례히 시인의 인생관이 나타나 있어야 하고, 인생관을 내세운 이상 그 시인은 모든 방면으로부터 사상적 검토를 받을 의무가 있다고 생각하기 때문이다. 이것은 우리들의 전통적 관념이다. 그러나 金氏의 시는 이러한 敎義問答式 검토에 만족한 대답을 줄까?『氣象圖』는 이 모든 질문에 대하여 일일이 신통한 대답을 들려주지 못할 것이다. 그렇다고 이 시가 우리에게 아무 것도 들려주는 것이 없다는 것은 아니다. 별다른 길로 접근한다면 이 시는 많은 선물을 갖다 주리라. 이 시인은 무엇보다도 건강한 시인이다. 이 세계를 정력적으로 탐사하고 그것에 대하여 건전한 판단을 내린다. 그는 현대 세계를 폭로도 하고 비평도 하고 그리고 더 많이 풍자한다. 그러나 그는 그 반면에 있어 미소롭고 우울하고 비참한 단면도 그저 지나치지 않는다. 더구나 현대 지식인이 가지고 있는 모든 상모를 여실히 우리에게 보여준다.

그러나 한 마디로써 하면『기상도』의 테마는 무엇이냐? 현대 세계에 한 말로써 부를 수 있는 통일적 주제가 없는 것과 마찬가지로 이 시에도 단일한 주제는 없다. 그래서 주제로부터 출발하여 시로 들어간다는 전통적 방법을 버리고 직접 시로 들어가 보자. 모든 인습적 선입관을 내버리고 시인이 끌고 가는 대로 따라가면 우리도 이 시인이 본바 현대 세계의 幻視를 또한 볼 수 있을 것이다.

이상으로써 이 시를 이해하려면 주제로부터 출발하여 사상적 외부적으로 접근하지 말고, 별다른 길을 취해야 할 것이 분명하다. 그 별다른 방법이란 氏의 기교에 대한 예비지식이다. 김씨는 이 시에 있어서 많은 기교적 실험을 하였고, 그 새로운 기교는 또 그 내용과 불가분한 관계를 맺고 있다. 나는 우선 그의 기교의 몇가지 특징을 들어 논평코자 한다.

  1. 이미지(心像)의 잡다성. 氏는 모든 방면에서 재료를 구하였다. 그 이미지는 氣象學, 地文學, 政治史, 古典 등으로부터 旅客機, 傳書鳩, 成層圈 에텔에 미쳤고, 기타 시에 나올 만한 혹은 여태까지 나오지 않았던 이미지들이 등장하였다. 이것은 시인의 풍부한 지식을 말함은 물론이려니와 또한 그 시적 정신이 넓고 탄력적임을 말하는 것이다. 詩材의 확대는 현대시의 가장 중대한 특징의 하나이다.

  다만 이 잡다한 이미지들을 통일하여 그들에 질서를 준다는 점에 있어선 현대시인이 약점을 폭로하는 경우가 많다. 김씨의 작품에 있어서도 좀더 강력한 통제를 요하는 곳이 있다. 「市民行列」에 있어서의

    필경 洋服입는 法을 배워낸 宋美齡女史

라든지, 「태풍의 起寢時間」에 있어서의

    和蘭船長의 붉은 수염이 아무래도 싫다는 딱곰쟁이

라든지는 시의 통일을 파괴하여서까지 시인 자신의 지적 흥미를 만족시킨 듯싶다.

  2. 논리적 연락의 결여. 김씨의 시를 읽으면 한 이미지와 다음 이미지, 한 줄과 다음 줄, 한 절과 다음 절 사이에 아무런 논리적 연락도 없다. 이것이 독자의 이해를 퍽 어렵게 하는 한 원인이다.

  원래에 시는 설명이 아니라, 直觀의 말이다. 사물 그 자체로 하여금 독자에게 말하게 하는 것이 시의 王道이다. 따라서 시인은 對象과 讀者 사이에 시인 자신의 주관의 베일을 될 수 있는 대로 걷어 버리려고 한다. '그래서'라든가 '그러니까'라든지 '그리고'라는 등속의 접속사

를 생략함은 물론, 한 심리상태에서 다른 심리상태로 이동하여 가는 경로에 대한 설명까지도 생략해 버린다. 이것은 현대파 시인들이 즐겨 사용하는 수법이어서 가장 유명한 실례는 영국의 엘리엇이다.

3. 收約的 효과. 그러면 현대파 시인이 전통적 형식을 파괴하고 독자 측에 난해하다는 불평을 일으키면서까지 이같이 收約的으로 글을 쓰는 동기는 무엇인가? (1) 필요한 모든 설명을 넣었다간 예외적으로 복잡다단한 현대 사회의 묘사는 엄청나게 방대한 장편시가 될지니 그것을 피하려 함이다. 『氣象圖』에서 일례를 인용한다면 「병든 풍경」 가운데에

  짓밟혀 늘어진 白沙場 우에
  매맞아 검푸른 「빠나나」 껍질 하나
  부풀어 오른 구두 한 짝을
  물결이 차던지고 돌아갔다.
  海灣은 또 하나
  슲은 典說을 삼켰나 보다.

라는 일절이 있다. 이 6행시 가운데에 길고 긴 悲劇이 압축되어 있음을 우리는 깨닫는다. (2) 이 收約的 文體로 말미암아 결과되는 언어의 경제와 스피드 感은 무조건하고 현대인의 취미에 맞는다.

위에서 기교상 특징을 든 것은 시에 통일이 없어도 좋다는 것을 변명하자는 말은 아니다. 현대시가 아무리 표면에 논리적 연락이 없다 할지라도 내용적 통일만은 가져야 할 것이다. 현대파 시인은 이 내면적 통일을 感性의 일관성에 의하여 구하려고 한다. 그는 유사한 이미지 또는 대조되는 이미지로 시의 한 절을 구성하되 그 하나하나가 가지고 있는 辭典的 의미에 가치를 두는 것이 아니라 그것들이 만들어 내는 시추에이션(局面)—특히 그 국면에서 자연스럽게 우러나는 센티멘트(感性)에 통일의 계기를 둔다.

이런 점으로 볼 때에 『기상도』는 과연 얼마나한 내면적 통일을 성취하였을까? 이 점에 있어서 가장 많이 성공한 부분은 「자취」와 「병든 풍경」의 2장이다. 전자에 있어선 현대를 풍자하는 진지하고 신랄한 정신 밑에 표면상은 아무 연락도 없는 心像들이 다금 다금 배치됨으로써 각기 적절한 역할을 연출하고 있다. 후자에 있어서도 각 장면은 서로 아무런 연락도 없으면서도 그들이 빚어내는 시추에이션과 그 시추에이션에서 우러나는 센티멘트 — 현대인의 피곤하고 삭막한 심리상태를 서로 서로 도와가며 意匠化하였다. 그러나 「시민행렬」과 「태풍의 起寢時間」에 있어 이만한 긴박미를 맛볼 수 없음은 어쩐 까닭일까? 그것은 신인의 지식과 위트를 표시하기에 분주하여 그들의 내면적 통일을 돌보지 않은 까닭이 아닐까?

감각과 지성

　시는 인습에 대한 영원한 반역이다. 시는 새로운 인생관이나 새로운 철학을 가지지 않아도 좋다. 그러나 다만 새로운 감각만은 가져야 할 것이다. 보통 시민과 다른 눈으로써 물건을 보고 그 본 바를 정확하게 표현하는 것이 시인에게 맡겨진 천직이기 때문이다. 만일에 보통의 눈을 가지고 볼 줄밖에 모른다면 시인은 드디어 이 사회에 존재할 아무런 이유도 발견하지 못할 것이다.

　그러나 이것은 결코 수월한 일이 아니다. 만약 우리가 정신 발전의 과정을 살펴 본다면 이 새로운 감각이라는 것이 얼마나 곤란하고 또 중대한가를 알 수 있을 것이다. 역사에 중대한 전환점을 만들어낸 것은 말할 것도 없이 정치적 혁명이었다. 그러나 그 전에 사상적 혁명이 없었다면 정치적 혁명은 도래하지 않았을 것이다. 그러면 사상적 혁명은 이론투쟁으로써만 확립되느냐 하면 결코 그렇지 않다. 그렇다고 생각한다는 것은 우리들이 여태까지에 범하여 온 커다란 과오이다. 사상적 혁명의 출발점은 결코 理知가 아니라 감각이다. 봉건사회제도의 인습에 뼛골이 젖어서 그런 방식으로 밖에는 생각할 줄을 모르던 中世紀人이 어찌하여 암흑 문명을 깨트리고 近代人이 되었는가? 중세기인에 대하여 봉건제도의 가치는 절대적이어서 비평의 대상이 아니라 비평의 척도이고, 관찰의 재료가 아니라 실로 그 안경이었다. 그들은 봉건제도를 중심삼아 생각하고 행동하였다.

어찌하여 그들 자신의 근저를 스스로 뒤집어 엎었던가? 그것은 페트랄크와 같은 시인의 감각적 반역에서 시작하였다. 페트랄크도 처음부터 근대문명의 소지자는 아니었다. 다만 그들 자신의 생활과 사상에 허위가 있고 병근이 있음을 느꼈었다. 그리고 새로운 생활 상태가 대망됨을 통찰하였었다. 이것이 그의 시에 새로운 감각으로서 나타났다. 사상의 탄생은 엄연히 감각적인 문제이다. 감각이 움직이는 바를 理知는 다만 지시할 뿐이다. 그러나 이 새로운 감각이라는 것이 그렇게 쉬운 일은 아니다. 그것이 무엇보다도 독특한 天質을 요하는 까닭이다. 뿐만 아니라 인습에 반역한다는 용기도 필요하다. 여기서 우리는 시인의 필요를 절실히 느끼는 것이다.

이 시인의 감각이 과연 우리에게 무엇을 암시하는지는 이제 속단하기 어려우나 우선 시집 첫 페이지를 들쳐

 비눌
 돛인
 海峽은
 배암의 잔등
 처럼 살아났고
 아롱진 「아라비아」의 衣裳을 둘른 젊은 山脈들.

 바람은 바닷가에 「사라센」의 비단幅처럼 미끄러웁고

라는 일절을 읽을제, 우리는 시시한 일상 생활의 세계를 떠나 하여튼

미지의 세계로 들어가는 듯한 신선한 인상을 받는다.

 대체로 이 시는 전반에 있어서 풍자적이고 후반에 있어서 감각적이다. 우리는 上海 만국공원 벤치 위에 잠든 룸펜의 꿈 가운데서 金氏 一流의 신선하고 발랄한 감각의 향연에 흐뭇해질 수 있다.

> 꽃은커녕 별도 없는 「뻰취」우에서는
> 꿈들이 바람에 흔들려 소스라쳐 깨었습니다.
> 「하이칼라」한 「쌘드위취」의 꿈
> 貪慾한 「삐-프스테익」의 꿈
> 건방진 「햄살라드」의 꿈
> 비겁한 강낭죽의 꿈
>
>   (방점은 필자의 것)

 이 얼마나 적절하고 또 참신하냐? 나는 여기서 마치 淸密같이 달고도 날카로운 감수성을 느낀다.
 이 시인의 감각은 다만 스마트할 뿐만은 아니다. 또한 예리한 칼날같이 표피를 뚫고 우리의 골수로 달려드는 절실성이 있다. 다음 일절은 문명의 태풍이 중국 대륙을 엄습하여 도회를 분쇄하는 순간 시민들이 피난하는 광경이다.

> 네거리의 골짝에 몰켜든 검은 대가리들의 下水道.
> 먹처럼 허우적이는 가느다란 팔들.
> 救援대신 虛空을 부짭는 지치인 努力.
> 흔들리우는 어깨의 물결.

 이곳까지 와서 나는 김씨의 감각에 또 한 가지 중요한 요소가 들어 있음을 지적하지 않을 수 없다. 씨의 감각은 신선하다, 발랄하다, 스마트하다 하여 일면적으로 감상하기엔 너무도 理知的인 또 한 면을 가지고 있다. 앞서 인용한 '아라비아의 衣裳을 둘른 젊은 山脈들'이라든지, 혹은 '사라센의 비단幅처럼 미끄러운' 바닷가라든지 모두 다 자연의 감각을 표현하는 외에 지리적 위치를 지시하는 역할도 가지고 있을 것이다. 앞서도 말한 바와 같이 대상을 설명하지 않고 그 감각 속에 지적 요소를 함축시킴으로써 그 실재를 직각케 하는 것이 시인의 테크닉인 듯싶다.

산빨이 소름 친다.
바다가 몸부림 친다.
휘청거리는 삘딩의 긴 허리.
비틀거리는 電柱의 미끈한 다리.
痙攣하는 亞細亞의 머리 우에 흩어지는 電波의 噴水, 噴水.
故國으로 몰려 가는 忠實한 「에-텔」의 아들들.

이 일절에서 우리는 태풍의 감각과 아울러 報道를 얻을 수가 있다. 이것은 대단히 효과적인 기법이다. 이같이 단일한 이미지로써 이중의 내용을 함축시킨 더욱 효과적인 실례는 앞서도 인용한

네거리의 골작에 몰켜든 검은 대가리들의 下水道

의 일절이다.
砲煙彈雨 아래 우왕좌왕하는 중국 대중의 자태를 단 넉 줄에 묘사하였다. 이 같은 실례는 이밖에도 많이 있다.

입마다 불길을 뽑는
摩天樓의 턱을 어루만지는 噴永의 바알.

이라든지,

    날마다 黃昏이 채어주는
    電燈의 勳章을 번쩍이며
    世紀의 밤중에 버티고 일어섰든
    傲慢한 都市를 함부로 뒤져놓고
    颱風은 휘파람을 높히 불며
    黃河의 江邊으로 비꼬며 간다……

가 다 그러하다.
  더욱이 「병든 풍경」의 일장은 거의 전부 이와 같은 이중적 심상으로 되어 있다. 문명의 태풍이 휩쓸고 간 뒤의 도시의 황폐와 人心의 虛無를 염두에 두고 읽을 때 이 일장이 가지고 있는 기괴한 심상은 더할 나위 없는 共感性을 가지고 우리의 흉금을 울린다.

    보라빛 구름으로 선을 둘른
    灰色의 「칸바스」를 등지고
    꾸겨진 빨래처럼
    바다는
    山脈의 突端에 걸려 퍼덕인다.

  이것은 씰그러진 현대인의 悲哀를 가장 銳角的으로 형상화한다. 또는

    지치인 바람은 지금
    漂白된 風景 속을
    썩은 嘆息처럼
    埠頭를 넘어서
    찢어진 바다의 치마자락을 걷우면서
    化石된 벼래의 뺨을 어르만지며

주린 강아지 처럼 비틀거리며 지나간다.

　의 일절도 붙잡을 곳 없는 현대인의 피로와 절망을 이중적 심상으로써 솜씨 있게 형상화하였다.
　위에서 말하여 온 김씨의 시적 감각은 우리에게 메타피지칼派 시인의 작품을 연상시킨다. 사실상 氏의 시는 현대 유럽 主知派 시인들의 감화를 많이 받은 듯싶다. 그러나 메타피지칼 시의 본질을 '사상의 열정적 파악'이라고 정의한다면 씨의 시가 엄밀한 의미의 메타피지칼 시가 되기엔 배후에 사상적 요소가 희박한 듯싶다. 대상을 知的으로 파악하려는 노력은 보이면서도 고의로 혹은 무의식적으로 사상을 기피하려는 경향이 있다.
　만일에 이 시인이 사상적 파악에 좀 더 고심하였다면 이 시는 현대의 敍事詩가 되었을는지도 모른다. 그러나 결과에 있어서 이 시는 풍자적 상징적 서사시가 되고 말았다.

悲哀와 풍자

　이 시의 밑을 흐르고 있는 悲哀의 情調를 우리는 간과할 수 없다. 「세계의 아츰」엔 '아가씨들이 오날도 바다에 밀려가는 輪船을 바라 보냈고', 국경 가까운 정거장에선 국제열차의 창마다 '잘 있거라'를 삼키고 느껴우는 마님들의 이즈러진 얼굴들이 보이고, '船夫들은 그들의 탄식을 汽笛에 맡기고 자리로 돌아간다.' 이것은 평범한 悲哀를 솔직한 말로써 표현한 것이다. 태풍이 아직도 起床도 되지 않은 세계의 아침이니 오히려 이러한 인습적 표현이 적당할지도 모른다. 시가 진행됨에 따라 비애는 솔직하게 표현되지 않고 구체적으로 형상화된다. 「병든 풍경」엔 앞서도 지적한 바이어니와 문명의 발악을 겪고 난 현대인의 비애가 수정같이 결정되어 있다.

지치인 바람은 지금
漂白된 風景 속을
썩은 嘆息처럼
埠頭를 넘어서
찢어진 바다의 치마자락을 걷우면서
化石된 벼래의 뺨을 어루만지며
주린 강아지처럼 비틀거리며 지나간다.

이 일절 가운데에 우리의 비애가 말할 수 없는 苛烈性을 가지고 표현되어 있지 않은가? 현대인의 비애는 결코 순정이 아니다. 거기에는 분노도 있고 탄식도 있고 비평도 있고 自嘲도 있다. 이렇게 복잡한 비애를 정확하게 표현하려면 이같이 多重的이고 간접적인 형상화의 수법을 쓸 밖에 없을 것이다. 그리고 이 수법은 앞서도 말한 바와 같이 冗雜한 요소를 제거함으로 말미암아 비애의 효과를 한층 강렬하고 예민하게 만들어 냈다. 다음 여섯 줄 가운데서 우리는 무슨 장편 비극이나 읽는 듯한 인상을 받는다.

짓밟혀 늘어진 白砂場 우에
매맞아 검푸른 「빠나나」 껍질하나
부풀어 오른 구두 한 짝을
물결이 차던지고 돌아갔다.
海灣은 또 하나
슯은 傳說을 삼켰나보다.

비애가 끝나는 곳에 풍자가 생긴다. 물론 그대로 그쳐 버리는 비애도 있을 것이다. 그러나 복잡해지고 속되어진 현대인의 비애는 자칫하면 풍자로 변할 경향이 많이 있다.
「氣象圖」는 그 구상부터 풍자적이다. 무릇 한 물건을 한 각도로만

볼 때에 거기에 순정과 열성이 수반하고, 이와 같은 관찰을 질서 있게 중첩할 때에 조화와 장엄의 美感이 생겨난다. 여기서는 눈물도 생겨날 수 있다. 그러나 한 물건을 여러 각도로 볼 때엔 눈물보다도 웃음이 생겨난다. 한 물건의 여러 단면을 늘어놓으면 반드시 모순이 나타나고 따라서 滑稽感이 상반하기 때문이다. 하물며 현대와 같이 허위와 모순 투성이로 되어 있는 세계를 상대로 할 때에 그런 수법은 조소를 유발하지 않고는 마지 않을 것이다. 「기상도」의 작자는 천문기사가 되어 현대 세계의 정치적 기상을 관측하고 있다. 그는 이곳 저곳에 나타나는 생활 현상을 민감하게 포착하여 다금다금 기상도 안에 기입만 하고 아무런 주석을 붙이지 않더라도 그 결과는 우리의 웃음을 폭발시키기 충분하다. 거기에는 기막힌 모순이 나타나 있기 때문이다. 이것은 대단히 능란한 풍자적 수법이라 할 것이다.

헉슬리가 그 소설에서 試用하여 성공한 수법도 결국 이것이었다. 다음에 대표적인 일례를 든다.

　　　國務卿 「양키-」씨는 수화기를 내던지고 倉庫의 층층계를 굴러 떨어진다.
　　　실로 한 목음의 「쏘-다」水.
　　　혹은 아무렇지도 아니한 「이늠」 소리와 바꾼 證券 우에서
　　　붉은 수염이 쓰게 웃었다.
　　　(「워싱톤」은 가르치기를 「正直하여라」)

　　　十字架를 높이 들고
　　　動亂에 向하여 귀를 틀어막든
　　　敎會堂에서는
　　　「하느님이여 카나안으로 이르는 길은 어느 불ㅅ길 속으로 뚫렸읍니까?」
　　　祈禱의 중품에서 禮拜는 멈추섯다.

아모도 「아―멘」을 채 말하기 전에 門으로 門으로 쏟아진다……

圖書館에서는
사람들은 거꾸로 서는 「쏘크라테스」를 拍手합니다.
生徒들은 「헤―겔」의 서투른 算術에 아주 歎服합니다.
어저께의 同志를 江邊으로 보내기 위하여
자못 變化自在한 刑法上의 條件이 調査됩니다.
敎授는 紙錢 우에 印刷된 博士論文을 朗讀합니다.

「녹크도 없는 손님은 누구냐?」
「…………」
「대답이 없는 놈은 누구냐?」
「…………」
「禮儀는 지켜야 할 것이다」

떨리는 租界線에서
하도 심심한 步哨는 한 佛蘭西 婦人을 멈춰 세웠으나
어느 새 그는 그 女子의 「스카―트」 밑에 있었읍니다.
「베례」그늘에서 취한 입술이 博愛主義者의
우숨을 웃었읍니다.

硼酸 냄새에 얼빠진 花柳街에는
賣藥會社의 廣告紙들.
이즈러진 「알미늄」 대야.
담배집 倉庫에서
썩은 고무 냄새가 焚香을 피운다.
지붕을 베끼운 골목 어구에서
쪼겨난 孔子님이 울고 섰다.

표면상 아무런 연락도 없는 이상의 몇 절은 현대중국에 관련하여 외교 종교 문화 미리타리즘 현대 도회생활을 다금다금 풍자한 것이다.

이밖에 또 대상을 戱畵化함으로써 풍자의 효과를 나타내는 수법도 있다. 그것은 사실의 왜곡에서 일어나는 아이러니지만 그 효과에 있어서는 그 진실성을 한층 더 강조한다. 다음 일절은 이 수법을 예시한다.

「넥타이」를 한 힌 食人種은
「니그로」의 料理가 七面鳥보다 좋답니다.
살깔을 히게하는 검은 고기의 偉力.
醫師「콜베―르」氏의 處方입니다.
「헬메트」를 쓴 避署客들은
亂雜한 戰爭競技에 熱中했읍니다.
슲은 獨唱家인 審判의 號角소리.
너무 興奮하였음으로
內服만 입은「파시스트」.
그러나 伊太利에서는
泄瀉劑는 일체 禁物이랍니다.

전자가 객관적 간접적이고 신사적인 풍자라면 이것은 주관적이고 직접적이고 야인적 풍자라 할 것이다. 이 일절에 숨어 있는 현대 정치에 대한 비평은 무서운 박력과 독기를 가지고 우리에게 달려든다.

마지막으로 이 시인이 사용한 풍자엔 또 하나 특이한 타입이 있다. 그것은 유머러스한 풍자이다. 물론 前二者 가운데에도 유머의 요소가 전연 없다는 것은 아니지만 거기서는 엄숙한 비평정신 혹은 송연한 귀기의 그늘에 감춰여서 표면에는 나타나지 않았다. 그러나 이 시인은 미소의 糖丸을 먹여서 쌉쌀한 맛을 혓바닥 위에 남겨 놓는 간사한 수법도 가지고 있다.

「태풍의 기침시간」에는 '신사들은 雨器와 現金을 휴대함이 좋을 것이다'라는 '政府의 揭示板'이 있고, 태풍이 끝난 뒤에「쇠 바귀 노래」
에는

>市民은
>우울과 질투와 분노와
>끝없는 탄식과
>원한의 장마에 곰팽이 낀
>추근한 雨器일랑 벗어 버리고
>날개와 같이 가벼운
>太陽의 옷을 갈아 입어도 좋을게다

라는 政府의 게시가 걸려 있다.

(《文學과 知性》1936)

金起林 즉 모더니즘의 口號

송　　욱

A. 「詩의 科學」이라는 妄想

반세기 남짓한 우리 근대시의 역사를 더듬어 볼 때, '과학정신' 혹은 '객관주의'를 소리높이 부르짖으며 시의 근대성을 강조한 점에서 선구자의 구실을 한 사람으로 金起林을 들 수 있다. 그는 시인으로서 또한 비평가로서 눈부시게 활약하였다. 그보다 훌륭한 시인은 이 나라에서 쉽사리 찾아볼 수 있다. 그러나 그보다 더욱 뛰어난 시의 비평가를 이 나라의 신문학사에서 찾기는 어려운 일이다. 실상 그는 이 나라에서 자기나름으로 근대적 시이론을 소개한 거의 유일한 존재이기도 하다.

나는 그가 시의 비평가로서는 둘도 없는 사람이었지만 그의 작품은 그리 대수롭지 않다고 했는데 이것은 무슨 뜻일까? 가장 훌륭한 시인은 가장 놀라운 비평가를 자기 안에 지니고 있다는 것을 나는 여러번 되풀이해서 밝혀왔다. T. S. 엘리엇, W. H. 오든, 샤를 보들레르, 폴 발레리, 모두가 위대한 시인인 동시에 훌륭한 비평가였으니 말이다.

그러나 이러한 실례는 우리 신문학사에는 한 사람도 없다. ……그리고 이것은 우리 신문학사가 지닌 가장 큰 불행이며 결함이 아닐 수 없다. 起林보다 훌륭한 시인은 있었지만 그들은 모두가 자기 안에 위대한 비평가를 자라게 할 만큼 오랜 세월에 걸쳐 자기의 예술을 의식화하고 발전시키며 무르익게 할 수 있는 여유와 기회를 가지지 못하였다. 그리고 起林은 우리가 가지고 있는 거의 단 한 권의 詩論을 남긴 시인이기는 하지만, 그는 유럽의(주로 영국, 그것도 주로 I. A. 리처즈) 새로운 사조를 받아들이기에 바빴던 탓인지 자기의 예술을 내면적으로 깊게 하고 또한 세련시켜 훌륭한 작품을 많이 만들지는 못하였다. 따라서 그는 비평가로서 가지고 있는 자기의 결함을 자기 시작품에서 어쩔 수 없이 드러내고 있어 흥미있는 존재이기도 하다.

나는 위에 말한 바 起林의 시와 시론이 지닌 장점과 단점을 밝히기 위하여 그가 주로 해방전에 발표한 글을 살펴보려고 하며, 이것으로서 그를 충분히 평가할 수 있다고 생각한다.

그는 우선 과학으로서의 詩學을 세우려고 하며, 이를 '시의 과학'이라고 부르기까지 한다.

과학으로서의 시학의 성질을 밝히기 전에 과학 아닌 詩學 내지는 그것에 유사한 여러 가지 환영을 씻어버리는 것이 옳겠다. 가령 여러 나라의 시인의 이름과 경력과 일화에 정통하고 또 그들의 약간의 시편을 외울 수 있는 사람이 여기 있다고 하자. 그러나 그것은 시의 과학과는 아무 인연이 없는 한 博識에 지나지 못할 것이다. **박식이 科學이 아님은 조직된 방법과 체계를 가지지 못한 때문이다**……(金起林 著『詩論』九面)

시의 과학은 시나 시인에 관한 博識과는 달라서 '조직된 방법과 체계'를 가져야 한다는 주장이다. 그리고 이런 생각은 아마 리처즈의 영향 밑에서 나타난 것이리라. 그러나 그는 리처즈에 비하여 한층 더 '소박한' 태도로서 과학을 믿고 있다. 이미 리처즈에 대한 비판에서 밝힌 바와 같이, 리처즈는 심리학의 미래에 기대를 걸고 심리학적 방법을 사용하기는 하였지만 시와 과학을 엄격히 구분하여 과학은 우리에게 사실을 가르쳐 줄 뿐이며, '우리가 어떻게 느껴야 하는가?' 혹은 '우리가 어떻게 행동해야 하는가?' 이런 문제에 관해서는 대답할 능력이 없다고, 과학의 결함을 지적하였으니 말이다. 그리고 리처즈는, 시가 비록 과학적 사실이라는 '진리'(그는 이것만을 진리로 생각한다)와는 관계가 없는 사이비 진술이기는 하지만, 위와 같은 과학의 결함을 보충할 수 있는 것이며, 또한 시야말로 종래 전통적 도덕, 종교, 형이상학 등이 지녔던 질서를 대신하여 새로운 질서를 우리에게 이룩해 줄 수 있다고 하였다. 이로 미루어 리처즈가 시를 얼마나 중요하게 생각하였나 짐작하고도 남음이 있다.

그러나 起林은 리처즈로부터 과학의 귀중함을 배우면서도 시의 중요한 구실을 배우지는 못하였다.

과학적 명제라고 하는 것은 객관적 검증을 할 수 있는 명제다. 그러므로 神學 속에는 과학적 명제가 한 줄도 없을 것이다. 카르나프는 형이상학적 '센텐스'들은 사이비 '센텐스'라고 불렀다. 그런데 이 견해의 중요한 미완성 부분은, 형이상학적 명제의 언어형태로서의 기능에 대하여는 주의하지 않은 점이다. 형이상학이 학문이 아니라는 것은 우리도 지적한 바다. 형이상학이 학문을 가장할 때에 그것은 매우 위험한 불장난을 하는 것이 된다. 논리적 실증파는 형이상학이 학문으로서는 설 수 없다는 것을 굳세게 주장하려는 나머지에 형이상학의 사회적 역할과 및 언어형태로서의 면은 미처 보지 못하고 형이상학을 전면적으로 부정한 느낌이 없지 않다. 그것은 일종의 범과학주의다. '리처즈'가 시와 및 언어의 정서적 기능의 강조에 너무 열중한 나머지 문화에 있어서의 시의 지위를 부당한 보좌에까지 끌어올린 것과 좋은 대조다. 이것은 범과학주의에 대한 汎詩主義다.(同上 28面「詩와 言語」)

그는 여기서 오스트리아의 철학자 루돌프 카르나프 Rudolf Carnap(1891—)의 생각과 리처즈의 견해가 대조를 이룬다고 하여 전자를 汎科學主義 그리고 후자를 汎詩主義라고 '규정'하고 있는데 이것은 무슨 의미가 있는 말인가? 우선 나는 汎科學主義·汎詩主義가 무슨 뜻인지 모른다. 카르나프는 형이상학은 다만 '감정의 표현에 지나지 않으며' 참된 철학은 과학의 논리학이라고 생각하였다고 한다. 나는 카르나프의 철학을 모른다. 그러나 카르나프가 형이상학을 감정의 표현이라고 생각했다면 이는 바로 리처즈가 『과학과 詩』에서 표시한 의견과 꼭 같은 것이다. 그러니까 형이상학의 부정에 있어서는 카르나프와 리처즈가 보조를 같이하고 있으며 대조를 이루고 있는 것은 다만 起林이 만들어낸 汎科學主義 그리고 汎詩主義라는 말의 막연한 인상뿐이리라!(과학과 시는 대조를 이룬다고 할 수 있으니까.)

다음에 起林은 카르나프와 같은 '논리적 실증파는 형이상학이 학문으로서는 설 수 없다는 것을 굳세게 주장하려는 나머지 형이상학의 사회적 역할과 및 언어형태로서의 면은 미처 보지 못하고 형이상학을 전면적으로 부정한 느낌이 없지 않다'고 한다. 그러나 학문으로서 형이상학을 부정한 다음에 어떻게 '형이상학의 사회적 역할과 언어형태로서의 면에' 가치를 인정할 수 있는지 나는 모른다. 형이상학은 학문인 것이 그 본질인 이상, 이 본질을 부정하면은 그 전체가 허물어지고 말리라. 이 때문에 '시의 과학'을 주장하는 기림보다 더욱 훌륭한 비평가이며 더 철저하게 과학적인 리처즈는 형이상학의 가치를 송두리째 부정하고 그 대신으로 시로부터 새로운 질서를 기대한 것이 아닌가?

그러나 起林은 '리처즈가 시와 및 언어의 정서적 기능의 강조에 너무 열중한 나머지 문화에 있어서의 시의 지위를 부당한 寶座에 끌어' 올렸다고 한다. 물론 리처즈가 과거에 모든 종교·신학·형이상학·전통이 한 질서유지의 구실을 시에 모두 넘겨준 것은 시를 문화의 보좌에 끌어올렸다고 할 수 있을 것이다. 그러나 이는 과학의 진리만을 믿고 모든 과거의 전통을 부정하는 汎詩主義가 아닌 리처즈의 과학주의가 빚어낸 어쩔 수 없는 결론이 아니었던가? 또한 리처즈는 시에 엄청난 기대를 걸면서도 시를 객관적 진리와는 아무런 관계가 없는 '사이비 진술'이라 규정함으로써 시를 문화의 보좌에서 냉혹하게 끌어 '내리기'도 하였다는 사실을 기림은 잊어버리고 있다. 따라서 기림은 리처즈보다 더욱 과학적이어서 시의 중요성을 그보다 가볍게 본 것이 아니라, 오히려 과학에 대하여 비과학적으로 소박한 신앙을 가졌던 탓으로 가장 과학적인 비평가인 리처즈보다도 더욱 과학을 믿는 우스운 잘못을 저지르고 말았다.

起林은 처음에 '시의 과학'은 시에 관한 博識과 달라서 '조직된 방법과 체계'를 지녀야 한다고 말했다. 그러나 이러한 생각조차 얼마 안 가서 무너지고 만다.

 새로운 시학을 계획하는 사람이 항용 붙잡히기 쉬운 유혹은 일거에 古典的 詩學에 필적하는 새 체계를 세우려는 충동이다. 여기서 생기기 쉬운 결과는 바로 다른 것이 아니라, '또 하나' 다른 '형이상학'이다. 앞에서 말한 '리처즈'의 저술에서 우리가 받는 인상도 그런 경우가 많았다. 우리가 지금 긴급하게 요구하는 것은 비록 적을지라도 참인 지식이지 결코 한갖 방대하고 정제된 체계가 아닐 터이다…….(同上 15面「詩學의 方法」)

起林은 체계가 없는 것은 '시의 과학'이 아니라, 博識에 지나지 않는다고 했으면서도, 자기보다 박식하고 체계가 있으며 자기보다 더욱 과학적인 리처즈를 대할 때 그는 형이상학을 읽을 때처럼 얼떨떨해진 것이다. 그는 과학적 비평조차도 따라갈 기력이 없는 듯싶다. 따라서 그는 과학적 비평이 아니라, 과학 그 자체를 따라가려고도 해 보는 것이다.

 ……무엇보다도 과학의 세계를 노래하는 시가 생겼고 또 시를 대

상으로 삼는 과학이 성립되면서 있다는 것은 주목할 일이다.(同上 24 面 「詩와 言語」)

나는 아직 '과학의 세계'를 노래하는 시를 읽은 일이 없다. 오늘날의 시는 모두가 과학의 영향 밑에 있는 '인간세계'를 노래한 것이라고 막연히 말할 수는 있겠지만 '과학의 세계'를 노래한 시가 어디 있는지 모른다. 생리학이나 물리학을 노래한 시가 어찌 시가 될 수 있겠는가. 되풀이하여 말하거니와 起林은 가장 과학적인 비평가 리처즈보다도 더욱 과학을 믿었고 이 때문에 과학과 시의 결합에 대해서도 더욱 낙천적이고 소박한 생각을 가지고 있었다.

그러므로 기림이 이룩하려던 '시의 과학'은 끝내 몽상에 지나지 않았으며, 그의 『詩論』은 리처즈 기타 외국 문학에서 얻은 단편적 지식의 두루뭉수리를 꿰뚫고 나오는 과학과 새로운 것에 대한 소박한 신앙고백이 되풀이된 것에 지나지 않았다.

B. 起林이 생각한 모더니즘

지금까지 기림이 주로 시학에 관해서 보여준 생각을 비판한 셈이 된다. 그러면 이제 그가 구체적 작품 혹은 문제에 관해서 실지로 나타낸 의견, 말하자면 그가 한 實地批評의 자취를 살펴보기로 한다. 사실 그는 과학적 시론을 세우려고 하다가 거의 완전히 실패하였지만 실지비평이 중요한 것도 잘 알고 있었다.

우리가 바라는 것은 과학적 문학이론이다. 다음에는 실제 작품의 분석·평가를 주로 일삼는 실제적 비평이 훨씬 왕성해지는 것은 우리 문학의 발전을 위해서 얼마나 더 도움이 될지 모를 것이다. 비록 한 작품이라고 할지라도 철저히 분석해서 그 구조와 전개와 작자가 거기서 시험한 새 기술과 거기 구체화된 작자의 사상과 그것들이 독자에게 주는 효과의 신선도와 심도와 및 그것들 전체의 밑에 흐르는 사회적인 지반의 힘과 계기마저를, 될 수 있는 대로 주관을 섞임이 없이 우선은 작품이 주는 대로 받아서 제시하고, 다시 거기에 비교 판단을 내린다고 하는 것은 얼마나 어려운 일이냐? 그러나 작자나 독자가, 아니 문학 그것이 비평에 향해서 요구하는 일은 바로 그 일이다.(同上 180面~181面「詩의 르네쌍스」)

그러나 그의 『詩論』을 읽어 보면 누구나 알다시피 그는 자기가 주장한 바 '비록 한 작품이라고 할지라도 철저히 분석해서 그 구조와 전개와 작자가 거기서 시험한 새 기술과 거기 구체화된 작자의 사상……' 등을 밝히는 비평을 한 편도 남기지 못하였다. 따라서 그는 詩理論에서 뿐만 아니라, 實地批評에서도 그의 포부에 견주어 볼 때, 이렇다 할 업적을 거의 남기지 못하였다.

위에서 말한 나의 평가에 대한 뒷받침으로 우선 모더니즘에 관한 그의 생각을 들어보자.

그는 '우리 新詩에 결정적인 가치전환을 가져온 모더니즘의 역사적 성격과 위치를 규명'하려고 하는 만큼,(同上 71面「모더니즘의 歷史的 位置」) 우리 나라의 모더니즘에 관심을 두었으며 그 자신 모더니즘의 詩理論家 겸 시인이라고 생각하였을 것이다. 그러나 그는 영국 모더니즘의 조상인 T. S. 엘리엇의 걸작 『황무지』에 관하여 다음과 같은 그릇된 의견을 드러냄으로써 그가 영국 모더니즘의 절정의 하나를 이룬 이 작품조차 별로 이해하지 못하였음을 알려준다.

우리는 일찍이 20세기의 神話를 쓰려고 한 『황무지』의 시인이 겨우 정신적 火田民의 신화를 써 놓고는 그만 歐洲의 초토 위에 무모하게도 중세기의 신화를 재건하려고 한 전철은 똑바로 보아 두었을 것이다. (同上 41面 「科學과 批評과 詩」)

이 구절이 무슨 뜻을 지니고 있는 것일까? 엘리엇이 '20세기의 신화'를 쓰려고 한 동시에 '중세기의 신화를 재건하려고' 했는데, 그 결과는 '정신적 화전민의 신화'가 되었다는 말이라고, 이 어색한 문장을 고쳐놓고 생각하여 보자. 항상 과학적인 태도를 내세운 그가 실지로 『황무지』와 같은 작품을 대할 때에는 이처럼 순전히 제멋대로 된 비유를 연달아 이어놓고는 비평을 한 것처럼 망상에 빠지고 만 것은 놀라운 사실이다(오늘날에도 이와 같은 '비유의 혼란'을 내놓고 비평을 했다고 생각하는 사람이 있다면 이는 시대착오이리라).

작품 『황무지』는 기림이 말한대로 '중세기의 신화를 재건하려고' 한 것은 결코 아니다. 엘리엇은 靈的 노력을 상징하는 聖盤 Holy Grail이 중심이 된 중세기의 전설을 작품구조의 바탕으로 사용하여 제1차대전 후의 절망과 불안에 빠진 사회와 그 안에 살고 있는 사람들의 精神相, 그리고 이를 극복하려는 정신의 고민과 싸움을 이 작품에서 노래하였다. 따라서 기림은 '작품구조의 배경'을 이루고 있는 전설과 이 작품의 '주제'를 분간할 수 없을 만큼 전혀 『황무지』를 이해하지 못한 사실이 드러난 셈이다.

그는 이 작품을 대하고 얼떨떨해진 나머지 이것을 '20세기의 신화', '정신적 화전민의 신화', '중세기의 신화'('신화'라는 말을 자꾸 되풀이하고 있는 것은 그가 매우 당황하고 있으며 할 말이 없는 까닭이 아닐까 짐작이 간다) 등등과 같은 표현으로 어물어물 넘겨 버리려 하고 있다. 이는 무슨 까닭인가? 사실 풍부한 문학의 전통을 가지고 있는 영국의 시인 엘리엇과 달라서 근대에 살 수 있는 전통이 매우 빈약한 이 나라에서, 그것도 무턱대고 모더니즘(기림은 '이즘'을 매우 좋아한다!)

의 시를 쓰려고 한 기림이야말로 바로 '정신적 화전민'(나는 이 말을 정신적·문학적 전통을 모두 잃어버린 사람의 뜻으로 사용한다)이었기 때문일 것이다.

　기림의 시와 시론을 읽고 느끼는 것은 그가 시간의식, 그리고 이와 관계가 있는 전통의식과 역사의식을 '자기 작품 속에 구현할 만큼' 가지고 있지 않았으며, **또한 내면성이나 정신성을 거의 모르는 시인이고 비평가였다는 슬픈 사실이다.** 역사의식과 전통의식이 없이 어떻게 참된 모더니즘이 가능하며, 내면성이 풍부하지 않고 어떻게 훌륭한 시인이 될 수 있겠는가! 그는 '현재에도 살아 있는 과거'를 몰랐기 때문에 과거의 모든 것을 등지고 무엇이든지 새로운 것을 따르는 것이 모더니즘이라고 그릇 생각하였다.
　무릇 훌륭한 예술은 원시적 충동과 가장 발달하고 세련된 감수성이 결합된 것이다. 그러나 기림은 세련된 감수성을 그다지 많이 지니고 있지 않았다.
　따라서 그는 '原始性'을 모더니즘의 특징인 것처럼 되풀이해서 강조한다.

　　感性에는 두 가지 딴 카테고리가 있다. '다다' 이후의 초조한 말초신경과 퇴폐적인 감성과 다른 하나는 아주 '프리미티브'한 직관적인 감성이 그것이다.(同上 111面「詩의 모더니티」)

　이처럼 과거의 문학전통은 다만 퇴폐적인 감성을 표시한 것으로 보는 그는, 모더니즘의 시는 원시적이고 건강하고 명랑해야 한다고 비평적이라기보다는 '保健的'이고 매우 소박한 의견을 늘어놓는다. 엘리엇의 매우 동적인 역사의식 그리고 전통의식과 기림의 '原始'·'明朗'·'健康'과 같은 단순한 모더니즘의 '구호'를 비교하면 이 나라의 모더니즘이 얼마나 그 발판부터 보잘 것 없는 것이었나를 넉넉히 짐작할 수 있으리라.

C. 起林詩가 실패한 원인(『太陽의 風俗』과 『氣象圖』)

그러면 이제 기림의 시작품 자체를 검토하면서 그가 실천한 모더니즘의 실례를 검토해야 한다. 그의 시집 『태양의 풍속』의 序文에는 다음과 같은 흥미있는 '선언'이 실려 있다.

> 그 비만하고 노둔한 오후의 禮儀 대신에 놀라운 오전의 生理에 대하여 경탄한 일은 없느냐? 그 건장한 아침의 체격을 부러워해 본 일은 없느냐?
>
> 까닭 모르는 울음소리, 과거에의 구원할 수 없는 애착과 정돈. 그것들 음침한 밤의 미혹과 眩暈에 너는 아직도 피로하지 않았느냐?
>
> 그러면 너는 나와 함께 魚族과 같이 신선하고 깃발과 같이 활발하고 표범과 같이 대담하고 바다와 같이 명랑하고 선인장과 같이 건강한 태양의 풍속을 배우자.
>
> 나도 이 책에서 완전히 버리지 못하였다마는 너는 저 韻文이라고 하는 예복을 너무나 낡았다고 생각해 본 일은 없느냐? 아무래도 그것은 벌써 우리들의 의상이 아닌 것 같다.

이 구절에서 별로 의미가 없는 비유를 모두 빼놓고 그가 주장하는 것을 추려 보면 '신선하고 활발하고 대담하고 명랑하고 건강하자'는 말이다. 물론 좋은 생각이다. 건강과 보건은 누구에게나 필요하다. 다만 이는 새로운 시의 방향과는 아무런 관계가 없는 상식에 지나지 않는다. 그리고 다만 한 가지 흥미있는 것은 그의 운문에 대한 부정이다.

그는 운문의 중요한 요소인 리듬도 역시 부정한다. 그러나 T. S. 엘리엇은 이처럼 단순하게 생각하지는 않았다. 엘리엇은 독자가 알아차리지 못하는 사이에 기성운율에 가까워지다가 독자가 이를 눈치채게 되자 그것으로부터 멀어지는 새로운 운율을 사용해야 한다고 주장하고 있다. 그리고 엘리엇은 이러한 새로운 음악성의 바탕을 회화체의 언어에 두고 있는 것이다.

스물다섯 살이 넘은 뒤에도 계속하여 시인이 되려면은 역사의식을 반드시 지녀야 한다는 엘리엇의 말은 너무나 유명하다. 그러나 기림의 모더니즘은 이러한 역사의식이 없었기 때문에 25세를 넘어서 무르익지는 못하였다.

> 세계는
> 나의 학교
> 여행이라는 과정에서
> 나는 수 없는 신기로운 일을 배우는
> 유쾌한 소학생이다.
> (『太陽의 風俗』所載 「咸鏡線五百킬로旅行風景」의 序詩)

실상 그는 소학생처럼 신기로운 것이면 무엇이든지 '유쾌하게', 즉 비판과 선택을 하지 않고 받아들이는 면이 없지 않았다. 다음에 「풍속」이라는 작품.

> 해변에서는 여자들은 될 수 있는 대로
> 고향의 냄새를 잊어버리려 한다.
> 먼 외국에서 온 것처럼 모다
> 동딴 몸짓을 꾸며 보인다.(『太陽의 風俗』所載)

'동딴 몸짓'은 동뜬 몸짓이리라. 기림의 시를 읽고 항상 느끼게 되는 점은 바로 그가 이 작품에 나오는 해변의 여인처럼 '될 수 있는 대로 고향의 냄새를 잊어버리고 먼 외국에서 온 것처럼 동뜬 몸짓을 꾸며 보인다'는 것이다.

그리고 그는 내면성과 전통의식이 없는 시인이었기 때문에 이러한 여인처럼 천박하게도 외국풍이 즉 모더니즘이라고 생각하였다. 결국 기림의 모더니즘은 모던보이의 모더니즘이 되고 말았다. 그의 시에서 이러한 외국풍의 거짓된 몸짓을 추려보면 한이 없을 지경이다.

  루비·에메랄드·싸파이어·호박·비취·야광주……
  아스팔트의 湖水面에 녹아 나리는
  네온 싸인의 음악(同上詩集「비」)

  수염이 없는 입들이
  뿌라질의 커피 잔에서
  푸른 수증기에 젖은
  지중해의 하늘빛을 마십니다(同上詩集「호텔」)

  여보 칼을 대지 말어요 부디……
  피묻은 土人의 노래가 흐를까 보오(同上詩集「모과」(파인애플))

  사랑엔 패했을 망정
  은빛 甲胄 떨쳐 입은 초코레에트 병정 각하.

  사랑은 여리다고

아가씨의 입에서도 눈처럼 녹습니다.
서방님의 입에서도 얼음처럼 녹습니다.(同上詩集「쵸코레에트」)

　이와 같이 파인애플이나 쵸콜릿의 미각을 현대적 시감각이라고 착각한 그는 정말로 소학생이 아니고 무엇이랴!

　　진홍빛 꽃을 심거서
　　남으로 타는 향수를 기르는
　　국경 가까운 정거장들(同上詩集「따리아」)

　기림은 진달래보다는 이름이 '외국어로 된' 다알리아가 더욱 시적이고, 보통 정거장보다는 '국경에 가까운', 즉 외국에 가까운 정거장이 더욱 시적이라고 생각한 모양이다. 그의 시작품에는 바로 이러한 단순하고 소박한 원칙에 따라 '꾸며 놓은' 것이 너무나 많은 것이다.

　다음에는 '長詩'를 표방한 『기상도』.

　　비눌
　　돛인
　　海峽은
　　배암의 잔등
　　처럼 살아났고
　　아롱진 「아라비아」의 衣裳을 둘른
　　젊은 山脈들

　　바람은 바다 가에 「사라센」의 비단폭처럼
　　미끄러웁고

기림은 옷은 '아라비아'의 옷, 비단은 '사라센'의 비단이라고 해야 모더니즘이라고 생각한 것이 분명하다. 그러면 열차는? 물론 '외국으로 갈 수 있는' 국제열차라야 한다!

    국경 가까운 정거장
    車掌의 신호를 재촉하며
    발을 굴르는 국제열차……

그러면 여기서 이 『氣象圖』라는 작품을 좀더 자세히 검토해 보자. 아마 작자는 이 작품에서 자기가 지금까지 지향한 시세계를 한번 종합해 보려고 한 것 같으며 '문명비판'의 시를 쓰려고 한 것 같다. 말하자면 그는 이 나라에서 엘리엇의 『황무지』에 견줄 수 있는 훌륭한 작품을 쓰려고 한 것 같아 보이나, 결국 완전히 실패하고 말았다.

그 이유로 말하면 지금까지 여러번 되풀이해서 말한 바와 같이, 동적인 전통의식과 내면성이 그에게는 없었던 까닭이다. **그리고 낡은 리듬을 부정하려고 한 나머지 그는 리듬이 없는 '쪼각난 산문'을 쓰고 말았다.** 물론 이 산문은 재치있고 그럴듯한 시각적 이미지로서 가득 차 있기는 하다. 그러나 내면성 없이 시각적 이미지만으로서 시가 되기는 어려운 것이다. 그는 언어의 음악성도 아울러 사용했어야 좀더 효과를 나타낼 수 있었을 것을……. 그렇지만 그는 이러한 음악성에 대한 치밀한 검토를 거치지 않았으며, 날카로운 귀와 음악성의 구성에 관한 법칙을 가지고 있지도 않았다. 엘리엇이 『황무지』에서 보여준 것처럼 어떤 전설을 작품구조의 배경으로 사용해서 작품에 통일성을 줄 수 없었다면, 시에 통일성을 줄 수 있는 가장 공변된 요소인 내면성만은 적어도 가지고 있어야 했을 터인데 — 이것마저 없었다.

작품 『기상도』의 作中說者는 세계지도를 따라 여행한다. 그리고 신문의 外信에 나타나는 정도의 사건을 아무런 원칙없이 마구 등장시켜서 이에 대한 풍자를 늘어놓는다. 기림은 아마 이것을 '문명비평'의 시라고 생각한 모양이다. 그러나 그것은 '문명비판'으로 보아도 천박한 것이며 더군다나 시라는 예술품은 아니다.

    독재자는 책상을 따리며 오직
    「단연히 단연히」 한 개의 부사만
    발음하면 그만입니다.

이 정도의 풍자를 많이 지니고 있기는 하다. 그러나 현대문명의 모순과 위기는 마치 태풍처럼 일어났다 지나가고 마는 희한한 것이다. 그래서 그는 이 작품을 『기상도』라고 했을 것이다…….

    거츠른 발자취들이 구르고 지나갈 때에
    담벼락에 달러붙는 나의 숨소리는
    생쥐보다도 커본 일이 없다
    강아지처럼 거리를 기웃거리다가도
    강아지처럼 얻어맞고 발길에 채여 돌아왔다.

그러기에 作中說者는 위와 같은 비극적이 아닌 고통스럽고 딱한 처지에 빠져 있다가도

    벗아

    태양처럼 우리는 사나웁고
    태양처럼 제빛 속에 그늘을 감추고
    태양처럼 슬픔을 삼켜버리자
    태양처럼 어둠을 살워버리자

이처럼 어처구니없는 희망의 '구호'를 늘어놓고 나서

   폭풍경보 해제
   쾌청
   저기압은 저 머언
   시베리아의 근방에 사라졌고……

이와 같이 만사가 잘 되고 마는 것이다.

  외국명을 가진 꽃, 국제열차, 항구의 이국풍, 기상도 · 세계지도 혹은 방명록, 혹은 외국영사관의 건물 등으로 모더니즘을 표방할 때는 이미 지났다. 우리가 시대성에 민감하면 할수록 참다운 역사의식과 깊은 내면성과 정신성을 가지고 시대성을 소화하고 비판하고 혈육화할 때에 비로소 참다운, 즉 예술품다운 현대시를 쓸 수 있으리라.

金起林論

朴 喆 熙

1

　20세기 전반기의 한국詩史에 있어서 1930년대는 한국현대시의 본격적인 전개라는 점에서 주목할 만한 시기이다. 그것은 두말할 것 없이 1920년대 전반기 시의 감정의 용솟음과 후반기 경향파의 내용 편중의 시에 대한 반발이자 시적 구조에 대한 새로운 욕구다.

　주지하다시피 20년대 전반기 시에 나타난 공통적인 감정은 그 개별적인 상위에도 불구하고 한결같이 감정의 용솟음 아니면 '센티멘털리즘의 홍수'나 '심볼리즘의 몽롱한 형용사의 줄느림'[1]으로 일관하고 있다. 그것은 《태서문예신보》를 비롯하여 《폐허》《장미촌》《백조》등 어디에나 발견되는 공통적인 발상이며 절규다. 20년대초 시의 대부분이 지나친 '감정의 肥滿' 및 '탄식과 영탄'의 소리로 나타났다는 사실 자체가 이 시대가 정치적·문화적으로 암울했던 시대라는 점에 연유되는 만큼 그 시대에 대한 반응이 좌절과 허무 그리고 실의로 나타날 수밖에 없었다. 20년대초의 시인들은 위기의 극복으로서 시를 짓고 불렀다기보다 그것을 불가능케 하는 현실적 고통과 이로 인한 좌절과 고통 그리고 실의의 대상으로서 보다 많이 노래하였다. 문제는 현실적 고통 그 자체보다 미의 환영 속에서 자위하고 도피할 때, 자아의 노출 및 강조가 시적 형상으로 표출되지 않고 '센티멘털리즘의 홍수'나 '심벌리즘의 몽롱한 형용사의 줄느림'으로 나타날 수밖에 없었던 것이다.

---

[1] 김기림,「太陽의 風俗」(『金起林全集』1, 심설당, 1988), pp. 275~276.

20년대 전반기 시에서 흔히 보는 과장된 정서적 반응과 장식적인 수사 그리고 시적 긴장의 이완 등은 바로 이 때문이라고 생각한다.

이런 의미에서 20년대초 감상시의 한 특징이 되어 있는 이러한 '감정의 비만' 및 '탄식과 영탄'에 대거리하여 의식적인 시의식의 발로와 시적 구조에 대한 자각이 몇사람의 의욕적인 시인에 의하여 고개를 들고 있었던 30년대는 한국시사에 있어서 새로운 방향전환이라고 보여지는 것이다. 그리고 이러한 의식과 자각이 20년대초 전반기 감상시만이 아니라, 후반기 편내용주의의 시까지 포함한다고 하면, 그에 대한 반명제로 '시가 우선 언어의 예술이라는 자각과 시는 문명에 대한 일정한 감수를 기초로 한 다음 일정한 가치를 의식하고 씌어져야 된다'고 그 어느 때보다 강조한 金起林의 이른바 모더니즘 운동은 당시 시의 순수성을 강조한 시문학파 운동과 함께 한국시사에 점하는 의의는 자못 큰 것이다. 경향파의 편내용주의가 전반기 시의 감상이나 몽롱성에서 벗어나 생활과 현실을 중시한 것은 전위적이고 새로운 시각으로 평가되나, 시가 언어예술이라는 예술적 자각보다 글자 그대로 정치적 관념 속에 머물고 있었다. 또한 프로문학운동의 퇴조라는 당시 객관적 상황도 놓칠 수 없다.

주로 김기림에 의해 강조된 이른바 모더니즘운동은 이렇듯 낭만주의의 병적 감상성과 경향파의 정치적 관념성의 부정에서 비롯한다. 그리하여 그 이전의 탄식과 영탄과 동양적 적멸을 부정하고 운문이라는 낡은 의상을 벗어나야 한다는 시의 건강성·명증성·조소성을 시의 '현대성'을 위한 징표로 내세웠다. 이런 뜻에서 김기림은 한국 모더니즘의 기수이며 이론가이며 또한 시인이다.

그동안 김기림에 관한 글은 수없이 많다. 하지만 거개의 김기림론은 시작품 그 자체보다 시인 쪽에, 아니 시인보다 오히려 시와 시인을 논하는 시론 쪽, 그것도 그가 주도한 모더니즘운동 쪽에 기울어져 있었다. 시작품에 대한 논의조차 그의 시론이 전제된 연역법 일변도였다. 회화성·주지성·과학성 등 그가 표방한 모더니즘 논의 속에서 그의 시는 다루어져왔고, 모더니즘과 모더니즘의 형식화에 반발한 전체시론에서 광복 후 좌경론 등에 이르는 그의 문학관의 굴절과정에 맞추어 그의 全詩歷過程이 조명되어 왔다. 그만큼 시작품은 그의 시론을 위한 하나의 새로운 방법론의 예증으로 다루어온 것 또한 사실이다. 물론 김기림과 같은 이론가의 경우, 그의 시론이 대전제로 주어진 연역법으로 시작품이 논의되어온 것은 당연한 것인지 모른다. 그는 송욱의 지적과 같이 '이 나라에서 자기나름으로 근대적 시이론을 소개한 거의 유일한 존재'[2]다. 그는 그만큼 모더니즘운동의 이론적 체계를 세운 이론가이자 그 이론을 시창작에 실현하고자 한 시인임에 틀림이 없다. 그는 시를 논하는 것과 시 쓰는 일을 동일시하였다. 말하자면 시와 시론을 동일시하였다. 아니, 그는 시보다 시론을 우선하고 있었다고 보는 것이 옳을 듯하다.

그러나 시의 이해는 시인의 의도만으로 이루어지는 것은 아니다. 시의 이해는 우선 시작품 그 자체를 통하여 이루어진다는 것은 형식론자들만의 관심사는 아니다. 시는 시인의 주장도 사상도 아니며 그것의 반영도 아니다. 그러한 것은 사실 시와 관계없이 존재하는 것이다. 언제나 시인의 창작체험과 독자의 독서체험은 별개의 것이다.[3] 시론을 선험하여 작품을 읽는 경우, 시인의 의도에 너무 집착한 나머지 작품의 실재성이 왜곡되고 작품의 내밀하고 폭넓은 세계를 놓칠 수도 있기 때문이다. 비록 그의 시가 시론의 실천이라고 해도, 그렇다고 실제로 그의 시 전체가 시론을 위한 예증으로 반드시 씌어진 것은 아니다. 『太陽의 風俗』『氣象圖』『바다와 나비』『새노래』등의 시집이 보여주듯이 1930년 이후 6·25사변때 그가 납북되기 전까지 20여 년을 지속적으로 작품활동을 해왔으며, 또한 그 분량도 시론 못지않게 많았으며, 시론에 의해 가려졌던 시작품의 새로운 '西部'가 없다고는 상상하

---

2) 송욱,『시학평전』(일조각, 1963), pp. 178~9.
3) 박철희,『서정과 인식』(이우출판사, 1982), p. 47.

기 어렵다.

하지만 무엇보다 중요한 것은 서구시와 시론을 접촉하면서 이루어진 그의 시와 시론, 그 중에서도 시가 시론보다 외적 자극 못지않게 전통에 대해서도 유념하고 있었다. 서구적인 새로운 세계에 매료당하여 전통과 무관한 지대에서 작업을 하면서도 그 지대를 다시금 전통과 맞물리게 하는 반작용이 그의 시의 현대성을 빚어내는 동인으로 작용하고 있는 것도 무시할 수 없다.4)

그렇다고 시인의 의도가 전혀 무시되는 것은 아니다. 적어도 그의 시가 그의 의도를 구상화시키는 데 어느 정도로 효과적이었느냐 하는 것을 가려내기 위해서도 그 의도, '시론'은 참조사항이 될 수 있다. 따라서 그의 탁월한 시론적 비중의 압도성이 그의 시세계마저 압도하거나 아니면 상대적으로 과소평가한다면 문제가 아닐 수 없다. 많은 김기림론이 씌어졌지만, 또다시 김기림론을 쓰게 된 것은 순전히 이 때문이다. 그만큼 우리는 그의 시작품에서 당연히 그 방대한 분량과 다양한 평가 못지않게 수백 편의 시편들이 공유하고 있는 일관성과 그 일관성 위에서 시의 지속적 구조 및 변화를 보여주고 있음에 주목하게 된다. 그러한 지속적 구조 및 변화를 추적하는 것이 본고의 의도다.

2

김기림의 시는 '새로운 생활'에 대한 지칠 줄 모르는 동경에서 비롯한다. 1930년 9월 6일자 《조선일보》에 G.W.의 필명으로 발표된 그의 첫 작품 「가거라 새로운 생활로」5)부터 그의 서구문명에 대한 동경과

---

4) 그 누구보다 서구적 경험의 세련을 철저히 겪은 김기림 시의 탈향성이 오히려 30년대 중반을 고비로 '시의 고향'으로 시각을 돌리면서, 광복 후 그 성취 여부는 치지도외하고 『새노래』와 같이 우리의 현실성을 노래한 것을 예로 들 수 있다.
5) 김학동, 『김기림연구』(새문사, 1988), p. 12.

심취는 압도적이다. 그만큼 그의 초기 시, 특히 시집 『태양의 풍속』을 특징짓는 새로운 생활에 대한 현실眼은 철저히 서구지향적이며 문명지향적이다. 이러한 서구지향·문명지향이 그가 생각한 모더니즘임은 물론이다.

　　안해여, 작은 마음이여
　　너의 날어가는 自由의 날개를 나는 막지 않는다
　　호올로 쌓아놓은 좁은 城壁의 문을 닫고 돌아서는
　　너의 외로움은 돌아봄 없이 너는 가거라

　　안해여 나는 안다
　　너의 작은 마음이 병들어 있음을……
　　동트지도 않은 來日의 窓머리에 매달리는 너의 얼굴우에
　　새벽을 기다리는 작은 불안을 나는 본다

　　가거라, 새로운 생활로 가거라
　　너는 來日을 가거라
　　밝어가는 새벽을 가거라

'바빌론'으로 상징되는 문명세계는 그에게 있어 '새로운 생활'이며 '내일'이며 또한 '밝아가는 새벽'이다. 하지만 현실은 '좁은 성벽'이며 '동트지도 않은 내일의 창머리'며 '새벽을 기다리는 작은 불안'이다. 그만큼 '자유' '태양' '새벽'에 대한 그리움이 간절할수록 오히려 현실적인 것을 시의 주제로 삼았던 모순, 그 모순 속에서 그의 시는 출발한다. 그에게 있어 서정은 '자유'와 '성벽', '밝음'과 '어둠', '새벽'과 '밤' 등 바램과 현실의 대립과 갈등으로 나타나고, 바램에 의해 현실이 극복되는 희극적 구조로 대체된다. 그리하여 '성벽'보다 '자유'를, '어둠'보다 '밝음'을, '밤'보다 '새벽'을 도모하는 건강한 세계가 그의 시의 지향점이며, '바다', '태양', '아침'의 이미지를 중심적 구심점으로 해서 시집 『태양의 풍속』 전체에 원심적으로 사무쳐 있는 것은 이 때문이다. 그만큼 '자유'는 '바다'의 이미지로, '밝음'은 '태양'의 이미지로, '새벽'은 '아침'의 이미지로 나타나고 있는 것이다.

그러므로 시 「가거라 새로운 생활로」가 보여준 희극적 구조는 초기 김기림 시의 구조를 그대로 압축하고 있다고 해도 과언이 아니다. 아니, 「가거라 새로운 생활로」속에 그의 시, 전시력과정이 이미 예언되어 있었다고 할 수 있다. 그의 전시력과정을 통하여 중요하게 다루어져야 할 '태양'과 '아침' 그리고 '바다'의 정서가 가장 함축성있게 이 시 한 편에 걸려 있기 때문이다.

이와 같이 '태양', '아침' 그리고 '바다'는 '새로운 생활'을 이루는 대표적인 이미지다. 그러기에 '새로운 생활'을 위하여 '어둠', '밤', '벽'은 전면적으로 결별되어야 할 세계다. 시집 『태양의 풍속』의 서문과 같이 '肥滿하고 魯鈍한 오후의 예의'다. 그것은 '동양적 적멸'이며 '무절제한 감상의 배설'이며 또한 '탄식'이다. 그래서 '밤'은 '새벽을 꾸짖는 死刑囚인 늙은 세계'(「十五夜」)이며, '어둠'은 태양의 '풍속을 쫓아서 깨물어 죽여야 할' 세계라고 절규(「태양의 풍속」)하는 것은 이 때문이다. 그만큼 '새로운 생활'은 '건강한 아츰의 체격'이자 '오전의 생리'다.

　　그러면 너는 나와 함께 魚族과 같이 新鮮하고 旗빨과 같이 活潑하고 표범과 같이 大膽하고 바다와 같이 明朗하고 仙人掌과 같이 健康한 太陽의 風俗을 배호자.

'아침', '바다', '태양'은 그러므로 신선·활발·대담·명랑·건강의 이미지다. 하지만 '새로운 생활'을 위하여 '태양', '아침', '바다'보다 오히려 '어둠', '밤', '벽'을 노래하지 않으면 안 되었던 모순, '어둠' '밤' '벽'을 노래함으로써 '태양' '아침' '바다'를 구현한 역설, 이러한 모순과 역설로 이루어진 시가 그가 《조선일보》 학예부 기자로 재직할 때 쓴 그의 초기 시편이며, 시 「가거라 새로운 생활로」이다. 이 시가 시집 『태양의 풍속』에서 '오후의 예의'편에 시인 자신이 넣은 것은 이 때문이다.

    김기림의 초기 시, 특히 『태양의 풍속』의 시편들은 한결같이 '태양' '아침' '바다'의 이미지를 구심점으로 해서 모든 시작품에 메아리쳐 있다. 그의 시에 잦은 '깃발' '항구' 등의 서정공간은 말할 것 없고 스피드와 운동성 또한, 이러한 이미지의 시적 변용 이외 다름이 아니다. 그리고 그것은 그 이전의 로맨티시즘과 세기말문학의 부정임은 두말할 것 없다. 그리고 그것은 1931년 《조선일보》에 발표된 시 「시론」에서 표방하고 있다. 「시론」은 제목 그대로 시인의 시론을 시의 형식으로 말한 것이다. 시론이란 본래 추상적인데 이것을 이미지로 구상화하여 독자에게 이론이 아닌 정서적 체험을 환기토록 한 데 이 시의 특색이 있다.

    感激의 血管을 脫腸當한
    죽은 '言語'의 大量産出 洪水다
    死海의 汎濫 — 警戒해라
    ……
    濁流 — 濁流 — 濁流
    '센티멘탈리즘'의 洪水
    크다란 어린애 하나가
    花崗채ㅅ죽을 휘둘른다

    무덤을 꽃피운
    救援할 수 없는 荒野
    藝術의 祭壇을 휩쓸어 버리려고

僞善者와
느렁쟁이 —'어적게'의 詩들이여
잘잇거라
우리들은 어린아히니
'심볼리즘'의
장황한 形容詞의 줄느림에서
藝術의 손을 잇글자

   그는 20년대 전반기 시를 '혈관을 탈장당한 죽은 언어'라고 하면서 '센티멘털리즘'과 '심벌리즘'의 시는 결별되어야 할 '어적게의 시'라고 규정하고 있다. 그러기에 그가 말하는 시의 건강성은,

한개의
날뛰는 名詞
금틀거리는 動詞
춤추는 形容詞
(이건 일즉이 본 일 업는 훌륭한 生物이다)
그들은 詩의 다리(脚)에서
生命의 불을
뿜는다.
詩는 탄다 百度로—
빗나는「푸라티나」의 光線의 불길이다

모—든 律法과
「모랄리틔」
善
判斷
—그것들 밧게 새 詩는 탄다.

「아스팔트」와
　　그러고 저기 「렐」우에
　　詩는 呼吸한다.
　　詩— 딩구는 單語.

라고 하고 있다. 건강한 시란 다름아닌 "모—든 율법과/'모랄리틔'/선/판단"이라는 반예술적 도덕성과 무관한 시의 예술성이며, "날뛰는 명사/금틀거리는 동사/춤추는 형용사"에 의해 이루어진 시이며, 또한 "아스팔트와/그러고 저기 '렐'우에/시는 호흡한다"와 같이 일상성에서 시의 활력과 시대감각을 만드는 시다. 말하자면 시는 문명비판이 되어야 한다는 시의 현실적 기능까지 강조하고 있었던 셈이다. 그가 그 후 풍자시와 경향시를 쓰게 된 가능성은 이렇듯 처음부터 마련되고 있었다.

　　시의 건강성은 이렇듯 그로 하여금 현대시를 현대시답게 만드는 시적 징표라고 할 만하다. 건강하고 활발하고 밝고 신선한 '태양의 풍속', 그것은 시인에 있어서 '나의 어머니, 나의 고향, 나의 사랑, 나의 희망'(「태양의 풍속」)이다. 그리고 그것은 모든 것의 시작이요 출발인 '아침'으로 표상되고, '바다' 또한 '태양'이 떠오르고 긴 항해를 예고하는 오후의 바다가 아닌 아침의 바다다. 「출발」「여행」「旗빨」「항해」 등과 같은 여행의 시가 그의 시에 많은 것은 이 때문이다. 『기상도』의 일부 또한 여행 떠나는 모습으로 일관되어 있다. 이때, 태양·아침·바다의 이미지가 각각 따로 따로 나타나지 않고 서로 유기적 관련성으로 나타나고 있는 점을 유념해야 할 것이다.

　　五月의 바다와 같이 빛나는 窓이
　　아침해에게 웃음을 보내며
　　無限히 깊은 會話를 두 사람은 바꾸고 있다.
　　하눌은 얼굴에서 어둠을 씻고

地中海를 굽어본다. 푸른 밑 없는 거울……

―「출발」에서

파랑 帽子를 기우려 쓴 佛蘭西領事館 꼭댁이에서는
三角形의 旗빨이 붉은 金붕어처럼 꼬리를 떤다.

地中海에서 印度洋에서 太平洋에서
모―든 바다에서 陸地에서
펄 펄 펄
기빨은 바로 航海의 一秒前을 보인다.

旗빨 속에서는
來日의 얼굴이 웃는다.
來日의 웃음 속에서는
海草의 옷을 입은 나의 '希望'이 잔다.

―「旗빨」

　물론「기차」「고독」「이방인」등과 같이 '밤'의 시편이 없는 것은 아니나, 하지만 그의 시적 지향은 아무래도 밤이 아니라 아침이며, 안으로 향하기보다 바깥(세계)을 향해 트여 있다. "지중해에서 인도양에서 태평양에서/모―든 바다에서 육지에서"와 같이 세계주의로 전개된다. 첫 시「가거라 새로운 생활로」가 보여주듯이 '바빌론'으로 상징되는 문명세계에 대한 동경과 심취는 그만큼 각별하다. 사실 그의 이국적 기질은 너무나 강하다. 그곳은 아침이며 밝음이며 '깃발'의 세계다. 하지만 이곳은 밤이며 어둠이며 비탄과 울음의 세계다. '기차' '고독' '이방인' 등의 시가 그 시공을 밤과 어둠으로 선택했을 때, 그 세계는 눈물과 울음으로 나타날 수밖에 없었던 것은 이 때문이다. 그러기에 그에게 있어 '동양적인 적멸'이나 이곳의 과거는 하루빨리 결별되고 부정되어야 할 대상이다. 그런 점에서 『태양의 풍속』에 실린 '오전의 생리' 시편들은 동양의 세계, 어둠의 세계로부터 결별과 강렬한 부정을 의미한다. 「출발」「깃발」「바다의 아츰」「일요일 행진곡」 등은 '태양의 풍속'을 읊은 시다. 여행시는 말하자면 '새로운 생활', 문명세계로 항해하기 위한 태양의 풍속이었던 셈이다. 도시와 기계문명을 노래하고 그 속에서 안식을 희구한 시편 또한 결국 이러한 여행시와 같은 선상에 있다.

문명의 세계는 바로 과학의 세계다. 그는 영문학을 하면서 한때 수학을 가르치기도 했고 또한 과학에 관한 책을 번역 소개하기도 하였다. 그만큼 과학은 그에게 있어 새로운 세계관이요 '西部'였다. 이러한 문명세계의 예찬이 도시와 기계문명의 숭배로 나타난 것은 당연한 귀결이다. 「기차」「아침 비행기」「호텔」「한강인도교」「아스팔트」 등은 모두 도시와 기계문명 숭배가 낳은 시편들이다. 때로는 현대문명의 총아인 비행기(「아침 비행기」)와 기차(「기차」)를 예찬하고, 때로는 「아스팔트」와 「한강인도교」와 같이 '아스팔트'와 '렐' 위에서 그의 시는 호흡하고 있었다. 그것은 문덕수의 지적과 같이 자동차·기차·기선·비행기 등을 즐겨 읊은 이유는 질주의 속도와 리듬, 비행의 상승 등 현대문명의 메카니즘적인 논리를 통해서 삶을 확충할 수 있다고 믿었기 때문이며, 이러한 논리는 비정적·비인간적인 것인데, 그가 근대 유산으로서의 과학을 신뢰하는 데서 연유하는 것이다.[6] 그래서 그의 시에 잦은 도시어·문명어·외래어 등은 그의 시 「시론」에서 표방한 '날뛰는 명사, 꿈틀거리는 동사, 춤추는 형용사'의 구체적 표현이었던 셈이다. 도시어·문명어·외래어 등은 당시 시적 관습에서 벗어나고 있다. 이 벗어남이 당시로서는 낯설게 하는 것이다.

김기림의 시창작방법인 주지성 역시 이러한 과학적 태도의 소산이다. 그에게 있어 시는 노래이기보다 인식이며 또한 인식의 기호론이

---

6) 문덕수, 『한국모더니즘시연구』(시문학사, 1981), p. 181.

다. 시는 스스로 지어지는 것이 아니라, 만들고 짓는 것이다. 시가 인식되었을 때 시는 당시 편내용주의와 감상시에 절망하고 있었던 것이다. 20년대 전반기 시가 감상에 집착했을 때, 그는 단연코 시의 건강성으로서 지성을 강조한 것이다. 이러한 감상과 지성의 대립은 다시 운율과 이미지로 대체된다. 그만큼 감상시의 대립으로 운율을, 프로시의 대립으로 의미를, 이미지로 대신하였다. 그의 시에 나오는 이미지의 조형, 관념의 감각화가 바로 그것이다.

    待合室은 언제든지 "튜-립"처럼 밝고나
    누구나 거기서는 旗빨처럼
    出發의 희망을 가지고 있다.

―「待合室」

    사랑엔 敗했을망정
    銀빛 甲曺 떨처입은 쵸코레-트 兵丁閣下.

    사랑은 여리다고
    아가씨의 입에서도 눈처럼 녹습니다.
    서방님의 입에서도 얼음처럼 녹습니다.

―「쵸코레-트」

  이렇듯 감상 대신에 이미지를 통한 조소성, 관념 대신에 관념의 감각화 등 시의 미학 내지 건축성의 추구는 그에게 있어 일단 당시 시적 상황에 비추어 절대적이고 역사적인 과제라고 할 만하다. 하지만 그러한 시의 미학 내지 건축성의 추구는 형식면에서 새로운 것을 갖추었다고 해도, 그것이 현실과 필연적인 관계를 갖지 않은 외부적인 것이다. 그만큼 타설적이고 관념적이다. 「대합실」「쵸코레-트」가 인간적 감정이 사상된 언어의 유희로 나타난 것은 이 때문이다.

> 가을의
> 太陽은 겨우른 畫家입니다.
> ―「가을의 태양은 〈플라티나〉의 燕尾服을 입고」에서

> 부끄럼 많은 寶石장사 아가씨
> 어둠 속에 숨어서야
> 루비 싸파이어 에메랄드……
> 그의 寶石 바구니를 살그머니 뒤집는다.
> ―「밤港口」

> 眞紅빛 꽃을 심거서
> 南으로 타는 鄕愁를 길으는
> 國境 가까운 停車場들
> ―「따리아」

> 移民들을 태운 시컴언 汽車가 갑자기 뛰어들었음으로 瞑想을 주물르고 있던 鋼鐵의 哲學者인 鐵橋가 깜짝 놀라서 투덜거립니다. 다음 驛에서도 汽車는 그의 수수낀 로맨티시즘인 汽笛을 불테지.
> ―「北行列車」에서

 태양을 '겨우른 화가'로, 밤항구를 '보석상자 아가씨'로, 다알리아를 '국경 가까운 정거장'으로, 기적을 '수수낀 로맨티시즘'으로 하나의 사물, 하나의 비유 속에 포착한 솜씨는 기발하지만 그것은 현실에서 얻은 것이라기보다 관념 속에서 온 것이다.
 하지만 이데올로기의 폭풍이 기승을 부리고 감상이 판을 치는 낙후된 상황 속에서 시 자체의 존재론을 탐색하기 위한 몸부림을 관념 속에서나마 문명숭배와 세계주의를 통하여 김기림은 감당해나갔던 것이다. 그 첫 결실이 그 후 씌어진 시 「기상도」 바로 그것이다.

3

"현대의 교향악을 기획했다"[7]고 스스로 표방한 장시「기상도」는 시집『태양의 풍속』의 시편이 보여주듯이 현실과 유리된 지금까지 시의 관념적 세계에 대한 스스로의 반성이자, '현실의 적극적 관심'[8]에 부응한 구체적 표현이다.「기상도」는 그동안 그가 시도한 어떤 시보다 크고 넓은 세계이며, 현대문명의 상황을 비판한 의욕적이고 실험적인 시적 구조물이다. 현대문명은 그것에 알맞은 시의 형태를 요구한다고 하면서 엘리엇의「황무지」, 스펜더의「비엔나」와 같은 장시를 그는「기상도」에서 실험한 것이다. 그러기에「기상도」를 발표한 1930년대 중반은 김기림에 있어 시의식의 변화를 보여준 주목할 만한 시기다.

물론『태양의 풍속』의 시편과「기상도」사이에는 창작시기만이 아니라, 그 구조와 이미지 그리고 패턴이 전혀 구별되는 것은 아니다. 오히려 이미지를 통한 조소성, 관념의 감각화 등 시의 건강성이 유감없이 총체적으로 발휘되어 이루어진 것이「기상도」라고 할 수 있다. 더욱이 바다·태양·아침의 정서 또한「기상도」의 중심적 이미지가 되어준다. 하지만 다른 것은, 하나는 이미지의 조형이나 관념의 감각화가 이미저리의 奇想을 위한 사용이라면, 또 다른 하나는 문명비판적인 풍자와 비유의 구사로 나타난다.

    넥타이를 한 흰 食人種은
    니그로의 料理가 七面鳥보다도 좋답니다
    살갗을 희게 하는 검은 고기의 偉力

                              —「市民行列」에서

---

7) 박용철,『박용철전집』2(시문학사, 1940), p. 94 재인용.
8) 김기림,「시와 현실」(『金起林全集』2, 심설당, 1988), p. 102.

> 푸른 바다의 寢床에서
> 흰 물결의 이불을 차던지고
> 내려쏘는 太陽의 金빛 화살에 얼골을 어더맞으며
> 南海의 늦잠재기, 赤道의 심술쟁이
>
> ─「颱風의 起寢時間」에서

> 圖書館에서는
> 사람들은 거꾸로 서는 '소크라테스'를 拍手합니다
> 生徒들은 '헤-겔'의 서투른 算術에 아주 歎服합니다
> 어저께의 同志를 江邊으로 보내기 위하여
> 자못 變化自在한 刑法上의 條件이 調査됩니다
> 敎授는 紙錢 우에 印刷된 博士論文을 낭독합니다.
>
> ─「자최」에서

 이렇듯 "넥타이를 한 흰 식인종은 /니그로의 요리가 칠면조보다도 좋답니다"와 같은 희화, "남해의 늦잠재기, 적도의 심술쟁이"와 같은 비유, "사람들은 거꾸로 서는 '소크라테스'를 박수합니다 /생도들은 '헤-겔'의 서투른 산술에 아주 탄복합니다"나 "교수는 지전 우에 인쇄된 박사논문을 낭독합니다"와 같은 아이러니는 일반적 의미의 해학을 넘어서서 현대문명의 위기와 모순을 한결같이 풍자하고 비판하고 있다. 이러한 희화와 비유 그리고 아이러니로 이루어진 작품이 장시 「기상도」다.
 「기상도」는 당시 시에 대한 우리의 관습적인 반응을 자극하지 않는다. 오히려 관습적인 반응에 역습을 가한다. 그만큼 이미 있어온 감상시와 편내용주의 시의 형식을 반칙하여, 시의 형식을 새롭게 지각 가능케 한다. 나아가서『태양의 풍속』에서 보여준 단편이며 시각적 효과를 위한 이미지에서 현실의 복잡한 사실적인 일루전을 위한 이미지로 바꾼 것이다. 다시 말하면 '새로운 생활'에 대한 관념적인 숭배가

문명세계에 대한 구체적인 비판으로 바뀐 것이다.

그동안 '새로운 생활'에 대한 동경과 시적 반응은 당시로서는 청신한 감각을 보여주었으나, 좀더 깊은 감동으로 연결되지 않은 것은 선명한 감각적 인상의 포착과 위티한 이미저리에만 감각적 반응을 한정한 나머지, 삶의 현실에는 너무나 무관심하였기 때문이다. 거기엔 마음의 상태로서의 단편적인 시각적 효과는 있었으나 현실의 세목은 보이지 않았다. 그때까지만 해도 그는 주어진 상황에 생활하고 고민하지 않았다. 그의 이미지가 감각적인 선명함을 가진 것은 사실이나 그것은 평면적이며 그림엽서의 선명함이다. 뿐만아니라 이 엽서는 외국에서 온 것이다.[9] 이런 의미에서 파시즘이 거세게 일기 시작한 당시 서구문명의 위기의식에 시각을 돌린 것은 당시로서는 그때까지 없었던 새로운 의식의 변화라고 할 만하다. 시의 제목이 암시하듯이 「기상도」는 현대사회의 어지러운 기상을 진단·비판한 자본주의 문명의 기상도이자, 현실의 기상도. 말하자면 서구 현대문명의 내습을 태풍에 비유하고, 그것으로 인한 세계의 붕괴와 그 재생을 주로 다루고 있는 매우 의도적이고 의욕적인 문명비평시다.

　　비늘
　　돛인
　　海峽은
　　배암의 잔등
　　처럼 살아났고
　　아롱진 「아라비아」의 衣裳을 둘른 젊은 山脈들

　　바람은 바다가에 「사라센」의 비단幅처럼 미끄러웁고
　　傲慢한 風景은 바로 午前 七時의 絶頂에 가로누었다

---

9) 김우창, 『궁핍한 시대의 시인』(민음사, 1977), p. 48.

로 시작되는 「기상도」는 모두 424행의 장시로서 〈세계의 아침〉〈시민행렬〉〈태풍의 기침시간〉〈자최〉〈병든 풍경〉〈올빼미의 呪文〉〈쇠바퀴의 노래〉 등 7부로 이루어져 있다. 7부로 엮어진 이 시가 얼핏 보면 각각 이질적으로 서로 연관이 없는 것처럼 보이나, 자세히 보면 7부 각각이 '태풍'이라는 한 핵을 향해 수렴되고 긴밀하게 엮어지면서 유기성을 지니고 있음을 알게 된다. 이런 점에서 태풍의 내습과 강타라는 사건 전개과정을 중심으로 태풍이 엄습하기 이전과 이후 그리고 태풍이 통과한 다음의 세 단계로 나눠 고찰하여, 이 시가 현대문명의 죽음과 재생을 메타구조로 한 시적 표현이라는 다음과 같은 지적은 우리에게 퍽이나 시사적이다.

구성면에서 볼 때에도 계획된 플롯을 가지고 있다. 곧, 태풍이 상륙하기 이전의 자연환경과 국제정세(제1단), 태풍이 엄습한 후의 도시와 해만의 파멸광경(제2단), 태풍이 지나간 뒤의 태양의 고향의 예상도(제3단) 등 이른바 발단, 전개와 절정, 대단원의 삼단구조를 가지고 있다(〈세계의 아침〉을 서곡으로 본다면 4단구조가 된다). 이 구조는 현대문명의 죽음과 재생이라는 주제에 통솔되어 있다.[10]

이와 같이 7부를 3단으로 나눠, 1단은 〈세계의 아침〉〈시민행렬〉〈태풍의 기침시간〉, 2단은 〈자최〉〈병든 풍경〉〈올빼미의 주문〉, 3단은 〈쇠바퀴의 노래〉로 하여 삼단구조로 파악하고 있다. 정확하고 옳은 파악이다. 하지만 다른 한편 시각을 달리해서 본다면, 1부 〈세계의 아침〉과 이 시의 대단원인 7부 〈쇠바퀴의 노래〉는 그 시적 구조가 시간상으로 원형을 보여주듯이 공간상 원형을 보여주고 있음을 놓칠 수 없다. 말하자면 구조상 대칭으로 이루어져 있는 것이 이 시의 특색이다.

---

10) 문덕수, 『한국모더니즘시연구』(시문학사, 1981), p. 202.

제1부 〈세계의 아침〉이 '새로운 생활'을 찾아 떠나는 모습이라면, 제7부 〈쇠바퀴의 노래〉는 태풍을 거침으로써 또하나의 '새로운 생활'이 거듭남을 확인한 것이다. 그것은 새로운 생활에 대한 재생이자 쇄신작업이라고 할 만하다. 〈세계의 아침〉의 단순한 무조건적인 새로운 생활에 대한 동경이 〈쇠바퀴의 노래〉에 와서 새로운 생활에 대한 희망과 미래에의 믿음으로 바뀐 것이다. "우울과 질투와 분노와 /끗없는 탄식과 /원한의 장마에 곰팽이낀 추근한 雨備"는 벗어 던지고, "날개와 같이 가벼운 /太陽의 옷"을 갈아입어도 좋다는 것이다. 일찍이 박용철이 이 시를 두고 "명랑한 아침 폭풍경보에서 시작하여 다시 명랑한 아침 폭풍경보 해제에서 끝나는 완전한 좌우동형식 구성"11)이라고 지적한 것은 이 때문이다.

〈세계의 아침〉은 이 시의 프롤로그로서, 이 시를 지배하는 것은 주어진 세계를 통한 세계인식이 아니라, 문명숭배를 통한 세계주의의 감각적 전개다. 첫머리에서부터 "비늘 /돗인 /해협은 /배암의 잔등 /처럼 살아났고 /아롱진 「아라비아」의 의상을 둘른 젊은 산맥들"에서처럼 아침의 푸르고 싱싱한 해협과 산맥이 신선하고 밝은 감각으로 착색되어 있다. 그러기에 〈세계의 아침〉은 『태양의 풍속』의 시각지향적 시편과 동렬에 선다고 할 수 있다. 그만큼 연마다 '태양' 혹은 '오전'으로 암시되는 건강하고 활발하고 밝고 신선한 이미지로 점철되어 있다. 그리고 그것은 모든 것의 시작이요 출발인 '오전 7시'에서 '10시'로 이어지는 '아침'으로 표상되고, '바다' 또한 긴 항해를 예고하는 오후의 바다가 아닌 아침의 바다다. 그것도 "스마트라의 동쪽…… 5킬로의 해상", 적도 가까운 바다다.

배암의 잔등과 같은 물결, 사라센의 비단폭과 같은 미끄러운 바람 그리고 "국경 가까운 정차장 /차장의 신호를 재촉하며 /발을 굴르는 國際列車" 등과 같은 시각적 이미지는 그 자체가 산뜻하고 선명하나,

---

11) 박용철, 앞의 책, p. 95.

하지만 앞에서 얘기했듯이 『태양의 풍속』의 시각지향의 시편과 마찬가지로 삶의 현실이나 지성과 연결되지 못하고, 그림엽서의 산뜻함, 그 이상도 이하도 아니라는 점이 그가 지향했던 모더니즘의 한계이자 그의 초기 시의 한계다. 이러한 시의 한계를 스스로 돌파한 것은 제2부 〈시민행렬〉부터다. 〈시민행렬〉에 와서 현실과 유리된 시각지향성이 현실과 문명의 비판이라는 풍자(새타이어)의 시로 연결되고, 그 후 대단원인 7부 〈쇠바퀴의 노래〉에 이르러 1부에서 보여준 그림엽서의 산뜻함(심미적 차원)은 사라지며 남은 것은 격앙된 인간적 감정이다. 그만큼 형식(기교)보다 관련상황(의미)을 강조하고 있었다.

> 벗아
> 太陽처럼 우리는 사나웁고
> 太陽처럼 제빛속에 그늘을 감추고
> 太陽처럼 슬음을 삼켜버리자
> 太陽처럼 어둠을 살워버리자

야콥슨의 이른바 작품성 그 자체보다 작가의식·시대정신과 같은 관련상황이 강조될 때, 시는 이렇듯 시상이 표현으로 나타나지 않고, 직접적인 태양예찬으로 나타난다. 그만큼 시적 구조보다 서술구조가 강조된다. 언어 층위에 있어서, 〈세계의 아침〉이 은유적 구성이 두드러지고, 〈쇠바퀴의 노래〉가 환유적 구성이 우세한 것이 바로 그러한 것이다. 일찍부터 그의 시를 두고 너무 단선적이고 평면적이라는 비판은 이 때문이다. 사실 〈쇠바퀴의 노래〉는 혼란을 극복하고 질서의 세계로 나가는 시인의 바램이 너무 단도직입적으로 제시되고 있다. 태풍이 지나면 새로운 태양이 떠오르듯이 세계의 삶도 혼돈을 거침으로써 새로운 질서를 회복한다는 주장은 지극히 단순하고 평면적이어서, 단순한 형식논리만으로 자아의 탐구와 제시가 감동의 길로 이어질 수 없다는 것은 정한 이치다.

그렇다면 어떻게 「기상도」가 제1부 〈세계의 아침〉에서 7부 〈쇠바퀴의 노래〉에로의 의식의 전환이 가능하였는가. 그것을 가능하게 한 구조적 상상력은 무엇인가. 이때 우리는 2부 〈시민행렬〉에서 6부 〈올빼미의 주문〉으로 이어지는 태풍 내습과 그 위기라는 체험이 있었다는 점을 놓쳐서는 안 될 것이다. 〈세계의 아침〉은 실은 그가 주장한 모더니즘(시의 건강성)의 시적 표현이며, 〈시민행렬〉 이후 〈올빼미의 주문〉에 이르는 '태풍' 체험은 거기에 현실풍자(사회성)에까지 관심한 시적 소산이다. 말하자면 〈새로운 생활〉(「가거라, 새로운 생활로」)에의 꿈과 동경에 대한 자기비판이자, "현실에 대한 적극적 관심을 가지고 시를 쓰자" "시대적 고민의 심각한 축도"라는 그의 시론의 반영이며 실천인 셈이다. 그 시적 실천이 가능케 한 시적 세계가 태풍체험이며, 〈쇠바퀴의 노래〉는 그러한 태풍체험을 거침으로써 비로소 가능한 미래지향의 세계(「태양의 고향」)이다.

　　탄탄한 大路가 希望처럼
　　저 머언 地平線에 뻗히면
　　우리도 四輪馬車에 來日을 싣고
　　유량한 말발굽 소리를 울리면서
　　처음 맞는 새 길을 떠나갈게다
　　밤인 까닭에 더욱 마음 달리는
　　저 머언 太陽의 故鄕

비록 '태양의 고향'을 향해 '처음 맞는 새 길'을 떠나는 대목이 단선적이고 평면적인 구호에 그쳤다고 해도 그것이 갖는 특정한 상황을 염두에 둘 때, 그 역사적 의미와 역할까지는 부정될 수 없다. 이제 '새로운 생활'은 '바빌론'으로 상징되는 문명세계도 아니고, 새로운 생활도 '내일'도 '밝아가는 새벽'도 아니다. 온갖 모순·비리·부도덕 등으로 점철된 세계이다. 아니, 태풍으로 인한 파멸과 죽음의 세계다. 「가거라, 새로운 생활로」를 지배하는 것이 체험을 통한 세계인식이 아니라 관념의 나열이라면, 〈쇠바퀴의 노래〉는 '태풍'의 체험을 통한 '현실에 대한 적극적 관심'의 시적 성취다. 이것이 바로 '새로운 생활'과 '저 머언 태양의 고향'의 거리다. 하지만 그 태풍체험 또한 현실에서 얻은 것이라기보다 관념에서 왔다는 지적은 여기서는 다음 얘기가 된다. 사실 태풍체험은 그에게 있어 낯선 것은 아니다. 그 이전에 이미「폭풍경보」「전율하는 세기」등에서 불안과 공포로 대표되는 현대문명의 위기의식의 객관적 상관물로 다루고 있었다. 태풍체험은 그러므로「기상도」를 現實詩이게 하는 특수한 형식체험만이 아니라, 「기상도」의 구조원리가 되어준다. 특히 이 시는 태풍이 내습하는 장면 3부 〈태풍의 기침시간〉을 중심으로 해서 태풍이 내습하기 이전의 상황인 〈시민행렬〉과 태풍이 강타한 후의 〈자최〉가 대칭을 이루고, 〈자최〉의 구체적 세목이 〈병든 풍경〉〈올빼미의 주문〉으로 이어진다. 〈병든 풍경〉은 태풍의 엄습을 받고 병든 해안풍경이고, 〈올빼미의 주문〉은 황폐한 도시와 자연의 풍경 그리고 우수다. 그만큼「기상도」전체를 통해 가장 비통하고 절망적인 언어로 얼룩져 있다.

   보라빛 구름으로 선을 둘른
   灰色의 칸바스를 등지고
   꾸겨진 빨래처럼
   바다는
   山脈의 突端에 걸려 펄럭인다
   비뚤어진 城壁 우에
   부러진 소나무 하나……
   지치인 바람은 지금
   漂白된 風景 속을
   썩은 歎息처럼
   부두를 넘어서

찢어진 바다의 치마자락을 걷우면서
　　化石된 벼래의 뺨을 어루만지며
　　주린 강아지처럼 비틀거리며 지나간다
　　　　　　　　　　　　　　―「병든 풍경」에서

　　來日이 없는 칼렌다를 쳐다보는
　　너의 눈동자에는 어쩐지 별보다 이쁘지 못하그나
　　도시 十九世紀처럼 흥분할 수 없는 너
　　어둠이 잠긴 地平線 너머는
　　다른 하늘이 보이지 않는다
　　음악은 바다밑에 파묻힌 오래인 옛말처럼 춤추지 않고
　　수풀 속에서는 傳說이 도무지 슬프지 않다
　　페이지를 넘어가건만 너덧장에는 結論이 없다
　　　　　　　　　　　　　　―「올빼미의 주문」에서

　태풍 강타 이후 해안풍경은 '꾸겨진 빨래', '썩은 탄식', '주린 강아지'와 같은 어수선하고 비통한 이미지로 암시되고, 그 비통하고 절망적인 상황은 '내일이 없는 칼렌다', '다른 하늘이 보이지 않는다', '페이지를 넘어가건만 너덧장에는 결론이 없다' 등으로 표상하여, 시 제목 그대로 '병든' 풍경이며, 올빼미의 '주문'일 수밖에 없다. 태풍 내습 이전의 〈세계의 아침〉의 신선한 세계와는 그 이미지·톤·시어 등이 매우 대조적이다. 〈세계의 아침〉의 아침과 출발이라는 경쾌하고 밝은 이미지가 〈병든 풍경〉〈올빼미의 주문〉에 와서 어둡고 침침하고 암울한 이미지로 바뀐 것이다.

　하지만 뭐니뭐니해도 시 「기상도」에서 가장 핵심을 이루는 부분은 3부 〈태풍의 기침시간〉을 구심점으로 해서 그 여파를 다룬 2부 〈시민행렬〉과 4부 〈자최〉라고 생각한다. 현대문명의 기상(위기)을 태풍의 기상상황에 비유하여, 현대문명의 위기로 인한 모순과 비리와 불합리를 비판하고 풍자하고 있을 뿐만 아니라 현대시의 다양한 기법을 맘껏 실험하고 있다.

〈시민행렬〉은 불안한 세계의 정치기상이 태풍에 휩쓸리지 않을 수 없는 불길한 전조를 풍자적으로 암시하면서 그 세부와 구조가 그때까지 시의 경향과는 반대로 나가고 있다. 정치·사회·종교 등 각 분야에서 세계는 여러 가지 모순·비리·부도덕 등으로 몸살을 앓고 있음을 풍자의 틀로써 낯설게 하고 새로운 눈으로 보게 한다. "넥타이를 한 흰 식인종"의 흑인탄압, '니그로의 요리'가 칠면조보다 맛이 있고 그것이 오히려 백인들의 피부를 희게 한다는 일종의 역설적 풍자, '헬메트를 쓴 피서객', '슬픈 독창가의 심판의 호각소리', '내복만 입은 파시스트', '필경 양복 입는 법을 배워낸 宋美齡女史', 여존남비의 풍속을 암시하면서 오히려 '자살의 위생'을 생각해야 하는 '巴里의 남편들' 등 〈시민행렬〉은 야유·해학·기지 등을 유감없이 구사함으로써 세계 각국의 정치적·사회적·윤리적 정세를 회화하고 풍자한다. 말하자면 김기림의 문명비평의식의 말로라고 할 만하다.

인종차별·전쟁·독재정치·실업·위선적인 종교 등 세계 각국의 단편적인 기상을 관찰하는 시각, 그것은 어쩌면 시인의 것이라기보다 차라리 신문기자의 것이라고 할 수 있다. 사실 김기림은 1930년《조선일보》사회부 기자로 입사하면서 시를 발표하기 시작하였고, 36년 동북제대로 다시 유학을 떠날 때까지 기자생활을 계속하였다. 이 사이에 씌어진 것이 시「기상도」이다. 〈시민행렬〉만이 아니라 〈자최〉 또한 파편화된 경험의 토막들에서 그의 저널리스틱한 감각을 우리는 보게 된다.

「大中華民國의 번영을 위하여」
슱으게 떨리는 유리컵의 쇳소리
거룩한 「테-블」의 보재기 우에
펴놓은 환담의 물구비속에서

늙은 왕국의 운명은 흔들리운다
「솔로몬」의 使者처럼
빨간 술을 빠는 자못 점잔은 입술들
색감안 옷깃에서
쌩그시 웃는 흰 장미
「大中華民國의 分裂을 위하야—」
찢어지는 휘장 저편에서
갑자기 유리窓이 투덜거린다.

〈자최〉의 제1연으로서 대중화민국의 번영과 분열을 위한 정치회담 장면이다. 이어 만국공원에서의 실직자들의 넋두리, 태풍의 상륙과 피해상황, 태풍 속의 교회예배의 장면, 도서관 내의 장면, 보초와 불란서 여인과의 통정, 화류계의 불륜 등 13개의 단편적인 장면과 위티한 감각 등은 신문기자가 아니면 생각할 수 없는 처리요 발상이라고 생각한다. 13개의 경험의 토막들이 서로 무관한 경험처럼 각각 독립되어 있는 것도 이 때문이라고 생각한다. 더구나 〈태풍의 기침시간〉이 보여준 위티한 언어감각이 우리를 매료하는 힘은 압도적이다. "바시의 어구에서 그는 문득/바위에 걸터앉어 머리 수그린/헐벗고 늙은 한 沙工과 마주쳤다/홍「옛날에 옛날에 파선한 沙工」인가봐/결혼식 손님이 없어서 저런게지/「오 파우스트」/「어디를 덤비고 가나」/「응 北으로」/「또 성이 났나」"와 같은 태풍과 늙은 사공의 대화장면이 바로 그러한 것이다. 사실 태풍은 남태평양에서 일어나고 바야흐로 북진중이며, 경계지역은 아시아 연안이다. 그리고 그 태풍이 중국대륙을 강타하는 대목이 바로 〈자최〉이다. 세차게 밀려드는 서구문명으로 혼란된 동양(중국대륙)의 정치기상, 즉 만주사변·상해사변·중일전쟁 직전의 역사적 사실을 이렇게 나타낸 것이다.

시 「기상도」는 이렇듯 말을 비틀고 뒤집는 언어감각이 당시로서는 경탄할 만하다. 특히 공자와 그리스도 등 동·서양의 성현과 문인, 학자, 고전작품은 두말할 것 없고 여러 가지 사건·얘기 등이 몽타주나 콜라주처럼 짜깁기되어 있다. 일찍이 최재서는 "그 이미지는 기상학·지문학·정치사·고전 등으로부터 여객기 傳書鳩, 성층권 '에텔'에 미쳤고 기타 시에 나올만한 아직까지 나오지 않았던 모-든 이미지가 등장하였다"[12]고 하였다. 또한 형태시(활자의 시각적 배열과 대소활자의 사용)의 시도, 대담한 생략, 구어체의 사용, 연상의 비행 등 다양한 현대시기법의 실험은 당시 '센티멘털리즘의 홍수'나 '심벌리즘의 몽롱한 형용사의 줄느림'의 시편 앞에서는 그 시적 성취는 어쨌든 낯설음이 아닐 수 없다. 그 중에서도 연상의 비행은 그의 시에 되풀이 사용되는 시적 의장의 하나다. 아래와 같은 자작시에 부친 스스로의 해설만 보아도 그렇다.

「포플라」의 마른 가지에 가마귀 한 마리
검은 묵바울가튼 검은 가마귀
「웨스트민스타」의 寺院의 종이
大英帝國의 黃昏을 느껴(껴, 껴, 껴)우는 소리―
가마귀는 거문 「징기쓰시칸」의 後裔올시다.
하나 지금은 영양부족으로 卒倒의 症勢까지 보입니다.
紳士는 아니외다.
葬式 行列에 끌려가는 「알폰소」廢皇陛下의 帽子는 四十五度로 기우러저 있습니다.
「사모라」의 키보다 큽니다.
「칼멘」아 노래 불러라
서반아의 피를 마시면서―

― 「서반아의 노래」

---

12) 최재서, 「현대시의 생리와 성격」(『문학과지성』, 인문사, 1938), p. 77~78.

"이 시는 속도를 나타내려고 했다. 속도를 나타내는 방법으로는 활자의 직선적 횡렬, 음향의 단속 등 외적 방법과 '이미지'의 비약에 의한 내적 방법의 두 가지를 필자는 시험해보았다. 여기 쓰여진 방법은 후자의 예다. 그래서 시의 각 행이 대표하는 '이미지'는 각각 다르며 그것들이 눈이 부시게 비약한다. 다시 말하면 연상작용에 의하여 이 '이미지'는 다른 '이미지'를, 그 '이미지'는 또 다른 '이미지'를 불러온다. 나는 이것을 연상의 飛行이라 부른다. 그리고 수법으로는 '쉬르리얼리즘'의 방법을 많이 응용하면서도 어떠한 주제에 의하여 의미의 통일을 기획하였다. 단어의 결합은 각각 무목적적인 것 같으면서도 어떠한 의미에 의하여 유기적으로 결합하려는 지향을 가지고 있다."[13]

콕토의 말과 같이 진짜 리얼리티란 우리들이 날마다 접촉하고 있음으로써 기계적으로밖에는 보이지 않는 사물을 마치 그것을 처음 보는 것처럼 새로운 각도로 보여주는 것이 아니던가.

4

문제는 전체적으로 보아 시「기상도」의 구조원리나 선행담화가 이렇듯 전통적 경험보다 서구적 경험이 크게 작용한 점에 있다. 그만큼 시「기상도」는 그 형식과 내용이『태양의 풍속』의 시편과 마찬가지로 철저히 서구지향적이며 문명지향적이다. 그의『詩論』이 그렇고『文章論新講』도 그렇다. 리처즈・리브스・리드의 메타머르포지스에서 그의 시론은 시작되고, 파운드・엘리엇・오든・스펜더에 이르는 시인의 시의 패러디가 아니면 에코에서 그의 시는 비롯한다. 비록 그의 시가 감각적인 선명함을 가진 것은 사실이나 그것은 외부적인 것, 다시 말하면 이국적인 것을 선험으로 한 선명함이다. 이러한 타의 선험은 서구에서 온 것이다. 서구적인 것은 이미 기성형식을 갖추고 있어서 그것

---

13) 김기림,「속도의 시, 문명비판」, 앞의 책, p. 334.

을 그대로 받아들이기만 하면 되었고, 그래서 그의 시방법이 他設的일 수밖에 없다.14)

'시대적 고민의 심각한 축도'라고 스스로 자처하면서 '현실에의 적극적 관심'을 가지고 시를 쓰자던 그가 「기상도」에서 보여준 현실은 1930년대 중반을 전후한 식민지 조선의 현실이 아니라, 서구 자본주의의 팽창과 대내외적 갈등과정에서 빚어진 저쪽 지식인들의 현실이다. 아니, 식민지 조선의 현실을 세계시민의 위기의식, 그것과 동일시하였고, 그것도 결국은 스스로 실감한 위기라기보다 관념적인 차원에서 파악한 위기다. 그만큼 당시 시대의 혼란을 식민지의 질곡 아래에 있는 심각하고 구체적인 문제로 의식하지 않고, 세계적 위기라는 보편적 차원에서 이해하고 있었다. 그러기에 이미 다른 곳15)에서 얘기했듯이 김기림의 코즈머폴리터니즘이 한낱 엑조티시즘으로 시종하였다는 것 자체가 그의 시가 당대의 시대적 요청에 대답하는 데 실패하고, 한국적 리얼리티와 유리되고 있음을 우리는 발견하게 된다. 그것은 곧 서구적인 것은 모두 기정사실로 받아들이고, 그것에 의하여 모든 시적 소재를 다루는 태도다. 그의 시에 있어서 이미저리의 구조는 他說詩와 마찬가지로 현실조응에서 기인하는 것이 아니고, 한결같이 외부에서부터 오는 새로운 관념이며, 그 관념은 내부의 충분한 발효의 과정과는 관계없이 엑조티시즘에 취한 강한 감각이 되어준다. 시 「기상도」는 타설적이라는 점에서 『태양의 풍속』의 시편과 결과적으로 너무나 비슷한 것이다. 다만 『태양의 풍속』이 현실에서 유리된 관념적 세계라면, 시 「기상도」는 현실에의 적극적 관심의 소산이면서 그 현실은 한국적 리얼리티와 유리된 또하나의 관념적 세계인 것이다. 그것이 그가 주도했던 모더니즘의 한국적 전개이면서 그의 초기 시의 실상이었던 셈이다. 「기상도」가 현실적인 대상을 다루되, 전혀 현실감이 느껴지지 않

---

14) 박철희, 「김기림의 모더니티」(『한국시사연구』, 일조각, 1980), p. 236.
15) 박철희, 위의 책, p. 237.

는 것은 이 때문이다. 그만큼 식민지 지식인에 실재하지 않은 저쪽의 고민을 자기 고민으로 삼았다. 그 후 김기림이 『새노래』에 와서 자기비판을 시도한 것은 여러모로 그의 시적 변모과정을 이해하는 데 시사적이다. "시의 소생을 위하여는 역시 사람의 흘린 피와 더운 입김이 적당히 다시 섞여야 했다. 하지만 벌써 한낱 정신의 형이상학은 아니라 할지라도 또 단순한 육체의 動悸일 수도 없었다. 그러한 것을 실천의 慧知와 정열 속에서 통일하는 全人間의 소리라야 했다. 생활의 현실 속에서 우러나와야 했다."16)

물론 시는 '생활의 현실' 속에서 우러나오는 '인간의 소리'이어야 한다는 자각과 모더니즘에 대한 자기비판은 시집 『새노래』 이전에 이미 시집 『바다와 나비』에서 소리없이 이루어지고 있었다. 시집 『태양의 풍속』과 『기상도』 이후 1939년 대전 발발까지 《조광》《여성》《문장》《인문평론》《춘추》 등에 발표된 일련의 시가 바로 그것이다. 「순교자」「요양원」「공동묘지」「겨울의 노래」 등이 보여주듯이 그가 그동안 의욕했던 모더니즘의 탈지향성에서 남의 현실이 아닌 나의 현실, 말하자면 '시의 고향'17)으로 귀의한 것이다. 『기상도』 『태양의 풍속』 처럼 지금까지의 바깥세계를 향하던 시선이 안으로 또는 개인의 세계로 긴장한다. 개인과 현실의 관계에서 특히 개인적인 환경이 일제 말엽 암울한 현실로부터 소외될 때 부딪치는 장애와 좌절은 결국 개인의 세계로 내향할 수밖에 없다. 그리하여,

---

16) 김기림, 「새노래에 대하여」(『김기림전집』 1), p. 264.
17) 「태양의 풍속」이란 주막을 떠난 지 6년이 되는 오늘에도 형은 아직 고난의 편력을 하는지 집으로 돌아왔는지 모르겠으나 〈무거운 가슴을 안고〉〈공동묘지〉에 섰는 형의 초췌한 얼굴은 어쩌면 지-드의 〈탕자〉와 그렇게 방불합니까? 〈씨네마풍경〉이니 〈손풍금〉이니 〈빠드대좌〉니 무수한 현대적 지식, 〈건방진 굴뚝〉〈튜립같이 밝은 대합실〉 등등의 한없는 奇詩 가운데서 수족과 같이 경쾌하던 형의 풍속이 또 언젠가 「못」에서 약간의 흥분된, 그러나 초췌한 얼골로 변한 것을 보았을 때 나 스사로 옮지 편석촌이 시의 고향에 돌아왔나부다 했읍니다.(이원조, 「시의 고향—편석촌에 붙이는 단신」, 《문장》, 1941 폐간호, p. 199)

오늘 어둠처럼 싸늘한 노을이 뜨는 바다의 언덕을 오르는
  　두놈의 봉해진 입술에는 바다건너 이야기가 없고
  곰팽이처럼 얼룩진 수염이 코밑에 미운 너와 나는
  　또다시 가슴이 둥근 少年일 수 없고나
  　　　　　　　　　　　　　　　　　—「追憶」에서

  낯익은 별조차 虛空에 아득한 낮과 밤
  떳떳지 못한 삶이라면 차라리
  길드린 즘생처럼 죽엄을 데불고 댕기신이 오시다
  　　　　　　　　　　　　　　　　　—「殉敎者」에서

  홀로 자빠져
  옛날에 옛날에 잊어버렸던 찬송가를 외여보는 밤
  山洋과 같이 나는 갑짜기 무엇이고 믿고싶다
  　　　　　　　　　　　　　　　　　　—「山洋」

　기대에 찬 좌절을 노래하는 시가 거의 심미적 전환으로서 유년체험에 대한 동경(「추억」), 아니면 죽음의 예찬(「순교자」) 그리고 신앙체험(「산양」) 등으로 퇴각한 사실을 이 경우 주목할 필요가 있다. 이런 뜻에서 「요양원」 「공동묘지」 「겨울의 노래」 「바다와 나비」 「못」 등이 환기하는 현실감각은 그 자체만으로 매력과 장점이 되어준다. 그것이 의도적인 탐구의 소산이건 직관적인 파악이건 그것은 별 의미가 없다. 중요한 것은 발밑의 현실을 응시하는 구체의 눈에 있다.

  아무 무덤도 입을 버리지 않도록 봉해버렸건만
  默示錄의 나팔소리를 기다리는가 보아서
  바람소리에 조차 모다들 귀를 쫑그린다.

潮水가 우는 달밤에는
등을 이르키고 넋없이 바다를 굽어본다.
―「共同墓地」에서

힘 쓰는 어둠속에서 날(刀)처럼 흘김은
빛과 빛갈이 녹아 엉키다 못해 식은 때문이다

바람에 금이 가고 비빨에 뚫렸다가도
상한 곳 하나없이 먼동을 바라본다
―「못」에서

저마다 가슴 속에 癌腫을 기루면서
지리한 歷史의 臨終을 苦待한다.

그날그날의 動物의 習性에도 아주 익어버렸다
標本室의 착한 倫理에도 아담하게 固定한다.
―「療養院」에서

　김기림이 그동안 그토록 강조했던 시의 건강성(지성)의 흔적도 없고, 다양한 현대시의 실험도 없다. '저마다 가슴 속에 암종을 기루'는 절망적이고 어두운 현실 앞에서 망국한을 노래하는 한 사람의 휴머니스트로서의 육성만이 메아리칠 뿐이다. 서구적인 새로운 세계에 매료되어, 현실과 무관한 지대에서 오랫동안 항해하다가 가지고 돌아온 것은 오직 '묵시록의 나팔소리'를 기다리면서 '바람소리에 조차 모다들 귀를 쫑그리'는 자신과 동시대인의 초췌한 모습이다. 그러면서도 "바람에 금이 가고 비빨에 뚫렸다가도 /상한 곳 하나없이 먼동을 바라"보는 것이다. 식민지현실을 '요양원'이나 '공동묘지'로 파악하면서 그 극복의지를 꼿꼿한 '못'으로 표상한 리얼한 시각은 그에게는 전에 없었던 일이다. 그만큼 어둡고 절망적인 시대의 음영과 상황의 굴곡이 정확한 통어('무덤' '암종' '못')로 이루어지고 있다. '무덤' '암종' '못' 등은 어둡고 절망적인 현실을 새롭게 해주는 이미지이며, 그것은 시인의 개체적 경험에서만 가능할 것이다. 그만큼 서로 대립되는 정서를 함께 지니면서 이루어지는 갈등으로 일관되어 있다.

그렇다고 시집 『바다와 나비』의 시편이 다 모더니즘과 거리가 먼 것은 아니다. 사실 『바다와 나비』의 시편에는 「코끼리」 「駱駝」 「江之島」 등의 단시와 같은 모더니스트풍의 모습이 있다. 아니, 모더니즘 지향과 인간지향이 함께 공존하고 있음도 무시할 수 없다. 하지만 「코끼리」 「낙타」 등 모더니즘 지향의 시보다 「요양원」 「공동묘지」 「바다와 나비」 「겨울의 노래」 등 현실지향적이고 인간지향적인 작품이 강력한 호소력을 발휘하고 있는 것만은 틀림없다. 그것은 서구적인 경험에 입각하여 짓고 노래하던 종래시에 대한 자기반성과 자기인식이며, 그러한 인식이 낳은 시가 「바다와 나비」며 「겨울의 노래」다. 「바다와 나비」 「겨울의 노래」는 어떤 의미에서 시인의 자화상 같은 것이다. "여행도 했습니다, 몇날 서투른 러브신", 하지만 그 여행과 러브신은 무척 우습다고 한 것처럼, 지난날 자기가 걸어온 시력과정에 대한 반성이 다름아닌 「겨울의 노래」다. 「바다와 나비」 또한 식민지현실과 나를 '바다'와 '나비'에 비유하여 자신을 성찰하고 응시하고 있다. 그만큼 '바다'와 '나비'와 같이 서로 대립되는 정서를 함께 지니면서 이루어지는 갈등으로 착색되어 있다. 그 갈등 때문에 시의 구조가 역동적일 수 있게 하면서 삶의 모습을 생생하게 나타내는 구실을 한다.

하지만 「지혜에게 바치는 노래」 등 8·15광복을 노래한 시편과 시집 『새노래』의 시편은 이와는 다르게 개인적인 감수성이나 경험은 문제가 되지 않는다. 개인적인 경험보다 광복 후의 감격과 환희에 전적으로 의존하고, 시는 대중적인 언어를 지향한다.

사치한 말과 멋진 말투

시의 귀족도 한량도 아니다
그대 그 손 얼골 흙에 튼 팔뚝이 사로워
그대 속에 자라는 새날 목노아 부르리라

—「나의 노래」에서

하도 억울하야
부르는 소리 피 섞인 소리가
萬歲였다

총뿌리 앞에서 칼자욱에서 채찍 아래서
터져 나오는 민족의 소리가
萬歲였다

—「萬歲소리」에서

壁을 헐자
그대들과 우리들 사이의
그대들 속의 작은 그대들과 또 다른 그대들 사이의
우리들 속의 작은 우리들과 또 다른 우리들 사이의

—「壁을 헐자」에서

"사람들이 흘린 피와 더운 입김"이 구체적 이미지나 장면으로 형상화되지 않고, 관념으로 남아 있는 것이다. 그만큼 직설적이며 웅변적이다. 이제 시는 개인의 목소리가 아니라, 대중적인 합창을 선도하는 선소리이자 집단적 메아리였던 셈이다. 모더니스트의 흔적은 깨끗이 지워지고, 남은 것은 청중으로 어떤 반응을 자아내는 경향시의 특징뿐이다. 그러기에 「나의 노래」「만세소리」「벽을 헐자」처럼 쉬운 문체, 강경하고도 격앙된 율격 그리고 공감하기 쉬운 뜨거운 열기가 시의 양식을 결정짓고 있다. 비록 그의 시가 '새세계' '새나라' '어린 공화국'

'공동체의식' 등 새로운 시대의 새로운 주제로 나타나 있다 하여도 그것은 내면의 필연성에서 오는 시인의 표현의지가 아니라 외부의 시대적 요청에서 제작된 것이며, 광복 후의 시대적 분위기에 대한 지도자로서의 부응이었다. 그러기에 『새나라』의 시편이 새로운 내용을 갖추었다고 해도 『태양의 풍속』이나 『기상도』의 시편처럼 타설적이라는 점에서는 별로 다르지 않은 것이다. 다만 초기 시의 중요 내용인 '서구문명숭배'가 '새나라 건설'로 바뀐 것이 다르다. 시집 『새나라』의 첫머리에 새벽의 시, "나는 새 도시와 새 백성들을 노래하는걸세/참말이지 과거는 한줌 재일 따름"을 실은 것은 이 때문이다.

    김기림의 시는 이렇듯 서구시의 영향을 받았다는 대부분의 시인의 경우와는 반대되는 과정을 밟았다. 한때 「바다와 나비」「공동묘지」와 같은 자기동일적인 시가 없었던 것은 아니나, 그것도 잠시일 뿐, 그의 시는 『태양의 풍속』이나 『기상도』의 세계로 회귀하고 있었다. 그만큼 그는 시종일관 서구지향적이며 문명지향적이다. 그의 문명세계에 대한 심취는 병적일 만큼 압도적이다. 여기에 그가 주장했던 모더니즘의 한국적 한계가 있고, 모더니스트 김기림 시의 한계가 있었던 것이다.

모더니즘 超克의 시도

김 용 직

「氣象圖」이후에도 金起林은 얼마동안 「황무지」의 매력을 떨쳐버리지 못한 듯 보인다. 이것은 그 후에도 의식의 흐름을 이용한다든가 신화적 모티브를 지닌 작품을 쓴 점으로 나타난다. 그 구체적 보기가 되는 것이 「쥬피타 追放」이다. 〈李箱의 靈前에 바침〉을 부제로 한 이 작품은 그 무렵 우리 주변에서 흔히 쓰인 弔詩나 추모시와는 그 성격이 아주 다르다. "芭蕉 잎파리처럼 축 느러진 中折帽 아래서 빼어문 파이프가 자조 거룩지 못한 圓光을 그려 올린다." 이것은 작품의 허두 부분으로 생전의 李箱이 심상화된 것이다. 그런 의미에서 현실적이며 의식의 테두리에 드는 경우다. 그러나 다음 연에서 이런 단면은 일변하고 신화의 쥬피터에 이상이 겹쳐진 채 세계 정세의 혼란스러운 양상이 곁들여진다. "간다라 壁畫를 숭내낸 아롱진 盞에서 /쥬피터는 中華民國의 어린 피를 들이켜고 꼴을 찡그린다." 이어 쥬피터는 영미 쪽 사회가 빚어내는 정신적 난맥상에 誹笑를 보내는 것이다. 이 작품 후반부는 다시 그런 쥬피터의 심상에 생전의 이상을 연상케 하는 현실적 인간의 그것이 겹쳐진다.

  쥬피터 너는 世紀의 아픈 상처였다.
  惡한 氣流가 스칠 때마다 으슬거렸다. 쥬피터는 병상을 차면서 소리쳤다.
  「누덕이 이불로라도 신문지라도 좋으니 저 太陽을 가려다고
  눈먼 팔레스타인의 살륙을 키질하는 이 건장한
  大英帝國의 태양을 보지 말게 해다고.」

쥬피터는 어느 날 아침 초라한 걸레 쪼각처럼 때묻고 헤요진
수놓는 비단 形而上學과 체면과 거짓을 쓰레기통에 벗어 팽개쳤
다.
실수 많은 인생을 탐내는 썩은 體重을 풀어 버리고
파르테논으로 파르테논으로 날아갔다.

그러나 쥬피터는 아마도 오늘 세리시에 陸下처럼
헤여진 망또는 둘르고
문허진 神話가 파무친 폼페이 海岸을 바람을 데불고 소요하리라.

쥬피터 昇天하는 날 禮儀 없는 사막에는
마리아의 찬양대로 분향도 없었다.
길잃은 별들이 遊牧民처럼
허망한 바람을 숨쉬며 떠댕겼다.
허나 노아의 홍수보다 더 진한 밤도
어둠을 뚫고 타는 두 눈동자를 끝내 감기지 못했다.[1]

 이 작품은 두 가지 점에서「황무지」에 대비될 수 있고 엘리엇적이
다. 우선 이 작품의 주인공은 쥬피터이며 그 내면적 심상은 李箱이다.
그런데 그 모습은 전혀 진술적인 쪽이 아니라 제시의 입장에서 다루어
져 있다. 이것은 적어도 이 작품이 객관적 상관물의 이론을 원용한 것
임을 뜻한다. 다음 여기서 쥬피터의 심상에 겹쳐진 무대공간은 영국·
미국·프랑스·이탈리아 등 서구 쪽만이 아니라 중국으로 대표되는
동양이기도 하다. 또한 이디오피아와 아프리카도 포함되어 있다. 그
시간 배경 역시 신화시대에서부터 李箱이 죽은 20세기 후반에까지 걸
치는 것이다. 이 작품을 쓸 때 김기림은 재차 도일하여 東北帝大 영문

---

1) 金起林,『바다와 나비』(新文化研究所, 1946), pp. 97~98.

과에 적을 두고 있었다. 거기서 그는 渡日 전 읽은 「황무지」를 다시 새기면서 그가 쓴 「기상도」의 한계에 눈떴을 공산을 가진다. 새삼스레 밝힐 것도 없이 「기상도」에는 「황무지」가 갖는 인류 오천년사를 집약한 전통 감각이 결여되어 있었다. 또한 그에게는 서구의 신화, 전설과 인도의 고대 종교 의식에 걸친 엘리엇의 내용 체계도 없었다. 그것을 적은 규모로나마 보강하려는 의도도 포함된 듯 보이는 것이 「쥬피터의 추방」이다. 이 작품과 「황무지」의 상관관계는 어느 정도 명백해진다.

(1) 「바다와 나비」의 세계

金起林의 詩에서 「황무지」를 향한 경사 현상은 「기상도」 발간 후의 시간 경과와 함께 점차 희석화되어 간다. 김기림의 연보를 보면 「기상도」를 분수령으로 그의 詩作 활동이 눈에 띄게 줄어든다. 구체적으로 1937년과 1938년에는 수필과 평론들이 발표되었을 뿐 시는 한 편도 나타나지 않는다. 물론 이런 현상의 중요 빌미로 추정될 수 있는 것에 김기림의 東北帝大 진학이 있다. 1936년 29세의 나이로 그는 문단인으로서의 명성과 朝鮮日報라는 안정된 직장을 버리고 다시 일개 외국 문학도가 된 것이다. 일차적으로는 이런 새출발이 그에게 작품의 제작량을 감소시켰을 공산이 있다. 그러나 또 다른 각도에서 보면 그것은 김기림의 작품 경향을 바꾸기 위한 수속 절차이기도 했다. 해가 바뀌어 1939년이 되자 그는 20편 가까운 詩를 발표한다. 그리고 그들 대부분은 엘리엇의 것들과 그 작품 경향을 달리하는 것들이다.

    아모두 그에게 水深을 일러 준 일이 없기에
    흰나비는 도모지 바다가 무섭지 않다.

    靑무우 밭인가 해서 나려갔다가는
    어린 날개가 물결에 저려서

公主처럼 지쳐서 도라온다.

三月달 바다가 꽃이 피지 않아서 서거푼
나비 허리에 새파란 초생달이 시리다.

—「바다와 나비」전문[2]

 적어도 두 가지 점에서 이 작품은 그 성향이 「황무지」와는 다르다. 우선 이 작품의 주조가 되고 있는 것은 선명한 심상이지만 그것은 「황무지」처럼 부분과 부분으로 대비, 병치되어 있는 것이 아니라 그런 대로 전후 맥락이 닿는 흐름을 이루고 있다. 다음 이 작품에는 신화, 전설과 같은 모티브가 포착되지 않는다. 물론 이 작품은 대부분 초기의 김기림이 쓴 物理詩에서처럼 내면 세계가 사상되어 있는 것은 아니다. 그러나 그 알맹이가 되는 주제의식은 「황무지」에서처럼 작품의 뚜렷한 뼈대로 잡히지는 것이 아니라 여느 서정시에서처럼 완전히 정서에 용해되어 그저 감미롭게 느껴질 뿐이다. 본래 엘리엇의 작품은 이미지즘 단계의 物理詩를 극복하기 위해서 쓰여진 것으로 거기에는 반드시 시대나 문명, 세계에 대한 태도가 바닥에 깔려 있기 마련이다. 그러나 여기서 그런 단면은 거의 포착되지 않는다. 이런 방향 전환이 무엇을 뜻하는지가 궁금한 우리에게 이 무렵 김기림이 보여준 S. 스펜더 수용은 아주 중요한 열쇠 구실을 한다.
 구체적으로 김기림의 스펜더 수용 궤적은 「기상도」를 쓰기 이전의 글에서 이미 나타난다. 그것이 1934년 말경 《조선일보》를 통해서 쓴 「新 휴머니즘의 要求」이다. 이 글에서 김기림은 엘리엇의 주지주의를 지양, 극복하려는 시인들로 오든, C. 데이 루이스와 함께 스펜더의 이름을 들었다.[3] 또한 「기상도」를 쓰고 난 직후인 1936년도 초의 《詩와

---

2) 『바다와 나비』, p. 39.
3) 《朝鮮日報》(1934. 11. 17) 새 人間性과 批評精神, 『詩論』, p. 125.

現實》에「비엔나」를 들먹인 사실도 주목되어야 한다. 다음 세번째로 김기림이 스펜더를 이끌어들인 예는 『詩論』 2부 허두에 나타난다. 이 부분은「우리 新文學과 近代意識」,「모더니즘의 歷史的 位置」,「1933 年 詩壇의 회고와 전망」,「30年代 掉尾의 시단 동태」등으로 이루어져 있다. 그리고 그 내용은 한국 신문학의 일관된 목표가 근대적 차원 구축에 있다고 보고, 그 과정에서 모더니즘이 상당한 기여를 했음을 뼈대로 한 것이다. 그것을 김기림은 '문명 속에서 형성되어가는 새로운 감각・정서・사고'[4]라고 보았다. 이런 전제에는 30년대 모더니즘에 대한 한계도 지적되어 있다. 그것이 일부 모더니스트의 시가 언어의 細技에 흐른 나머지 문명의 총체적 모습을 포착하는 데 실패했다는 지적이다. 그리하여 김기림은 '시단의 새 진로'가 '모더니즘과 사회성의 종합이라는 뚜렷한 방향'이라고 못박았다.[5]

이런 내용으로 이루어진「30년대의 소묘」허두에 김기림은 스펜더의「급행열차」허두 부분을 실어 놓았다.[6] 이것은 이 무렵 그가 파운드와 엘리엇 류의 詩作 태도를 극복하고자 시도한 자취를 남긴 점으로 보아 매우 주목되어야 할 일이다. 한편「바다와 나비」를 검토해 보면 김기림의 스펜더 수용은 내적 증거를 통해서도 적실하게 파악된다. 1930년대 후반기의 한국 시단에서「바다와 나비」는 그 발상부터가 매우 이색적이었다. 재래적인 관점대로라면 우리 주변에서 바다는 넓고 푸른 것이었고, 용왕이 살며 심청의 전설을 곁들인 곳이었다. 우리 시인들은 거기에 향수라든가, 호기심, 이국정조 같은 것을 실어서 읊조렸다. 그와는 다르게 김기림은 그것을 푸성귀에 가득찬 들판으로 전이시키고 있다. 더욱이 물결 사나운 바다에 나비를 대비시킨 상상력은 아주 독특하다. 그런데 이와 아주 비슷한 심상을 드러내는 것이 스펜

---

4) 金起林, 모더니즘의 歷史的 位置, 『詩論』, p. 72.
5) 상게서, p. 77.
6) 상게서, p. 56.

더의 바다 풍경이다. 특히 그 제3연은 「바다와 나비」와 너무나 흡사하다.

  그러자 두 마리의 편편 나비가 海邊에서
  길 잃은 들장미인 양 눈부신 물기슭을 지나
  반편인 소용돌이 속 바다 위에 치솟아오른다.

  되비춘 하늘에 그들이 빠져버릴 때까지
  그들은 익사한다. 어부들은 그런 날것들이
  굿풀이 제물로 沈沒하는 것을 안다.[7]

 이 작품에서 바다의 심상은 무덤의 유추를 가능케 한다. 스펜더는 바다에 대비가 되는 육지를 생활의 터전으로 상정했던 것이다. 또한 여기에는 들판인 줄 잘못 알고 바다에 날아든 나비가 등장한다. 그리하여 그들은 하늘을 되비치고 있는 물(소용돌이)에 빠져서 주검이 되는 것이다.[8] 이 작품에서 나비가 장미꽃에 비유된 것도 간과될 일이 아니다. 「바다와 나비」에서 靑무밭인 줄 알고 바다 위를 나는 나비는 흰 빛깔이다. 그것은 바다의 푸른 빛깔과 아주 선명하게 원색의 대조를 이루어 꽃의 심상으로 제시된다. 그런가 하면 이 시에서 나비는 죽음의 심상도 곁들인다. 여기서 바다는 생동하는 실체가 아니라 수심을 깊숙이 간직한 채 한 송이 꽃도 피우지 않는 곳이다. 뿐만 아니라 그곳은 싸늘한 칼날을 연상케 하는 초승달이 솟아 있는 자리다. 그것은 불모의 감각을 곁들인 것인 동시에 墓域을 떠올리게 한다. 이렇게 보면 김기림과 스펜더의 두 작품 사이에 게재하는 상관관계에 대해서는 거

---

7) Stephen Spender, *Collected Poems*(London, 1955), p. 172.
8) 이에 대한 자세한 분석은 C. Day Lewis, *The Poetic Image*(London, 1958), pp. 136~137에 가해진 것이 있다.

의 의심의 여지가 없게 된다.

　김기림의 스펜더 경도에 대해서는 우리 나름의 추론이 가능하다. 우선 그는 초기에서부터 시의 현실적인 기능, 또는 행동의 면을 생각했다. 이런 경우 1934년 말경에 쓰여진 글은 다시 한번 인용되어야 할 것이다.

　　文學은 영구히 인생을 대상으로 하거나 그렇지 않으면 인생을 대상으로 한 것을 대상으로 한다. 그것은 또한 인생의 냄새를 完全히 떨어버릴 수 없는 숙명을 가지고 있다. 濃度의 차이는 있을지언정 작가는 그가 地上에서 쓰는 한 무슨 형태로든지 인생과 관련을 가지지 않을 수 없다.9)

　이 단계에서 김기림은 모더니즘의 상아탑화를 경계하게 된 것이다. 그리고 그 연장선상에서 시의 현실적 기능을 생각하고 있다. 그런데 「황무지」의 바탕을 이룬 엘리엇식 문학 해석은 그에게 다분히 미적지근한 것이었다. 엘리엇에게 詩는 직접적으로 현실에 작용하는 그 무엇이 아니다. 적어도 그것은 세계라든가 역사 파악의 능력을 통해서 이루어져야 하는 지적 작업의 하나다. 한편 엘리엇에 있어서 세계라든가 역사는 문화, 교양을 통해서 파악, 구축되는 것이다. 그의 이런 생각은 뒤에 문화를 그 나름으로 정의한 한 책을 통해 피력되었다. 그에 따르면 인간의 문화는 원시적인 사회에서 중세, 근대를 거쳐 오늘에 이르렀다. 원시사회에서 문화는 그 여러 활동이 서로 미분화 상태에서 작용했다. 디악族의 경우에 나타나는 바와 같이 사람사냥에 필요한 배를 설계하는 사람은 그와 동시에 배에 조각도 하고 칠을 함으로써 종교와 예술, 전쟁 등에 두루 관계한다.10)

---

9) 金起林, 새 人間과 批評精神, 『詩論』, p. 125.
10) T. S. Eliot, *Notes Towards the Definition of Culture* (London, 1972), p. 24.

그러나 사회가 복잡해지면서 직업의 개별화, 특수화가 이루어진다. 특정기술에 종사하는 사람들이 제각기 집단을 이루고 끝내는 그것이 계급적 구별을 빚어내는 것이다. 이런 사태는 그 계기 현상으로 각 집단과 계급 사이에 지배력의 쟁탈을 위한 싸움을 일으키게 만든다. 사회의 발달과 생활의 분화는 계급과 집단이 형성한 문화에 차이를 불러 오지만 상층계급의 문화는 하층계급의 문화에 영향을 미친다. 뿐만 아니라 하층계급의 문화 역시 상층의 것을 부단히 자극하여 활성화시킨다. 이 상호보완 상태가 건전한 사회의 분화다. 그러나 모든 문화가 반드시 이와 같이 건전하게 전개되고 진보·발전하는 것은 아니다. 때때로 문화는 후퇴 현상을 빚어내고 파괴적이 되는 수도 있다. 계급 또는 집단의 문화가 너무 지나치게 특수화하면 그것은 심한 균열현상 때문에 상호 분리 상태를 빚어낸다. 그 예가 서구사회이다. 서구사회에서는 종교가 무력화하고, 휴머니즘이 그 자리를 빼앗게 되었다. 여기서 엘리엇은 고전주의자답게 근대 서구사회의 정신적 지주가 된 휴머니즘에 반대한다. 휴머니즘은 인간의 한계를 모른다. 그것은 그지없는 오만으로 인간을 오염시킨다는 것이다. 그런 관점에서 그는 인간과 절대자 사이에 불연속성이 존재한다는 것을 발견한 흄의 공적을 높이 평가하는 것이다.[11]

문화의 의미와 그 형성 과정을 말하면서 엘리엇은 나아가 그 파괴를 막고 건전한 상태로 그것을 회복시키는 방법도 모색했다. 그가 문화를 위해 내건 요건은 크게 계층적 구조, 지방적 병존, 종교적 기초 등으로 나누어진다. 여기서 계층적 구조란 자본가와 프롤레타리아, 상류사회와 하류사회 등의 구별만을 가리키지 않는다. 엘리엇이 말하는 계층은 그보다 정치가라든가 농민, 어부 등을 가리킨다. 그들에게는 제각기 독특한 문화가 존재한다. 그리고 여러 계층들은 서로 문화를 함께 나누어 가지면서 相補的인 사회 관계를 유지해 가야 한다. 즉 직업적 집

---

11) T. S. Eliot, *Selected Essays*, pp. 489~490.

단을 뜻하는 각 계층은 각자 문화적 특징을 유지하려면 배타에 흐르지 말고 상호 보완적인 입장을 취해야 한다는 것이다.[12]

다음 문화의 요건으로 또 하나 문제되어야 할 것이 여러 지역에 따라 형성·전개가 다른 문화의 문제다. 엘리엇은 한 나라에 여러 지역의 문화가 독자적으로 존재하는 것을 필요한 것으로 본다. 그것을 중앙문화가 통괄하는 일은 바람직하지 못하다는 것이다. 그러나 특색을 가진 각 문화가 통일성을 갖는 것은 필요한 일이다. 자극과 마찰을 통한 균형과 안정이야말로 바람직한 문화 형성의 또 다른 조건이라는 것이다. 여기서 엘리엇은 화이트헤드의 말을 이끌어 들였다.

> 인간 사회에 있어서 다양화는 인간 정신의 변혁에 자극과 자료를 제공한다. 이질적 습관을 가진 다른 국민은 적이 아니라 은혜인 것이다.[13]

셋째, 종교적 기초란 엘리엇에게 있어서 계층과 지역의 매개체 구실을 하는 문화의 요건이다. 그는 절대자를 부정하는 휴머니즘을 배제하는 데 그치는 게 아니라 "종교에 의거하지 않는 가운데 형성되거나 발달하는 문화는 없다."[14]고 극언할 정도로 그 역할에 절대적 비중을 놓았다. 또한 계층이나 지역적 요건을 생각할 때와 꼭 같은 생각을 이 경우에도 피력했다. 즉 서구를 지배하는 종교, 곧 기독교는 여러 갈래의 교파로 나누어진다. 그러나 그 다양성은 비판될 필요가 없는 것이다. 각 교파는 서로에게 자극을 주면서 인간을 타락한 자유라든가 쾌락에서 벗어나도록 힘써야 한다. 그리하여 정신적 질서를 가진 공동체 형성에 기여하면 그 요건이 훌륭하게 충족된다는 것이다. 다만 종교의

---

12) T. S. Eliot, *Notes Towards the Definition of Culture*, pp. 24~25.
13) Ibid, p. 50.
14) Ibid, p. 27.

이런 측면은 때로 정치체제에 의해 자율성이 유린당할 수도 있다. 그 가능성으로 엘리엇은 나치즘이라든가 공산주의의 경우를 들었다. 스탈린 체제의 소련에서는 숫제 종교가 존재하지 않았다. 그리고 히틀러는 종교 위에 국가와 민족을 군림시켰던 것이다. 엘리엇이 생각하는 종교는 물론 그런 형태의 것이 아니다. 그는 그 실제 형태의 하나를 영국 교구에서 구했다. 영국 교구는 지역을 중심으로 교회를 가지며 그 구성원들은 종교나 사교를 위해서 모인다. 그리하여 일종의 공동체가 형성되는 것이다. 이 공동체는 지성과 신앙으로 보아 훌륭한 사람이 중심역할을 하며 운영된다. 그리하여 한 문화의 이상적 형태의 질서와 진보, 번영이 약속된다는 것이다.15)

(2) 金起林의 정치 수용

엘리엇의 서구 문화에 대한 비판·진단과 그 처방은 철저하게 고전주의자로서, 그리고 기독교도의 입장에서 이루어지고 있는 것이다. 그는 두 개의 세계대전을 거치면서도 직접적으로 현실에 뛰어들어 그 개혁을 시도하는 급진적 행동방식에 가담하지는 않았다. 그러나 김기림의 입장은 그와 근본적으로 달랐다. 일본 쪽에서 스펜더의 「비엔나」가 번역·소개된 해에 그는 한국문단을 비판하여 형식주의·반정치주의라고 못박았다. 그리고는 그 지양·극복이 바람직한 문학의 길임을 다음과 같이 적은 바 있다.

　　이러한 아나르시의 狀態에 文學도 사람도 그렇게 오랫동안 견디고 있을 수는 없었다. 이윽고 文學은 人間을 그리우게 될 것이었고 深奧한 휴메니티 우에 文學의 모든 分野를 새로운 휴매니즘의 文明批判의 태도를 확립하고 그 우에 모든 文學理想을 통일한 것이었다.

---

15) Ibid, pp. 77~78.

구라파에 있어서는 이러한 경향이 부분적으로 대두하였다. 그것은 主로 정치에의 관심의 형태로 나타났다.16)

여기서 문제되어야 할 것이 이 글을 쓸 무렵을 전후한 김기림 자신의 작품 경향이다. 이 글 다음 자리에서 그는 반정치주의를 배제한 예로 페르낭데스의 행동주의와 엘리엇의 주지주의에 반기를 든 오든, 스펜더, C. 데이루이스의 행동철학이 사회주의라고 밝히고 있는 것이다. 그럼에도 그의 시는 에즈라 파운드나 엘리엇의 테두리를 벗어난 단면이 드러날 뿐 적극적이며, 직접적인 행동에 의거한 것은 하나도 없다. 언뜻 생각하면 이것은 이만저만한 자가당착이 아니다. 이렇게 제기되는 의문을 위해서 이 무렵의 상황을 생각해 보아야 한다. 1930년대 중반기라면 우리 문단에서는 유일·최대의 정치적 발언 단체인 카프가 완전히 제 구실을 못한 때다. 일제는 대륙에 손을 뻗쳐 만주를 손아귀에 넣었고, 중국 본토에도 침략의 전단을 편 판이다. 그런 그들은 전력 강화와 후방 단속의 방편으로 전시체제를 선포하고 있었다. 일체의 민족적 감정이라든가 정치적 발언은 그 자체로 구금, 투옥의 구실이 되었고, 가혹한 박해가 그 뒤를 따랐던 것이 그 무렵의 우리 주변을 지배한 식민지적 현실이었다. 그리고 김기림에게도 이런 정치 정세, 상황에 대한 의식은 분명하게 있었다. 그 단적인 보기가 되는 것이 8·15 후에 쓰여진 다음과 같은 말이다.

> 1930년대는 날로 심해 가는 日帝의 政治的 攻勢 아래서 조선의 지식인들이 그들의 최후 것을 잃지 않기 위하여 悲痛한 守勢로 들어간 것을 특징으로 한 시기였다. 정치와 경제에서 잃어버린 모든 손실 위에 民族文化에 있어서도 날로 存亡의 위기가 닥치고 있었던 것이다. 文學人들은 어찌 보면 크로노쓰의 추적을 피하여 어린 제우스

---

16) 金起林, 새 人間性과 批評精神, 『詩論』, p. 125.

를 山 속에 감춘 크레테 神話의 레아 女神의 故智를 닮아 藝術主義라는 연막에 가려서라도 그들의 文學을 지켜가려 한 듯하다. 그 文學에는 따라서 內面化와 消極性이라는 時代의 정신징후가 짙게 흘렀다. 그러나 그것은 구라파의 예술지상주의처럼 스스로 취한 길이라기보다는 차라리 강요된 遁身術인 듯하다. 그것은 현실의 심각한 映像이 유미적으로 항상 변질을 하고 나타난 메타포어의 文學이었다. 그러므로 나는 그것은 일종 위장된 예술주의라고 부르고자 하는 것이다.[17]

여기서 명백해지는 바와 같이 이 무렵 김기림에게는 현실에 작용하고자 하는 내적 요구가 강하게 있었다. 그것을 표출해서 작품화시키지 못한 것은 '강요된 遁身術' 때문이었을 것이다. 그러고 보면 그 스스로가 메타포어 문학이라고 부른 이 무렵의 김기림 시에 식민지적 현실을 풍자한 것이 아주 없지는 않다. 가령 무솔리니의 에티오피아 침공을 제재로 삼은 듯 보이는 「아프리카 狂想曲」에서 침략군은 "급한 발길을 행여 막으며 다투어 던지는/眞紅빛 장미의 언덕을 박차며/熱沙를 뿜으며 몰려오는/검은 쇠바퀴…… 검은 말밥굽 소리……"로 표상되어 있다. 또한 파시스트의 약소국가 유린 행위를 그는 걱정스러운 목소리로 다음과 같이 노래했다.

　　한니발도 짓밟고 칼타고도 불지르고
　　오늘은 千年 묵은 沙漠의 정적을 부시고 가는
　　피 묻은 늙은 쇠바퀴야
　　너 달려 가는 곳이 어디냐

김기림이 이렇게 피에 주린 침략자로 규정한 무솔리니의 군대는 그

---

17) 金起林, 序文, 『詩論』, p. 1.

실에 있어서 일제와 동맹관계를 맺고 있었다. 만주사변 이후 일제의 군부는 급격히 군국주의화되면서 파시스트나 나치와 손을 잡았고, 그들의 생리에 따라 침략행위를 서슴지 않았다. 따라서 이탈리아군의 에티오피아 침공을 이렇게 풍자한 것은 그 실에 있어서 은유적인 방법으로 군국주의 일본을 야유하고 있는 것이며 소극적인 의미의 민족적 저항이었다. 이런 낌새를 느끼게 하는 작품에는 「바다와 나비」와 같은 시기에 쓰인 「連禱」도 있다.

> 내 神은
> 잠든 아기의 얼굴에서 우슴을 걷우는
> 즐거우려는 자라려는 날뛰려는
> 망아지와 薔薇를 시들게 하는
> 이 邪惡한 비바람을 가장 미워하는 神이리라.
>
> 내 神은
> 내 마음속의 주착없는 放心과
> 간사한 衝動과 親하려는 嬌態를
> 가장 怒하시는 神이리라
>
> 내 神은
> 沙漠에 꺼구러져 웨치는 아라비아 사람들의
> 캉캄한 마음에 떠오르는 太陽 —
> 埃及의 채찍을 피해서 紅海에 막다른
> 이스라엘 사람들의 앞에 갑자기 길이던 神이리라
>
> 내 神은
> 내 港口도 避難處도 安息도 아니오
> 내 싸움 속에서 나를 지키고 鼓舞하는 소리리라

연약하려는 落望하려는 나를 노려보는
엄숙한 눈쌀이리라[18]

　여기서 신이란 말할 것도 없이 김기림이 마음속으로 절대적인 가치를 부여하는 것 자체다. 그것이 이 작품 첫연에서는 인간주의의 단면을 띠고 제시되어 있다. 그러나 둘째연에서 그것은 꿋꿋한 저항의 정신을 느끼게 하며, 셋째연에서는 출애굽기의 심상에 겹쳐진다. 출애굽기에 나오는 모세의 전설은 이미 잠재의식이 아니라 당당한 행동의 차원이다. 김기림은 어느 때고 불의에 맞서 싸우는 행동의 길, 곧 저항이 고난의 가시밭길임을 알고 있었다. 그리하여 그는 이 작품 마지막 연에서 그것을 무릅쓰고 제 길을 나서는 자신에게 굽힘 없는 투쟁만이 신처럼 섬겨져야 할 것이라고 노래한 셈이다. 물론 이것은 김기림 자신의 말대로 은유 형태의 행동의식이다. 그러나 그가 처한 시대의 각박한 현실을 생각하는 경우 우리는 다시 한번 그의 시에 나타난 전환현상을 파악할 수 있는 것이다.
　이제 우리에게는 또 하나의 문제가 제기된다. 에즈라 파운드, T. S. 엘리엇의 테두리를 벗어난 김기림이 스펜더에 밀착한 까닭은 무엇인가. 두루 알려진 것처럼 스펜더는 일찍 뉴 시그네이추어의 일원이었고, 그후 W. H. 오든, C. D. 루이스, 루이스 맥니스 등을 중추로 한 뉴 컨트리에 참가했다. 그리고 이들은 그 출발 벽두부터 시와 문학의 정치·사회 참여를 표방하고 나선 시인들이다. 이들이 문학 수업을 시작했을 때 시대 상황은 선행한 세대의 경우와 크게 달랐다. 파운드나 엘리엇의 작가수업은 제1차 세계대전 전에 이루어졌다. 그러나 오든이나 스펜더가 직면한 시대는 스페인 시민전쟁과 나치의 정권장악, 만주사변 등 복잡한 상황 아래 놓여 있었다. 이런 상황 속에서 스펜더는 몸소 스페인 내란에 참가하기까지 했다. 또한 한때 공산당에 가입했고

---

18) 『바다와 나비』, pp. 61~62.

극좌의 행동을 취한 바도 있다.[19] 단적으로 말해서 이들은 엘리엇보다는 한결 급진적인 행동주의자였던 것이다. 그러나 이런 접근에는 또 하나의 물음이 제기된다. 따지고 본다면 뉴 컨트리에 의거한 시인 가운데 직접적인 행동을 표방한 시인이 스펜더 혼자만은 아니었다. 이른바 오든 그늘에 속하는 모든 시인이 좌파이기를 기하고 파시즘 타도의 기치를 들었다. 그렇다면 김기림의 경도 가능성은 스펜더보다 오든이나 맥니스 쪽일 수도 있다.

이에 대해서 우리는 두 가지 사실을 생각해 보아야 한다. 그 하나는 위의 각 시인들이 보인 행동의 성격 내지 양태다. 오든은 초기시에서부터 기독교 신앙의 단면을 나타냈고, 스스로가 자신을 분홍빛 자유주의자로 일컬었다. 이것은 그가 엄격한 의미의 공산주의자가 아니었음을 뜻한다. 또한 맥니스는 제2차 대전 전에 발표한 시를 통해서 보면 좀 강도 높은 반파시스트일 뿐 공산주의자가 아님이 드러난다. 그러나 스펜더는 비록 짧은 기간이었지만 공산당의 정식 당원이었고,[20] 비엔나 체재 때에는 노동자들의 지하운동에 참여한 바도 있다. 물론 그의 그런 생활은 얼마 가지 못했다. 그는 입당하자마자 곧 당 정책에 대해 비판적인 글을 썼고, 그것이 빌미가 되어 당원 자격이 박탈되었다.[21] 그러나 이런 사실은 대개 어떤 부분만이 과대하게 전달되는 법이다. 그리하여 오든이나 맥니스보다 그가 적극적인 사회주의 행동가로 알려질 공산이 있었다.

한편 작품의 무게로 보면 오든보다 스펜더가 뒷전일 수도 있는 쪽이다. 그의 장시 「비엔나」는 흔히 프랑스 혁명에서 모티브를 취한 워즈

---

19) G. S. Fraser, *The Modern Writer and His World*(Pelican Book, 1964), p. 298.
20) 이 점에 대해서 矢保貞幹, 『現代英國의 文學思想』(硏究社, 1956), p. 350에서는 스펜더가 마르크시즘의 공조자일 뿐, 공산주의자가 아니라고 하였으나 정확한 것은 아니다.
21) G. S. Fraser, *op. cit.*, p. 299.

워드의 시처럼 실패작으로 본다. 거기에는 목적의식이 앞선 나머지 예술적인 의장이 충분하게 작동하지 못하고 있기 때문이다. 그러나 스펜더에게는 오든이나 맥니스가 갖지 않은 장점이 있었다. 그것은 그가 자신의 문학적 입장을 비평으로 착실하게 펼친 점이다. 그것이 『파괴적 요소』, 『자유주의에서의 전진』 등의 책이다. 오든이나 맥니스가 시와 시극 등 창작활동에 전념하고 있을 때 스펜더는 이미 이들 책을 내어 그의 문학적 입장을 논리적 체계로 발표했던 것이다.[22] 스펜더가 한때 이탈리아를 여행하고 비엔나에도 체재한 사실은 이미 지적된 바와 같다. 거기서 그는 파시즘의 횡포와 독재자의 권력이 휘두르는 폭력 사태를 뼈아프게 체험했다. 그 틈바구니에서 사회주의에 빠져든 다음 정치적 진로의 방향을 모색한 나머지 쓴 것이 『자유주의에서의 전진』이다. 이 책에서 그는 탁상공론뿐 행동에 소극적인 그 자신의 세대를 가리켜 "우리는 세계의 關節이 떨어져 나간 것을 알면서도 그것을 바로잡지 못한, 分裂한 햄릿의 세대"[23]라고 규정했다. 이런 발언을 통해서도 우리는 그의 행동철학의 적극적인 단면을 읽을 수 있는 셈이다. 한편 스펜더에게 정치는 그에 앞선 세대의 경우처럼 시가 직접적으로 받아들이기를 꺼리는 그 무엇이 아니었다. 그것은 빗나가는 세계를 바로잡기 위해서 긍정되고 옹호되어 마땅한 것이었다. 위에 그 이름을 든 한 책에서 그는 정치를 정의하여 "인간 모두에 의해서 축적된 지식의 보화를 同化시키고자 하는 노력"이라고 말했다.[24] 스펜더는 좀 더 많은 사람들에게 이 지식을 이용케 하고 보다 좋은 사회를 만드는 데 그의 행동 목표를 두었던 것이다. 또한 그는 정치 형태의 理想을 계급이 없는 자유·평등사회의 건설이라고 보았다. 그리고는 일찍 인류

---

22) 단, 오든과는 달리 맥니스는 30년대 후반에 詩論集 『Modern Poetry』(1938)을 냈다. 그러나 그 이론의 독자적인 점에서 그것은 스펜더의 것에 멀리 미치지 못한다.
23) Stephen Spender, *World Within World*(London, 1951), p. 202.
24) Stephen Spender, *Forward from Liberalism*(London, 1937), p. 21.

는 그런 목표를 향해서 전진하는 듯 보였고 그에 따라 지식인은 정치에 담을 쌓을 수도 있었다고 보았다. 그러나 그가 처한 1930년대의 세계정세는 정치가 문명의 파괴를 자행하는 것이므로 사회주의가 필요하다는 견해를 내세웠다.[25] 결국 그는 사회주의자일 수밖에 없는 이유를 이런 각도에서 밝힌 셈이다.

스펜더의 문학에 대한 생각은 그의 정치철학과 짝을 이룬다. 직접적인 행동을 통해 사회의 개혁을 시도하는 데 역점을 둔 그는 詩와 문학 역시 그에 준하는 입장을 취할 것을 주장했다.

내가 관심을 갖는 것은 작가가 쓰는 그 무엇, 곧 오늘의 文學의 주제다.(……) 작품에 관해서 나는 넓은 의미의 정치적 혹은 윤리적 主題를 옹호한다.[26]

이와 같은 생각을 구체화시키기 위해서 스펜더는 새로운 리얼리즘을 제창했다. 그에 따르면 19세기식 리얼리즘은 현실참여를 지향하지 않는다. 그것은 작가가 보고 들은 것을 그대로 적기만 하면 되는 리얼리즘이었다. 이때 작가는 어떻게 쓰는가에는 신경을 쓰지만 무엇을 쓰느냐는 걱정할 필요가 없다. 있는 그대로를 쓰면 되기 때문이다. 그러나 스펜더는 그런 방법이 올바른 문학의 길일 수 없다고 생각한다. 그는 문학이 정치적 기능을 갖기 위해서는 현실의 선택적 묘사와 그 분석 관찰이 요구된다고 생각한다. 문학이 사회에 적극 참여하는 것이 정치적 기능을 갖는 길이다. 그리고 그런 기능을 제대로 달성하기 위해서는 유의성을 갖는 현실의 선택과 그 분석적 관찰이 필요하다. 여기서 스펜더는 정통 사회주의 리얼리즘과 입장을 달리한다. 사회주의 리얼리즘에서는 노동계급의 이익에 위배된다고 믿어지는 경우에는 분

---

25) Ibid, p. 154.
26) Stephen Spender, *The Destructive Elements*(London, 1953), p. 15.

석 관찰이 유보된다. 그러나 스펜더에게는 그런 성역이 존재하지 않는다.

  스펜더의 문학적 입장이 새삼스럽게 새로운 리얼리즘으로 표방되면서 그것은 당연한 사태의 귀결로 윤리적 색채를 강하게 띠지 않을 수 없었다. 분석 관찰이 중심과제가 되었기 때문에 그의 리얼리즘은 공적인 것, 집단적인 것을 개인의 윤리적인 눈길로 파헤치지 않을 수 없게 된다. 그것을 스펜더는 '파괴적 요소'라고 명명했다. 그에 따르면 헨리 제임스, 예이츠, 엘리엇, 로렌스 등은 개성적인 작가들이지만 또한 공통되는 요소도 가진 경우이다. 그것이 파괴적인 요소라는 것이다. 이들 작가는 모두가 "현대를 혼동의 시대라고 의식하고 과거를 보다 견고한 지반 위에 선 것으로 생각했다."27)는 것이다. 이런 관점에서 그는 예이츠에 나타나는 후기의 변모에 주목했다. 예이츠는 중년을 넘어선 다음 아일랜드의 민족운동에 관계를 가졌다. 스펜더는 예이츠의 이와 같은 轉身이 그의 작품세계에도 반영된다고 주장했다. 그 예증으로 든 것이 다음과 같은 작품이다.28)

    事物은 붕괴하고 中心은 지탱되지 않는다.
    단지 혼자만이 세계에 범람하고
    핏빛으로 물든 물결 넘치며 어디에나
    純實한 儀式은 難破한다.
    추한 자는 신뢰를 잃고
    악한 자들 들끓는 긴장에 휩싸인다.

  스펜더 이전에는 예이츠를 지배하는 것은 神秘主義라고 규정되었다. 그것을 스펜더는 정면에서 부정했다. 그에 따르면 신비로 규정되

---

27) Ibid, p. 12.
28) Ibid, p. 130.

기에는 후기 예이츠의 詩가 너무나 인간적이며 현실적이다. 그리고 그 내용 항목으로 정열, 인간성, 정력, 현실성을 손꼽는다.[29] 또한 스펜더는 엘리엇의 「프루프록의 연가」, 「황무지」등도 문제삼았다. 이들 작품을 그는 헨리 제임스와 비교했는데 거기에는 영국사회의 파괴에 대한 고통의 감각이 한결 더 절실하다는 것이다. 그러나 스펜더는 엘리엇의 문학을 전면적으로 찬동하지는 않았다. 서구의 붕괴를 뼈아프게 느낀 것이 그이기는 하지만 그것을 구제하는 길로 엘리엇이 내세운 것은 카톨리시즘이다. 그것이 너무나 소극적이라는 것이 스펜더의 생각이다. 그에 따르면 그런 일은 어디까지나 개인의 노력, 그의 선택과 용기, 신념에 달린 것이지 전통에 기대고 교회에 복종하는 것으로 이루어질 수 없다는 것이다.[30] 이렇게 보면 오든 그룹에서 스펜더를 택한 김기림의 계산이 어디에서 연유한 것인가도 명백히 드러난다. 이미 살핀 바와 같이 그의 후기시는 「황무지」를 극복하려는 의식에서 시작되었다. 그런데 엘리엇 비판을 위해서 가장 명쾌한 논리를 휘두른 것이 스펜더였다. 적어도 김기림에게는 그렇게 비친 것이다. 그 결과 그는 스펜더의 시를 수용하고 그의 시론인 사회주의의 영국판에 해당되는 신리얼리즘에 동조했다.

다음 또 하나 간과할 수 없는 것이 김기림의 「급행열차」수용이다. 본래 그는 시가 힘이며 정력이라고 믿은 것 같다. 그것으로 정체와 퇴영의 늪에 빠져든 동양문화의 극복이 가능하다고 본 까닭에서다. 그런데 스펜더의 시, 곧 「급행열차」는 파운드나 엘리엇은 물론 오든의 다른 작품에 비해서 월등 박진하는 가락과 뼈대를 지닌 것이다.[31] 그런 이유에서 김기림은 30년대에 쓴 시론에서 되풀이해서 스펜더의 이름을 적었다. 또

---

29) Ibid, p. 128.
30) Ibid, p. 165.
31) 이에 대해서는 Goeffrey Tharley, *The Ironic Harvest*(London, 1974), p. 81 참조.

한 8·15 이후 나온 『시의 이해』에 「급행열차」 전문을 번역, 소개하고 있는가 하면 다음과 같이 호의에 찬 말을 보탠 바 있다.

> 힘차고 억센 피스톤의 움직임을 연상시키는 역학적인 이미지(映像 또는 心象)는 처음부터 꿈틀거리는 詩勢에 밀려 우리 앞으로 뛰어드는 것이다. 기계로서의 저의 速力에 자못 자신만만하면서도 어디까지든지 당황하게 서두르지 않고 늠름하게 움직이는 급행열차의, 숨쉬는 듯한 모습은 다시 저 거만스럽고도 당당한 그러나 숙명적으로 여성의 교태를 어쩌지 못하는 여왕의 이미지와의 처음에는 당돌한 결합, 나중에는 자연스러운 조화로 하여 더욱 생동하는 것이다.(……) 높아가는 속력을 보이기 위하여 거기 흘러가는 집과 공장과 묘지의 옮아감, 속력이 가지는 절망에라도 비길 그 어쩔 수 없는 육박하는 위기감을 무덤 앞의 비석들의 에피소드 때문에 더욱 비극성을 돋운다. 다시 바다 위의 기선과의 대조, 눈에 보이는 것으로부터 소리에의 전환, 절정으로 향하여 집중하는 그림과 소리의 한데 얽힌 율동, 무척 둔탁스러운 무게를 가지면서도 공기와 같이 경쾌하기 짝이 없는 기계의 음악이 어느새 흘러오는 것이다. 오늘의 문명만이 빚어낼 수 있는 金屬의 풍경 속에서 느끼는 야성적인 행복은 속력이라는 기이한 작용, 즉 운동 속에서 파악하는 實在와의 접촉에서만 오는 것이다.[32]

이것은 물론 「급행열차」를 해설한 부분이다. 그러나 그를 통해서 우리는 김기림의 스펜더에 대한 평가가 거의 예찬에 가까운 것임을 지나쳐버릴 수 없다. 이런 그의 입장은 8·15 직후에 발표된 여러 작품에도 그대로 되풀이되어 나타난다. 그 단적인 보기가 되는 것이 「새나라 頌」이다.

---

[32] 金起林, 『詩의 理解』, pp. 141~142.

> 녹쓰른 軌道에 우리들의 機關車 달리라
> 戰爭에 해여진 貨車와 트럭에
> 벽돌을 싣자 세면을 올리자
> 애매한 支配와 屈辱이 좀먹던 部落과 나루에
> 새나라 굳은 터 다져가자
> '다이나모' 아침부터 잉잉거리는 골짝
> '파이프' 팔들어 떠바친 젊은 山脈들
> 希臘 廊下의 湖水를 끌어안은 당돌한 댐
> 알루 江 五千年의 神話를 말렸다가 불렸다가
> 音樂을 울리렴 새나라의 노래 부르렴
> 드부르샥크의 哀憐한 新世界가 아니다
> 거리거리 마치소리 안개속 떨리는 汽笛
> 電氣로 돌아가는 논밭과 물레방아
> 그대와 나의 놀아운 씸포니 울려라
> 어린 새나라 하나 시달린 꿈을 깨여 눈을 부빈다
> 東海 푸른물 허리에 떨며 이러나는 아프로디테
> 모두가 마지하자 굳이 잠긴 마음의 門을 열어
> 피흐르는 가슴가슴을 섞어 새나라 껴안자[33]

이 작품은 김기림이 조선문학가동맹 詩部 위원장으로서 쓴 것이다. 그런 선입견 때문에 좌파 이데올로기의 선전시인 양 평가되어 왔다. 그러나 그런 판단을 잠깐 유보하고 보면 이 작품은 적어도 두 가지 점에서 스펜더적인 데가 있다. 우선 여기에는 기차라든가 전기 등 현대문명의 이기들이 등장하는데 그들은 단순하게 시의 테두리에서 쓰인 것들이다. 이 자체가 현실 개혁을 최우선 행동 과제로 삼은 스펜더의 생각에 직결된다. 또한 김기림이 이 무렵에 노래한 것은 지난날의 일

---

33) 『새노래』, pp. 192~193.

이 아니라 앞으로 잘 살 수 있는 이상사회다. 그것을 그는 새나라라고 하고 있는 것이다. 이 새나라는 그 단어 자체가 한때 스펜더가 참여한 잡지의 이름을 연상케 한다. 또한 그 이념 형태는 사회주의였다. 그런데 김기림의 새나라 역시 인민이 잘 사는 나라인 것이다.

(3) 끝자리의 말

적어도 30년대 중반기까지 김기림은 정통 모더니스트였다. 그랬기에 그는 엘리엇을 수용했고, 그의 「황무지」를 진지하게 검토했다. 그러나 그 한계를 깨치는 순간 그는 모더니즘의 극복을 모색하지 않을 수가 없었다. 그 구체화가 스펜더 수용으로 나타난 것이다. 김기림은 그를 통해서 정통 모더니즘의 反政治, 脫行動의 면을 보완할 수 있다고 믿었다. 그 결과가 8·15 전의 「아프리카 狂想曲」이나 「連禱」를 쓰게 했고 「비엔나」와 「急行列車」 등을 들먹이게 만들었다. 몇 개의 산문에서 현실에 입각한 문학을 제창한 것도 같은 맥락에서다.

이렇게 보면 30년대 말경과 8·15 후 그가 보여준 작품 성향과 행동양태 역시 명쾌한 설명이 가능하다. 이제까지 우리는 30년대 후반기에 쓴 김기림의 평론과 시가 아주 모순 충돌한다고 생각해 왔다. 평론에서 그는 거듭 인간의 현실이 있는 문학을 주장했다. 그럼에도 일제말기에 이르기까지 그의 시는 대체로 순수의 테두리에 그친 것이다. 이것은 상황의 악화에 따라 취한 보호색이라고 볼 수 있다. 이보다 더 큰 의문부호를 달게 하는 것이 8·15 직후의 김기림의 행동 양태다. 널리 알려진 것처럼 그는 8·15 직후 지주계급으로 규정되어 북쪽에서 추방당한 신세였다. 그런 그가 남쪽에서는 인민을 위한 문학건설을 행동강령으로 삼은 조선문학가동맹에 참여했다. 당연히 반공주의자가 되어야 할 사람이 상당히 열성적으로 사회주의 문학운동자가 된 셈이다.[34] 이에 대해서

---

34) 이 무렵에 관한 자세한 사정에 대해서는, 金容稷, 『해방기 한국 시문학사』(民音社, 1989), 제3장 「文學家同盟系 詩의 전개 양상」 중 2절 1항, 鄭芝溶과 金起林 참조.

그간 우리 주변에서는 좀 요령부득인 설명이 가해졌다. 그 하나가 문학가동맹의 민족문화 지향설이다. 실제 문학가동맹의 행동강령에는 진보적 민족문학의 건설이 포함되어 있었다. 김기림의 문학가동맹 참여는 그에 대한 피상적 이해 결과라는 것이다. 이런 생각은 김기림이 30년대 이후 구축해 온 독서량이라든가 지적 훈련을 너무 과소평가한 결과다. 8·15에 이르기까지 그는 상당량의 사회과학 서적도 읽었을 것으로 추정된다. 그런 그가 문학가동맹이 내세운 행동강령을 그대로 믿었을 리가 없는 것이다

다음 또 하나의 견해를 이루고 있는 것이 교우관계에 바탕을 둔 심경론이다. 8·15 후 김기림의 오랜 문단 친구들, 곧 정지용, 이태준, 박태원, 이원조 등 이 모두가 문학가동맹에 참여했다. 김기림의 좌를 향한 선회와 동맹 참가가 그 틈바구니에서 이루어진 인간관계의 결과로 보자는 것이다. 그러나 앞서의 경우와 똑같이 이런 견해 역시 김기림의 문학과 인간을 너무 소박한 차원으로 돌리는 일이다. 일찍부터 그는 시의 과학화를 주장하면서 논리적 근거가 서는 작품 활동을 지향해 마지않았다. 그런 그가 남쪽에 와서, 그것도 그의 생존권을 박탈한 북쪽 지배 이데올로기와 똑같은 노선 위에 선 문학가동맹을 친구 따라 강남 가는 식으로 참여할 수는 없었을 것이다. 이 논리의 귀결점에서 우리는 30년대 후반기 이후 김기림이 수용한 스펜더의 행동 논리를 생각하게 된다. 그리고 그것은 그의 문학이 이르게 된 하나의 숙명과 같은 것으로 보인다.

다시 되풀이하면, 아직 한국시단에 현대적 차원이 구축되기 전 김기림은 모더니즘의 기치를 들고 등장했다. 그것으로 그는 새로운 시, 훌륭한 시의 제작·발표를 기했던 것이다. 그 결과 그는 主知主義를 택하게 되었고, 한때는 엘리엇에 경도된 바 있다. 그러나 구조적으로 탄탄한 시인이면서 동시에 넓게 시대와 대중에도 메아리를 일으킬 문학을 추구한 그에게 「황무지」로 대표되는 이 시인의 세계는 아무래도 불만이었다. 그런 김기림의 눈에 뜬 것이 S. 스펜더다. 스펜더는 다소간

비현실적인 데가 있는 엘리엇의 방법을 新寫實主義로 극복하고자 시도한 시인이다. 등장 초기부터 김기림은 문학의 현실 수용을 외쳐 마지않았다. 그와 동시에 새롭고 신선한 시를 쓰기를 기했던 것이다. 그에게 스펜더는 바로 그런 의미의 전범일 수가 있었다. 그러나 일제 말기의 삼엄한 상황은 김기림으로 하여금 직접 작품을 통한 스펜더 수용을 불가능하게 만들었다. 그 기도가 제대로 이루어진 것은 8·15 후, 특히 그가 남쪽에 오고 나서부터이다. 그는 북쪽에서 추방당한 몸이었으나 남쪽의 문학가동맹에서는 그걸 문제삼지 않았다. 그리고 좌파 성향의 김기림이 추구한 현실참여 문학을 뒷받침해 주었다. 이렇게 보면 김기림의 시와 문학은 모더니즘의 추구 결과였다. 그것으로 그의 전생애도 깨끗하게 설명될 수 있다.

끝으로 우리가 생각해 보아야 할 것은 김기림의 죽음이다. 두루 알려진 대로 그는 6·25 동란 때 서울에 진주한 인민군에 의해 구금·납북되었다. 그후 그의 최후에 대해서는 전혀 알려진 바가 없다. 문학가동맹의 중견 간부출신인 그가 납북된 것은 전향 사실 때문이었다. 8·15 후 한동안 문단을 주도한 다음 문학가동맹은 불법 단체로 규정되었다. 그 간부와 맹원들은 대거 월북했으나 월남자 출신 김기림에게는 그런 선택이 유보될 수밖에 없었다. 그 나머지 그는 대한민국 정부에 자수하고 보도연맹에 가입한 것이다. 6·25 동란이 터지고 서울이 북쪽 군대에 의해 점령되었을 때 김기림은 미처 한강을 건너지 못했다. 그런 그를 정치보위부에서 연행하여 갔다. 그후 그의 작품은 북쪽의 어떤 발표지에도 게재되지 않았다. 결국 그는 남쪽과 북쪽 어디에도 설 자리를 상실한 것이다. 이런 사실을 염두에 두어 보면 언뜻 우리 머리에는 그가 李箱을 평가한 말이 떠오른다.

詩壇의 새 진로는 모더니즘과 사회성의 종합이라는 뚜렷한 방향을 찾았다. 그것은 나아가야 할 오직 하나인 바른 길이었다. 그러나 그 길은 어려운 일이었다. 詩人들은 그 길을 스스로 버렸고, 또 버릴 수밖에 없었다. 가장 우수한 최후의 모더니스트 李箱은 모더니즘의 超克이라는 심각한 운명을 한몸에 구현한 비극의 담당자였다.[35]

김기림의 李箱 평가는 모더니즘의 超克을 그가 담당했다는 것을 골자로 한다. 그러나 실제 이상의 작품에서 시와 정치, 모더니즘과 현실의 결합이 시도된 예는 잘 나타나지 않는다. 오히려 그것을 적극적으로 시도한 것은 8·15 후의 김기림 자신이다. 그리고 그 과정에서 그는 좌측 선회와 다시 우익정권에 무릎을 꿇는 전향을 거듭하지 않을 수 없었다. 또한 그 결과로 피랍되어 북쪽과 남쪽에서 똑같이 배제·추방된 것이다. 이렇게 보면 이상에게 보낸 그의 말은 다음과 같이 고쳐 쓰여져야 한다. "가장 우수한 최후의 모더니스트 김기림은 모더니즘의 超克이라는 심각한 운명을 한몸에 구현한 비극의 담당자였다."

---

[35] 金起林, 모더니즘의 歷史的 位置, 『詩論』, pp. 77~78.

IV. 金起林 연구자료집

金起林 연보
金起林 작품 연보
金起林 연구자료 총목록

金起林 年譜

1908년(1세)　5월 11일(음력 4월 12일) 함경북도 학성군 학중면 임명동 275번지에서 아버지 金秉淵과 어머니 密陽 朴氏 사이에서의 6녀 1남 중 막내로 태어남. 아명은 寅孫. 호는 片石村. 본관은 善山. 가본적은 서울특별시 종로구 이화동 196번지. 아버지 김병연은 젊어서 만주와 시베리아 등지를 오가며 토목 사업으로 자수성가함. 후에 고향에 대규모 전답과 과수원(武谷園)을 매입하여 경영하였다 함. 백부인 金秉文은 고을 제일의 한학자로 슬하에 자식이 없었던 까닭에 조카인 김기림을 친자식처럼 사랑했다 함.

1914년(7세)　4월, 고향 소재의 임명보통학교(4년제)에 입학함. 가을 어머니 밀양 박씨가 임명동 자택에서 돌림병으로 병사함. 단천에서 온 全州 李氏가 계모로 들어옴. 가깝게 지내던 셋째누이 信德이 어머니를 잃은 충격으로 사망하게 됨. 이러한 일련의 사건들은 성장기에 있었던 김기림에게 적지 않은 정신적 영향을 미쳤던 것으로 보인다. 나중에 그는 이 시기 스스로에 대해 감상적이고 민감한 성격의 소년이었다고 회고하고 있다.

1918년(11세)　보통학교를 마친 후, 백부의 권유에 따라 남쪽 지방에서 한학자 한 분을 초빙해 2, 3년간 한문과 글씨를 공부함.

1920년(13세)　성진에 있는 농학교에 입학, 약 1년간 다님. 이 무렵 성진에 따로 나가 살던 막내누이 善德과 자주 어울림.

1921년(14세)　서울에 있는 보성고등보통학교(5년제)에 입학. 당시 명문인 경성고보로의 진학을 원했으나, 백부의 만류로 보성고보로 전환하게 된 것으로 알려짐. 보성고보 진학으로 동기생인 김환태를 비롯하여 이상, 이헌구, 윤기정, 임화 등 훗날 그와 문단 활동을 같이하게 된 문우들과 동교 선후배의 인연을 맺게 된다.

1923년(16세)　수학 여행시 갑작스런 발병으로 이후 1년여간 장기 휴학. 고향으로 돌아와 요양함.

1925년(18세)　일본 동경 소재의 名敎中學 4학년에 편입. 갑자기 일본행을 택한 이유로는 보성에서의 장기 휴학으로 인한 학년 진급 누락 때문으로 알려져 있다.

1926년(19세)　명교중학 졸업. 이 해 봄에 日本大學 專門部 문학예술과에 입학, 본격적인 문학 수업을 쌓게 됨. 재학 중 당시 일본 문단에서 큰 관심을 모으고 있던 서구 모더니즘의 제 사조에 관심을 갖게 됨. 가을에 백부인 병문, 고향 자택에서 사망.

1930년(23세)　일본대학 졸업. 귀국과 동시에 4월 20일자로 조선일보사 사회부 기자로 임용됨. 뒤에 학예부 신설로 학예부 기자로 옮김. 정식 입사 시험을 거쳤으나, 동 신문사 편집국장인 이은상의 원조가 있었던 것으로 알려짐. 이 때 신문사에서 가깝게 지내던 이들로는 양재하, 이홍직, 이여성, 설의식 등을 들 수 있음. 한편 이 무렵부터 문필 활동을 시작하였는데, 초기에는 주로 G. W.라는 필명으로 글을 발표함.

1931년(24세)　조선일보사를 잠시 휴직하고 고향으로 내려감. 그러나 이 시기에도 많은 글들을 신문과 잡지 등에 실었던 것으로 보아 고향에서 사색과 연구에 몰두했었음을 알 수 있다.

1932년(25세)　1월, 주위 어른들의 소개로 吉州 출신의 平山 申氏 寶金(호적명 金園子)을 만나 결혼함. 조선일보사에 다시 복직하여 기자로 활동하는 한편 꾸준히 작품 창작에 몰두함. 이 시기 그의 작품 활동 영역은 시, 평론, 소설,

	수필, 희곡 등 전영역에 걸쳐 있음. 그 해 12월, 장남 世煥이 고향 임명동 자택에서 태어남.
1933년(26세)	8월 30일, 이종명, 김유영, 이태준, 이무영, 이효석, 정지용, 조용만, 유치진 등과 함께 구인회를 결성, 회원으로 활동. 몇 차례 회원 변동이 있었으나, 김기림은 1936년 이 모임의 회지인《시와 소설》이 발간될 때까지 줄곧 관여함. 이 무렵을 전후하여 활발한 문단 활동을 전개한다. 구인회 회원 중 후기 멤버인 이상, 박태원 등과 특히 친밀한 관계를 유지한다.
1934년(27세)	3월, 장녀 世順, 고향 임명동에서 태어남.
1935년(28세)	대표작인 장시「기상도」를 잡지《중앙》과《삼천리》에 연재함. 본격적인 학문 연구의 필요성을 느끼고 제2차 일본 유학을 결심함.
1936년(29세)	4월, 조선일보사를 휴직하고 동 신문사에서 후원하는 正相奬學會의 장학생 자격으로 일본 仙臺 소재의 東北帝大 法文學部 영문과에 입학함. 이 때의 지도교수는 영문학 전공의 土居光知로 알려져 있음. 장학금 외에 고향에서 별도의 학비를 보조받았던 까닭에 비교적 여유있는 생활을 할 수 있었다고 한다. 7월, 첫 시집인 『기상도』가 창문사에서 발간됨. 그러나 학업에 열중하였던 탓에 국내에서의 문단 활동은 미미한 시기이다.
1937년(30세)	3월 20일, 보성의 1년 선배이자 구인회 동료 회원인 이상과 동경에서 만남. 당시 이상은 죽음 직전의 상태였음(4월 17일 새벽 사망).
1938년(31세)	5월, 차남 世允, 고향 임명동에서 태어남.
1939년(32세)	동북제대 졸업. 졸업 논문으로는 영국 주지주의 문예비평가인 리쳐즈(J. A. Richards)론을 제출함. 이 논문은 태평양전쟁시 미군 폭격기의 폭격으로 소실되었다고 한다. 귀국 후 다시 조선일보사에 복직하여 근무함. 장남 세환이 취학 연령에 도달함에 따라 처와 자식들을

솔거하여 서울 종로구 충신동 62의 10에 자리 잡음. 9월, 동북제대 유학 이전에 발표했던 시들을 모아 제2시집 『태양의 풍속』을 학예사에서 간행함. 10월 20일 친일 어용 단체인 조선문인협회 발기인 명단에 올라 있는 것이 확인되나, 실제 이 단체에서 활동한 흔적이 없는 것으로 보아 자의로 가입한 것은 아닌 것으로 생각된다.

1940년(33세) 서울 종로구 이화동 196번지로 이사하다. 아버지 병연, 고향인 임명동에서 사망함. 7월, 차녀 世羅 태어남. 8월, 조선일보 폐간으로 얼마간 서울에서 실직 상태로 머뭄. 이 때 친일 잡지인 《국민문학》 주간 최재서의 끈질긴 원고 집필 요청을 미루다 낙향함. 이후 해방이 될 때까지 절필 상태로 지내게 된다.

1942년(35세) 5월경 고향 근처 경성의 경성고등보통학교에 영어과 교사로 부임함. 후에 영어 교육이 폐지되자 수학을 가르침. 그가 부임하게 된 데에는 동교에 재직 중이던 동북제대 유학 시절의 후배 김준민과, 일본인 교장 가메야마 립뻬이(龜山利平)의 후원에 의한 것으로 알려짐. 이 시절의 제자로는 시인 김규동, 영화감독 신상옥, 언론인 이활, 전 동국대 교수 서정수, 만화가 신동헌 등이 있다.

1945년(38세) 8·15 해방이 있은 지 얼마 후, 다시 서울로 올라옴. 처음에는 장남과 하숙을 하였으나, 그 후 종로구 이화동에 새로 집을 마련하게 됨. 이 무렵부터 서울대 사대와 연희대, 중앙대 등지의 영어과 전임 교수로, 동국대, 국학대 등 시내 몇몇 대학에는 강사로 활동하였다 함. 이 무렵 좌우 합작 문인 단체인 조선문학건설본부에 가담하여 활동함.

1946년(39세) 조선문학건설본부가 조선프롤레타리아문학동맹을 흡수하여 조선문학가동맹(위원장 홍명희)으로 개칭됨에 따라 자동적으로 이 단체에 가담하게 된다. 김기림은 동 단체의 중앙집행위원 및 시부 위원장, 서울시 문학가동맹 위원장 직을 겸함. 이 무렵 그는 30년대 이래 자신이 추구해왔던 모더니즘의 방법론에서 탈피하여 새로운 민족 문화와 세계 문화 건설이라는 과제에 몰두함. 4월, 제3시집『바다와 나비』가 신문화연구소에서 간행됨. 5월, 삼남 世勳, 고향 임명동에서 태어남. 12월 『문학개론』이 신문화연구소에서 간행됨.

1947년(40세) 고향인 임명으로 돌아가 자녀들을 데리고 서울로 돌아옴. 당시 부인은 어린 아들(세훈)과 함께 고향에 남아 가산을 돌보기로 함. 11월, 시론집『시론』이 백양당에서 간행됨.

1948년(41세) 봄에 부인이 세훈을 데리고 월남함으로써 가족 전체의 서울 생활이 시작됨. 4월, 제4시집『새노래』가 아문각에서 간행됨. 6월, 번역서『과학개론』이 을유문화사에서 간행됨. 9월,『기상도』재판이 산호장에서 간행됨. 정부 수립 이후인 10월, 조선문학가동맹과의 관계를 청산하고 보도연맹에 가입, 12월 9일 한국문학가협회 정식회원이 된다. 12월, 수필집『바다와 육체』가 평범사에서 간행됨.

1950년(43세) 2월, 교양서인『학생과 학원』(공저)이 수도문화사에서 간행됨. 4월, 시 이론서『시의 이해』와 교양서인『문장론 신강』이 각각 을유문화사와 민중서관에서 간행됨. 미국에 교환교수로 파견 준비중이던 여름, 6·25 사변을 겪게 됨. 미처 피난가지 못하고 서울에 머물러 있다가 북에서 내려온 정치보위부 기관원들에 의해 시내 거리에서 강제 연행당한 후, 잠시 서대문형무소의 수감 생활을 거쳐, 8월 하순 무렵, 북으로 이송된 것으로 알려진다.

金起林 作品 年譜

(연도 및 제목은 처음 발표 당시를 기준으로 함)

년도	제목	발표지(월 일)	구분
1930	午後와 無名作家들-日記帖에서	朝鮮日報(4.28~5.3)	평론
	新聞記者로서 最初의 印象	鐵筆 1권 1호(7)	時論
	詩人과 詩의 槪念	朝鮮日報(7.24~30)	평론
	豆滿江과 流筏	三千里 2권 4호(9)	수필
	貞操問題의 新展望	朝鮮日報(9.2~14)	時論
	最近 海外 文壇 消息		
	－하이네의 銅像問題	朝鮮日報(9.3)	時論
	가거라 새로운 生活로	朝鮮日報(9.6)	시
	슈르레알리스트	朝鮮日報(9.30)	시
	가을의 太陽은「플라티나」의		
	燕尾服을 입고	朝鮮日報(10.1)	시
	屍體의 흘음	朝鮮日報(10.11)	시
	一人一文 : 찡그린 都市風景	朝鮮日報(11.11)	수필
	「노벨」文學賞受賞者의 푸로필	朝鮮日報(11.22~12.9)	평론
	저녁별은 푸른 날개를 흔들며	朝鮮日報(12.14)	시
1931	剽竊行爲에 대한 저널리즘의 責任	鐵筆 2권 1호(1)	時論
	尖端的 流行語	朝鮮日報(1.2~13)	時論
	훌륭한 아츰이 아니냐	朝鮮日報(1.8)	시
	詩論	朝鮮日報(1.16)	시
	꿈꾸는 眞珠여 바다로 가자	朝鮮日報(1.23)	시
	피에로의 獨白		
	－포에시에 對한 思索 短篇	朝鮮日報(1.27)	평론
	떠나가는 風船	朝鮮日報(1.29~2.2)	희곡
	詩의 技術, 認識, 現實 等 諸問題	朝鮮日報(2.11~14)	평론

년도	제목	발표지(월 일)	구분
1931	都市風景 Ⅰ·Ⅱ	朝鮮日報(2.21~24)	수필
	木馬를 타고 온다던 새해가	朝鮮日報(3.1)	시
	天國에서 왔다는 사나희	朝鮮日報(3.1~21)	희곡
	어째서 네게는 날개가 없느냐	朝鮮日報(3.7~11)	수필
	出發	朝鮮日報(3.27)	시
	食前의 말-우리의 文學	朝鮮日報(4.7~9)	수필
	三月의「프리즘」	朝鮮日報(4.23)	시
	인텔리의 將來-그 위기와		
	分化過程에 관한 硏究	朝鮮日報(5.17~24)	時論
	屋上庭園(散文詩)	朝鮮日報(5.31)	시
	「環境」은 無罪인가	批判 1권 2호(6)	수필
	戀愛의 斷面	朝鮮日報(6.2)	시
	SOS	朝鮮日報(6.2)	시
	解消可決 전후의「新幹會」	三千里 3권 6호(6)	時論
	撒水車	三千里 3권 7호(7)	시
	現代詩의 展望, 象牙塔의 悲劇		
	-싸포에서 초현실파까지	東亞日報(7.30~8.9)	평론
	바다의 誘惑(上中下)	東亞日報(8.27~8.29)	수필
	어머니를 울리는 자는 누구냐?	東光 3권 9호(9)	희곡
	文藝時評-「紅焰」에 나타난		
	意識의 흐름	三千里 3권 9호(9)	평론
	날개만 도치면	新東亞 1권 1호(11)	시
	苦待	新東亞 1권 1호(11)	시
	아침해 頌歌	三千里 3권 12호(12)	시
	가을의 果樹園	三千里 3권 12호(12)	시
1932	聽衆없는 音樂會	文藝月刊 2권 1호(1)	수필
	어머니 어서 이러나요	東亞日報(1.9)	시
	1932년의 文壇展望-어떻게		
	展開될까, 어떻게 展開시킬까?	東亞日報(1.10)	설문답

년도	제 목	발표지(월 일)	구분
1932	新民族主義文學運動	東亞日報(1.10)	평론
	별들을 잃어버리는 사나이	新東亞 2권 2호(2)	수필
	오-어머니여	新東亞 2권 2호(2)	시
	내게 感化를 준 人物과 그 作品(2)		
	－로맨로랑과 장그리스토프	東亞日報(2.19)	평론
	風雲中의 2巨星：前獨帝 "카이자",		
	愛蘭帝相 떼. 발레라氏	三千里 4권 3호(3)	時論
	結婚	新東亞 2권 3호(3)	수필
	잠은 나의 배를 밀고	三千里 4권 4호(4)	시
	봄은 電報도 안치고	新東亞 2권 4호(4)	시
	붉은 鬱金香과〈로이드〉眼鏡	新東亞 2권 4호(4)	수필
	金東煥論	東光 4권 7호(7)	詩論
	오-汽車여(한개의 實驗詩)	新東亞 2권 7호(7)	시
	月世界旅行	新東亞 2권 8호(8)	수필
	가을의 裸像	東光 4권 9호(9)	수필
	미쓰 코리아여 斷髮하시오	東光 4권 9호(9)	時論
	잊어버린 傳說의 거리		
	（그 江山과 그 文學）	新東亞 2권 9호(9)	수필
	現文壇의 不振과 그 展望	東光 4권 10호(10)	평론
	첫 기러기	新東亞 2권 12호(12)	수필
	아롱진 記憶의 옛바다를 건너	新東亞 2권 12호(12)	시
	暴風警報	新東亞 2권 12호(12)	시
	「나의 總決算」에서	新東亞 2권 12호(12)	설문답
	黃昏	第一線 2권 11호(12)	시
1933	黃金行進曲	三千里 5권 1호(1)	수필
	사랑은 競賣못합니다		
	（스니-드 오그번 원작）	三千里 5권 1호(1)	번역꽁뜨
	生活戰線偵察	三千里 5권 1호(1)	수필
	新聞小說 "올림픽"時代	三千里 5권 1호(1)	평론

년도	제목	발표지(월 일)	구분
1933	生活과 파랑새	新東亞 3권 1호(1)	수필
	바닷가의 아침	新東亞 3권 1호(1)	시
	祈願	新東亞 3권 1호(1)	시
	새날이 밝는다	新東亞 3권 1호(1)	시
	써클을 鮮明히 하라 　-文藝人의 새해선언	朝鮮日報(1.4)	時論
	文人座談會	東亞日報(11.1~11)	대담
	「앨범」에 부처둔「노스탈자」	新女性 7권 2호(2)	수필
	별들을 잃어버리는 사나희	新東亞 2권 2호(2)	수필
	봄의 傳令(北行列車를 타고)	朝鮮日報(2.22)	수필
	離別	新東亞 3권 3호(3)	시
	十五夜	新東亞 3권 3호(3)	시
	街燈	新東亞 3권 3호(3)	시
	람푸	新東亞 3권 3호(3)	시
	구두	新東亞 3권 3호(3)	시
	立春風景	新女性 7권 3호(3)	수필
	비지	第一線 3권 3호(3)	수필
	당신이 제일 이뿐때는(一鼓一鳴)	新家庭 1권 4호(4)	설문답
	午後의 꿈은 날줄을 모른다	新東亞 3권 4호(4)	시
	들은 우리를 부르오	新東亞 3권 4호(4)	시
	詩作에 있어서의 主知的 態度	新東亞 3권 4호(4)	평론
	밤 거리에서 집은 憂鬱 　(春景의 로만스)	新東亞 3권 4호(4)	수필
	「코스모포리탄」日記	三千里 3권 4호(4)	수필
	종달새와 가치 　(心琴을 울린 文人의 이 봄)	東亞日報(4.22)	수필
	職業女性의 性問題	新女性 7권 4호(4)	時論
	女人禁制國	新女性 7권 4호(4)	時論
	心臟업는 汽車	新東亞 3권 5호(5)	수필

년도	제목	발표지(월 일)	구분
1933	詩評의 再批評		
	〈딜렛탄티즘에 抗하야〉	新東亞 3권 5호(5)	평론
	잊어버리고 싶은 나의 港口	新東亞 3권 5호(5)	수필
	古典的인 處女가 있는 風景	新東亞 3권 5호(5)	시
	協展을 보고(2)	朝鮮日報(5.6~12)	평문
	噴水-S氏에게	朝鮮日報(5.6)	시
	어머니	新家庭 1권 5호(5)	설문답
	五月의 아침	新東亞 3권 6호(6)	수필
	遊覽뻐스-動物園	朝鮮日報(6.23)	시
	光化門①	朝鮮日報(6.23)	시
	慶會樓	朝鮮日報(6.23)	시
	光化門②	朝鮮日報(6.23)	시
	파고다 公園	朝鮮日報(6.23)	시
	南大門	朝鮮日報(6.23)	시
	漢江人道橋	朝鮮日報(6.23)	시
	스타일리스트 李泰俊氏를 論함	朝鮮日報(6.23)	평론
	어둠속에 흐르는 반딧불 하나	新家庭 1권 7호(7)	수필
	포에시와 모더니티	新東亞 3권 7호(7)	평론
	미스터 뿔떡(全二幕)	新東亞 3권 7호(7)	희곡
	웃지안는「아폴로」, 그리운「폰」의 午後	朝鮮日報(7.2)	수필
	劇詩「武器와 人間」短評	朝鮮日報(7.2~4)	평론
	한여름	카톨닉청년 1권 3호(8)	시
	海水浴場의 夕陽	카톨닉청년 1권 3호(8)	시
	바다의 幻想	新家庭 1권 8호(8)	수필
	카피盞을 들고	新女性 7권 8호(8)	시
	하로ㅅ 길이 끗낫슬때	新女性 7권 8호(8)	시
	최근의 미국 평론단	朝鮮日報(8.4~6)	번역평론

년도	제 목	발표지(월 일)	구분
1933	現代藝術의 原始에 對한 欲求 　－(手帖에서 上)	朝鮮日報(8.9)	평론
	現代詩의 性格 原始的 明朗 　－(手帖에서 下)	朝鮮日報(8.10)	평론
	未來透視機	新女性 7권 8호(8)	수필
	林檎밧	新家庭 1권 9호(9)	시
	나의 探險船	新東亞 3권 9호(9)	시
	文壇時評 (1) 隨筆을 위하야 　　　　(2) 不安의 文學 　　　　(3) 카톨리시즘의 出現	新東亞 3권 9호(9)	평론
	田園日記의 一節	朝鮮日報(9.7~9)	수필
	바다의 幻想	新家庭 1권 9호(8)	수필
	어린山羊의 思春期	新女性 7권 9호(9)	수필
	바다의 서정시	카톨닉청년 1권 5호(10)	시
	나도 詩나 썼으면	新東亞 3권 10호(10)	수필
	戰慄하는 世紀	학등 1권 1호(10)	시
	藝術에 있어서의 리알리티, 　　모랄 問題	朝鮮日報(10.21~24)	평론
	毛允淑氏의「리리시즘」 　－詩集「빛나는 地域」을 읽고	朝鮮日報(10.29,30)	평론
	文藝座談會	조선문학 1권 4호(11)	잡저
	어-네스트 헤밍웨이의 작품 「戰爭아 잘잇거라」原作者	朝鮮日報(11.2)	평론
	가거라 너의 길을	新家庭 1권 11호(11)	시
	日曜日行進曲	新家庭 1권 11호(11)	시
	編輯局의 午後 한 時半	新東亞 1권 3호(11)	시
	어둠이 흐름	新女性 1권 3호(11)	시
	밤	조선문학 1권 4호(11)	시
	飛行機	조선문학 1권 4호(11)	시

년도	제 목	발표지(월 일)	구분
1933	새벽	조선문학 1권 4호(11)	시
	貨物自動車	中央 1권 2호(12)	시
	바닷가의 하룻밤	新家庭 1권 12호(12)	희곡
	送年辭	新家庭 1권 12호(12)	설문답
	1933年 詩壇의 回顧와 展望	朝鮮日報(12.7~13)	평론
1934	밤의 SOS	카톨닉청년 2권 1호(1)	시
	첫사랑	개벽 1권 1호(1)	시
	散步路	문학 1권 1호(1)	시
	초승달은 掃除夫	문학 1권 1호(1)	시
	그 녀석의 커다란 웃음소리	新東亞 4권 1호(1)	수필
	食料品店	新女性 8권 1호(1)	시
	나의 聖書의 一節	조선문학 2권 1호(1)	시
	小兒聖書	조선문학 2권 1호(1)	시
	날개를 펴렴으나(새해 첫아츰에 드리는 詩)	朝鮮日報(1.1)	시
	航海의 一秒前	朝鮮日報(1.3)	시
	눈보래에 싸힌「마천령 아래의 옛꿈」	朝鮮日報(1.3)	수필
	어떤 人生	新東亞 4권 2호(2)	소설
	거지들의 크리스마쓰 頌	형상 1권 1호(1)	시
	1934年을 臨하야 文壇에 對한 希望	형상 1권 1호(1)	설문답
	女流文人 片感寸評	新家庭 2권 2호(2)	잡저
	님을 기다림	新家庭 2권 3호(1934.3)	시
	스케이팅	新東亞 4권 3호(3)	시
	惡魔	中央 2권 3호(3)	시
	詩 ①	中央 2권 3호(3)	시
	詩 ②	中央 2권 3호(3)	시
	除夜詩	中央 2권 3호(3)	시

년도	제 목	발표지(월 일)	구분
1934	港口	학등 2권 2호(3)	시
	煙突	학등 2권 2호(3)	시
	님을 기다림	新家庭 2권 3호(3)	시
	여호가 도망한 봄(上中下)	朝鮮日報(3.2〜4)	수필
	신문-한국-어린이세계	東亞日報(3.9)	잡저
	1日1文 : 散步路의 異風景-		
	행복스러운 나폴레옹군에 對하야	朝鮮日報(3.11)	수필
	文藝時評 1. 文學에 對한 새 態度	朝鮮日報(3.25)	평론
	2. 批評의 態度와 表情 上	朝鮮日報(3.28)	평론
	3. 批評과 態度와 表情 下	朝鮮日報(3.30)	평론
	4. 作品과 作者의 距離	朝鮮日報(4.1)	평론
	5.「인텔리겐챠」의 눈	朝鮮日報(4.3)	평론
	寫眞속에 남은것		
	-잃어버린 나의 어린날	新家庭 2권 5호(5)	수필
	호텔	新東亞 4권 5호(5)	시
	진달래 참회	朝鮮日報(5.1)	수필
	五月에게 주는 선물	朝鮮日報(5.8〜9)	수필
	風俗(近作詩 1)	朝鮮日報(5.13)	시
	觀念訣別(近作詩 2)	朝鮮日報(5.15)	시
	五月	朝鮮日報(5.16)	시
	商工運動會(近作詩 3)	朝鮮日報(5.16)	시
	아스팔트	中央 2권 5호(5)	시
	旅行	中央 2권 7호(7)	시
	現代詩의 發展 :		
	理解라는 非難에 대하여	朝鮮日報(7.12〜13)	평론
	超現實主義의 方法論	朝鮮日報(7.14〜18)	평론
	스타일리스트	朝鮮日報(7.19)	평론
	아름다운 음악성	朝鮮日報(7.20)	평론
	感情과 知性의 조소성	朝鮮日報(7.21)	평론

년도	제　　목	발표지(월 일)	구분
1934	속도의 詩 문명비판	朝鮮日報(7.22)	평론
	裝飾	新家庭 2권 8호(8)	시
	「避暑秘法」중에서	新家庭 2권 8호(8)	설문답
	아이스크림 항구	中央 2권 8호(8)	수필
	칠월의 아가씨	朝鮮日報(8.2)	시
	항해	朝鮮日報(8.15)	시
	여행풍경(上)―서시	朝鮮日報(9.19)	시
	(1) 대합실	朝鮮日報(9.19)	시
	(2) 해수욕장	朝鮮日報(9.19)	시
	(3) 함경선	朝鮮日報(9.19)	시
	(4) 고원부근	朝鮮日報(9.19)	시
	(5) 원산이북	朝鮮日報(9.19)	시
	(6) 마을	朝鮮日報(9.19)	시
	(7) 풍속	朝鮮日報(9.19)	시
	(8) 함흥평야	朝鮮日報(9.19)	시
	(9) 불행한 여자	朝鮮日報(9.19)	시
	여행풍경(中) (10) 신창역	朝鮮日報(9.20)	시
	(11) 숨박곱질	朝鮮日報(9.20)	시
	(12) 뽀이	朝鮮日報(9.20)	시
	(13) 동해	朝鮮日報(9.20)	시
	(14) 식충	朝鮮日報(9.20)	시
	(15) 동해수	朝鮮日報(9.20)	시
	여행풍경(下) (16) 벼룩이	朝鮮日報(9.21)	시
	(17) 바위	朝鮮日報(9.21)	시
	(18) 물	朝鮮日報(9.21)	시
	(19) 따리아	朝鮮日報(9.21)	시
	(20) 산촌	朝鮮日報(9.21)	시
	(21) 바다의 여자	朝鮮日報(9.21)	시
	光化門通	中央 2권 9호(9)	시

년도	제목	발표지(월 일)	구분
1934	향수	朝鮮日報(10.16)	시
	관북의 숨은 絶勝－朱乙溫泉行	朝鮮日報(10.24~11.2)	수필
	해변시집 (1) 기차	中央 2권 10호(10)	시
	(2) 정거장	中央 2권 10호(10)	시
	(3) 조수	中央 2권 10호(10)	시
	(4) 고독	中央 2권 10호(10)	시
	(5) 에트란제(이방인)	中央 2권 10호(10)	시
	(6) 밤항구	中央 2권 10호(10)	시
	(7) 파선	中央 2권 10호(10)	시
	(8) 대합실	中央 2권 10호(10)	시
	名士와의 독서문답	新家庭 2권 10호(10)	설문답
	戲畫	카톨닉청년 2권 11호(11)	시
	마음	카톨닉청년 2권 11호(11)	시
	밤	카톨닉청년 2권 11호(11)	시
	가을의 누이	中央 2권 11호(11)	수필
	將來할 조선문학은?:		
	문학상조선주의의 諸樣姿	朝鮮日報(11.14)	평론
	朝鮮의 무대에서 세계문학의		
	방향으로	朝鮮日報(11.15)	평론
	新휴매니즘의 요구	朝鮮日報(11.16)	평론
	태만 휴식 탈주에서 비평문학의		
	재건에	朝鮮日報(11.17~18)	평론
	嫉妬에 대하야(上下)	朝鮮日報(12.8~9)	수필
1935	梨花式 옷차림	新家庭 3권 1호(1)	時論
	窓	개벽 2권 1호(1)	시
	봄은 詐欺師	中央 3권 1호(1)	수필
	신춘조선시단전망(1~4)	朝鮮日報(1.1~5)	평론
	현대시의 기술(시의 회화성)	詩苑 1권 1호(2)	평론
	층층계	詩苑 1권 1호(2)	시

년도	제 목	발표지(월 일)	구분
1935	俳優	詩苑 1권 1호(2)	시
	膳物	中央 3권 2호(2)	시
	戀愛	中央 3권 2호(2)	시
	시에 있어서의 기술주의의 반성과 展望	朝鮮日報(2.10~14)	평론
	어느 午後의 스케트철학	朝鮮日報(2.19~20)	수필
	상형문자	카톨닉청년 3권 3호(3)	수필
	들은 우리를 부르오	三千里 7권 3호(3)	시
	그 봄의 전리품	朝鮮日報(3.18)	수필
	현대시의 육체―감상과 명랑성에 대하야	詩苑 1권 2호(4)	시론
	나	詩苑 1권 2호(4)	시
	생활	詩苑 1권 2호(4)	시
	습관	詩苑 1권 2호(4)	시
	오전의 시론―제일편 기초론		
	현대시의 주위	朝鮮日報(4.20)	평론
	시의 시간성	朝鮮日報(4.21~23)	평론
	인간의 결핍	朝鮮日報(4.24)	평론
	동양인	朝鮮日報(4.25)	평론
	고전주의와 로맨티시즘	朝鮮日報(4.26.28)	평론
	도라온 시적감격	朝鮮日報(5.1.2)	평론
	기상도―Ⅰ아침의 표정	中央 3권 5호(5)	시
	시민행렬	中央 3권 5호(5)	시
	태풍의 起寢	中央 3권 5호(5)	시
	손(第一報, 第二報, 폭풍경보府의 揭示板)	中央 3권 5호(5)	시
	현대시의 난해성	詩苑 1권 3호(5)	시론
	午前의 시론―기초편속론		
	각도의 문제	朝鮮日報(6.4)	평론

년도	제목	발표지(월 일)	구분
1935	몇개의 단장	朝鮮日報(6.5)	평론
	시의 제작과정	朝鮮日報(6.6.7)	평론
	시인의 포—즈	朝鮮日報(6.8)	평론
	秩序와 知性	朝鮮日報(6.20)	평론
	바다의 鄕愁	朝鮮日報(6.24)	시
	客觀에 대한 詩의「포즈」	예술 1권 3호(7)	평론
	기상도Ⅱ—만조로 향하야	中央 3권 7호(7)	시
	생활의 바다—제주도 해녀심방기	朝鮮日報(8)	수필
	시대적 고민의 심각한 축도 —문학의 옹호	朝鮮日報(8.29)	평론
	기적(산문시)	三千里 7권 9호(9)	시
	오전의 시론 : 기술편		
	사유와 기술	朝鮮日報(9.17~19)	평론
	언어의 요소	朝鮮日報(9.22)	평론
	용어의 문제	朝鮮日報(9.27)	평론
	의미와 주제	朝鮮日報(10.1~4)	평론
	길을 가는 마음	批判 3권 5호(10)	수필
	현대비평의「딜렘마」	朝鮮日報(11.29~12.6)	평론
	청량리	朝光 1권 1호(11)	수필
	다도해난상	朝光 1권 1호(11)	수필
	바다	朝光 1권 1호(11)	시
	기상도Ⅲ—올배미의 노래	三千里 7권 11호(11)	시
	번영기	朝鮮日報(11.1~13)	소설
	철도연선	朝光 1권 2호~2권 2호 (35.12~36.2)	소설
	「하나」선후감	三千里 7권 12호(12)	작품평
	기상도Ⅳ—車輪은 듯는다	三千里 7권 12호(12)	시
	금붕어	朝光 1권 2호(12)	시
	을해년의 시단	學燈 3권 1호(12)	평론

년도	제 목	발표지(월 일)	구분
1936	戀愛와 彈石機	三千里 8권 1호(1)	시
	어떤 戀愛	三千里 8권 1호(1)	시
	祝電	三千里 8권 1호(1)	시
	鄭芝容詩集을 읽고	朝光 2권 1호(1)	평론
	詩人으로서 現實에 積極關心	朝鮮日報(1.1~5)	평론
	「사슴」을 안고 – 白石詩集讀後感	朝鮮日報(1.29)	평론
	秒針	朝鮮日報(2.28)	수필
	길	朝光 2권 3호(3)	수필
	除夜	시와 소설 1권 1호(3)	시
	傑作에 대하여	시와 소설 1권 1호(3)	평론
	關北紀行斷章 : 夜行列車	朝鮮日報(3.14)	시
	機關車	朝鮮日報(3.14)	시
	山驛	朝鮮日報(3.14)	시
	마을(가~다)	朝鮮日報(3.16)	시
	故鄕(가~다)	朝鮮日報(3.17)	시
	豆滿江	朝鮮日報(3.18)	시
	國境(가~라)	朝鮮日報(3.18~19)	시
	밤중	朝鮮日報(3.19)	시
	東海의 아침	朝鮮日報(3.19)	시
	肉親(가~나)	朝鮮日報(3.20)	시
	出程	朝鮮日報(3.20)	시
	파랑 港口	여성 1권 1호(4)	시
	女像一題	여성 1권 1호(4)	수필
	촌 아주머니〈村婦〉	여성 1권 3호(6)	수필
	追憶	여성 1권 3호(6)	시
	「아프리카」狂想曲	朝光 2권 7호(7)	시
	「氣象圖」	彰文社(7)	시집
	나의 關心事 – 民族과 言語	朝鮮日報(8.28)	時論
	내가 좋아하는 女排優의 印象記	「모던」朝鮮 1권 1호(9)	時論

년도	제 목	발표지(월 일)	구분
1936	林檎의 輓歌	朝鮮日報(9.30)	수필
	殊方雪信(思鄕論爭)	朝鮮日報(12.24~25)	수필
1937	作品年代表	三千里 9권 1호(1)	설문답
	科學과 批評과 詩-現代詩의 失望과 希望	朝鮮日報(2.21~26)	평론
	故 李箱의 追憶	朝光 3권 6호(6)	수필
	인제는 늙은 望洋亭-어린 꿈이 航海하던 저 水平線	朝鮮日報(7.31)	수필
	旅行	朝鮮日報(7.25~28)	수필
	吳章煥 시집「城壁」을 읽고	朝鮮日報(9.8)	평론
1938	現代詩와 詩의 르네상스	朝鮮日報(4.10~16)	평론
1939	信念있는 生活	朝光 3권 1호(1)	時論
	山-詩人散文	朝鮮日報(2.16)	수필
	바다와 나비	여성 4권 4호(4)	시
	連禱	朝光 4권 4호(4)	시
	엽서	여성 4권 5호(5)	편지
	박태원 형에게	여성 4권 5호(5)	편지
	에노시마(續東方紀行詩)	文章 1권 5호(5)	시
	「가마꾸라」海邊	文章 1권 5호(5)	시
	「에노시마」海水浴場	文章 1권 5호(5)	시
	軍港	文章 1권 5호(5)	시
	서울 색시, 窓-파라솔	여성 4권 6호(6)	수필
	「心紋」의 生理	朝鮮日報(6.2)	수필
	瀨戶內海-(續東方紀行詩)	文章 1권 6호(7)	시
	安藝幸崎附近	文章 1권 6호(7)	시
	神戶埠頭	文章 1권 6호(7)	시
	海洋動物園:A. 코끼리	朝光 5권 7호(7)	시
	B. 낙타	朝光 5권 7호(7)	시
	C. 잉꼬	朝光 5권 7호(7)	시

년도	제 목	발표지(월 일)	구분
1939	D. 씨-라이언(加洲産물개)	朝光 5권 7호(7)	시
	東洋의 美德	文章 1권 8호(9)	수필
	餞別 I · II	여성 3권 9호(9)	시
	요양원	朝光 5권 9호(9)	시
	山羊	朝光 5권 9호(9)	시
	「太陽의 風俗」	學藝社(9)	시집
	共同墓地	人文評論 1권 1호(10)	시
	모더니즘의 歷史的 位置	人文評論 1권 1호(10)	평론
	푸로이드와 現代詩	人文評論 1권 22호(11)	평론
	詩壇의 動態	人文評論 1권 3호(12)	평론
	落葉日記	朝鮮日報(11.22.23.25.28)	수필
	겨울의 노래	文章 1권 11호(12)	시
	촛불을 켜 놓고 辛石汀詩集讀後感	朝鮮日報(12.25)	평론
1940	文學의 諸問題(新春座談會)	文章 2권 1호(1)	대담
	소나무頌	여성 5권 1호(1)	수필
	言語의 複雜性	한글 8권 1호(1)	평론
	文壇不參記	文章 2권 2호(2)	수필
	科學으로서의 詩學	文章 2권 2호(2)	평론
	詩壇月評(感覺, 肉體, 리듬)	人文評論 2권 2호(2)	평론
	흰 장미같이 잠이 드시다	人文評論 2권 4호(4)	시
	詩人의 世代的 限界	朝鮮日報(4.20)	평론
	斷念	文章 2권 5호(5)	수필
	詩와 科學과 會話 　－詩學의 基礎가 될 言語觀	人文評論 2권 5호(5)	평론
	인형의 옷	여성 5권 7호(7)	時論
	二十世紀의 敍事詩－올림피아 　映畵 '民族의 祭典' 讚	朝鮮日報(7.15)	평론
	퍼머넌트(語彙集)	朝鮮日報(7.17)	수필
	행복(語彙集)	朝鮮日報(7.18)	수필

년도	제 목	발표지(월 일)	구분
1940	奇蹟의 心理(語彙集)	朝鮮日報(7.19)	수필
	雄辯(語彙集)	朝鮮日報(7.20)	수필
	목의 問題(語彙集)	朝鮮日報(7.21)	수필
	逃亡(語彙集)	朝鮮日報(8.2)	수필
	詩의 將來	朝鮮日報(8.10)	평론
	여성과 현대문학	여성 5권 9호(9)	평론
	朝鮮文學에의 反省	人文評論 2권 9호(10)	평론
	公憤(語彙集)	朝光 6권 10호(10)	수필
	科學과 人類	朝光 6권 11호(11)	번역논문
1941	못	춘추 2권 1호(2)	시
	健康	朝光 7권 3호(3)	수필
	東洋에 關한 斷章	文章 3권 4호(4)	논문
	小曲	朝光 7권 4호(4)	시
	詩人의 世代的 限界	朝鮮日報(4.20)	평론
	詩와 科學과 會話	人文評論 2권 5호(5)	평론
	詩의 將來	朝鮮日報(8.10)	평론
1942	새벽의 「아담」	朝光 8권 1호(1)	시
	女流詩人(片感寸評)	新家庭 2권 2호(2)	잡저
	健忘症	국민문학 2권 3호(3)	수필
	年輪	춘추 3권 5호(5)	시
	靑銅	춘추 3권 5호(5)	시
	分院遊記	춘추 3권 7호(7)	수필
1945	파도소리 헤치고	新文藝 1권 1호(12)	시
	知慧에게 바치는 노래	해방기념시집(12)	시
1946	우리 詩의 方向	전국문학자대회(2.18)	강연논문
	두견새	학병 1권 2호(2)	시
	모다들 돌아와 있고나	서울신문(2)	시
	殉敎者	신문학 1권 1호(4)	시
	「바다와 나비」	신문화연구소(4)	시집

년도	제 목	발표지(월 일)	구분
1946	나의 노래	서울신문(4)	시
	무지개	대조 1권 2호(6)	시
	建國運動과 知識階級	대조 1권 2호(6)	좌담회
	새나라 頌	문학 1권 1호(7)	시
	어린共和國이여	신문예 2권 2호(7)	시
	한 旗ㅅ발 받들고	인민평론(7)	시
	共同體發見(詩壇瞥見)	문학 1권 1호(7)	평론
	다시 八月에	독립신문(8.2)	시
	우리들 모두의 깃쁨이 아니냐	民聲 9(8)	시
	出版物配給時急	경향신문(10.19)	時論
	새로운 詩의 生理 　—일련의 새 詩人에 대하야	경향신문(10.31)	평론
	「文學槪論」	신문화연구소(12)	논저
1947	前進하는 詩精神	국학 1권 2호(1)	평론
	詩와 文化에 부치는 노래	문화창조 2권 1호(3)	시
	人民工場에 부치는 노래	문학평론 1권 3호(4)	시
	하나 또는 두 世界	신문평론 1권 1호(4)	時論
	政治와 協同하는 文學	경향신문(4.8)	평론
	어머니와 資本	문화일보(4.11)	時論
	이브의 弱點	만세보(4.20)	時論
	共委休會中의 南朝鮮現實 　民族主義 危機	文學(7)	時論
	民族과 文學의 隆盛에 필히 　成功되기를 熱願	경향신문(6.6)	잡저
	句節도 아닌 두서너마디 더듬는 　말인데도	개벽 9권 1호(8)	시
	「詩論」	白楊堂(11)	논저
	希望	新天地 2권 10호(12)	시
	詩와 民族	新文化	평론

년도	제 목	발표지(월 일)	구분
1948	슬픈 暴君	民聲(3)	수필
	낭독시에 대하여	신민일보(3.13)	평론
	육체에 타이르노니	新世代 3권 3호(3)	수필
	「새노래」	雅文閣(4)	시집
	분노의 미학		
	—시집「葡萄」에 대하야	民聲24(4)	평론
	쎈토-르	開關 10권 3호(5)	시
	「科學槪論」(J.A.Thomson 원저)	을유문화사(6)	역서
	藝術에 있어서의 精神과 技術	文章 4권 1호(10)	평론
	I.A.리챠아즈論		
	(「詩의 科學」設計의 一例)	학풍 1권 1호(10)	평론
	문학의 전진	朝光 123(1)	평론
	새文體의 確立을 爲하야	自由新聞(10.31~11.2)	평론
	「T.S.엘리엇」의 詩		
	(노벨 文學賞 受賞을 契機로)	自由新聞(11.7)	평론
	窓머리의 아츰(T.S.Eliot 원작)	自由新聞(11.7)	역시
	「바다와 肉體」	平凡社(12)	수필집
	체험의 문학	京鄕新聞(1.1)	평론
1949	나의 서울 設計圖	民聲 5권 5호(4)	수필
	꽃에 부처서	國都新聞(4.10~11)	수필
	이상문학의 한 모습	太陽新聞(4.26~27)	평론
	哭 白凡先生	國都新聞(6.30)	시
	새말의 이모저모	學風 2권 5호(7)	논문
	漢字語의 實相	學風 2권 6호(10)	논문
	民族文化의 性格	서울신문(11.3)	평론
1950	評論家 李源朝君 民族과 自由와		
	人類의 편에 서라	以北通信 5권 1호(1)	편지
	「學生과 慾愛」(共著)	首都文化社(3)	時論
	文化의 運命(20世紀後半期의 展望)	文藝 2권 3호(3)	평론

년도	제 목	발표지(월 일)	구분
1950	「詩의 理解」	乙酉文化社(4)	논저
	「文章論新講」	民衆書館(4)	논저
	小說의 破格 (까뮈의「페스트」에 대하여)	文學 6권 3호(5)	평론
	時調와 現代	國都新聞(6.9~11)	평론

金起林 연구자료 총목록

박용철 「1931년 시단의 회고와 비판」,《중앙일보》(1931. 12. 7~8)
이원조 「근대 시단의 한 경향—특히 낭만파와 감각파에 대하야」,《조선일보》(1933. 4. 26~29)
백　철 「사악한 예원의 분위기」,《동아일보》(1933. 9. 29~10. 1)
윤곤강 「1933년도 시작 6편에 대하야」,《조선일보》(1933. 12. 17~24)
임인식 「1933년의 조선 문학의 제 경향과 전망」,《조선일보》(1934. 1. 1~14)
임　화 「33년을 통하여 본 현대 조선의 시문학」,《조선중앙일보》(1934. 1. 9)
홍효민 「1934년과 조선 문단」,《동아일보》(1934. 1. 1~10)
임인식 「신춘 창작 개평」,《조선일보》(1934. 2. 21)
박영희 「상반기 단편 소설 총평」,《신동아》(1934. 8)
박승극 「문예와 정치」,《동아일보》(1935. 6. 5)
신고송 「문단유감」,《조선중앙일보》(1935. 11. 16~17)
엄흥섭 「을해년의 창작 결산」,《조선일보》(1935. 12. 11)
박용철 「〈기상도〉와《시원》5호—올해 시단 총평」,《동아일보》(1935. 12. 28)『박용철 전집』2(동광당 서점, 1940) 재수록
김두용 「구인회에 대한 비판」,《동아일보》(1935. 7. 28~8. 1)
임　화 「담천하의 시단 일년」,《신동아》50(1935. 12),『문학의 논리』(학예사, 1940) 재수록
임　화 「기교파와 조선 시단」,《중앙》28(1936. 2),『문학의 논리』(학예사, 1940) 재수록
박귀송 「새 것을 찾는 김기림」,《신인문학》(1936. 2)
박승극 「조선 문학의 재건설」,《신동아》(1936. 6)
최재서 「현대시의 생리와 성격」,《조선일보》(1936. 8. 21~27),『최재서

평론집』(청운출판사, 1961) 재수록
| 윤곤강 | 「기교파의 말류 — 주지시가의 이론적 근거」, 《비판》 35(1936. 4)
| 김광균 | 「현대시의 황혼 — 김기림론」, 《풍림》 5(1937. 4)
| 최재서 | 「여행의 낭만 — 김기림 시집『태양의 풍속』」, 《매일신보》(1939. 11. 5)
| 이원조 | 「김기림 제2시집『태양의 풍속』」, 《조선일보》(1939. 12. 11)
| 이병각 | 「『태양의 풍속』— 김기림 시집」, 《문장》 11(1939. 12)
| 이원조 | 「시의 고향 — 편석촌에게 부치는 단언」, 《문장》(1941. 4)
| 단 운 | 「『바다와 나비』의 세계 — 김기림 시집을 읽고」, 《한성일보》(1946. 5. 2)
| 김광균 | 「신간평 —『바다와 나비』」, 《서울신문》(1946. 5. 19)
| 임 화 | 「김기림 시집『바다와 나비』」, 《현대일보》(1946. 6. 6)
| 김동석 | 「금단의 과실」, 『예술과 생활』(박문출판사, 1948)
| 김철수 | 「『기상도』의 논리 — 김기림론」, 《민성》(1948. 11)
| 김광현 | 「김기림씨에 대한 일고」, 《신인》(1948. 3)
| 홍효민 | 「김기림론」, 《예술평론》 1·2(합)(1948. 1)
| 임호권 | 「김기림 장시『기상도』를 읽고」, 《자유신문》(1948. 11. 16)
| 박인환 | 「『기상도』전망 — 김기림 장시집(서평)」, 《신세대》 30(1949. 1)
| 윤영춘 | 「김기림 저『바다와 육체』— 신간평」, 《경향신문》(1949. 5. 30)
| 이남수 | 「문학 이론의 빈곤성 — 백철·김기림 양씨의 문학개론에 대하여」, 《신천지》 34(1949. 4)
| 이봉래 | 「한국의 모던이즘」, 《현대문학》(1956. 4~5)
| 조용만 | 「구인회의 기억」, 《현대문학》(1957. 1)
| 이상로 | 「운성의 무덤 위의 김기림 — 월북 작가의 문학적 재판」, 《동아춘추》 2권 3호(1963. 4)
| 송 욱 | 「한국 모더니즘 비판」, 『시학평전』(일조각, 1963)
| 조동민 | 「한국적 모더니즘의 계보를 위한 연구」, 《문호》 4(건국대 국어국문학회, 1966)
| 김해성 | 「한국 주지시 발달 과정 소고」, 《국어국문학》 37·38(국어국문학회, 1967. 12)

이재선	「문장론 성립에 있어서의 서구의 영향 ─ 김기림과 I. A. Richards의 관계를 중심으로」,《어문학》17(1967. 12)
김 훈	「한국에 있어서의 모더니즘의 시와 시론」(서울대 대학원 : 석사, 1968)
김우창	「한국시와 형이상 ─ 하나의 관점」,《세대》60(1968. 7)
장윤익	「1930년대 한국 모더니즘 시 연구」(경북대 대학원 : 석사, 1969)
조용만	「나와 구인회 시대」,《대한일보》(1969. 9. 23~10. 2)
이창배	「영미 현대시론이 한국 현대시론에 미친 영향」,『이호근·조용만 교수 회갑 기념 논문집』(1969)
김인환	「김기림의 비평」,『문학과 문학 사상』(열화당, 1970)
양왕용	「1930년대 한국시의 연구」,《어문학》26(한국어문학회, 1972. 3)
성행자	「한국시의 모더니즘에 대한 고찰 ─ 김기림, 정지용, 김광균을 중심으로」,《국어과교육》3(부산교대 국어교육과, 1973. 2)
이창준	「20세기 영미 시비평이 한국 현대시에 끼친 영향」,『단국대 논문집』7(1973)
장백일	「한국적 모더니즘 시 연구 ─ 김기림 시세계의 내용 비판」,《북악》25(국민대 국어국문학과, 1974. 2)
김종길	「한국 현대시에 끼친 T. S. 엘리엇의 영향」,『진실과 언어』(일지사, 1974)
김윤식	「모더니즘의 한계 ─ 장서언, 편석촌, 정지용론」,『한국근대작가론고』(일지사, 1974)
김윤식	「한국 모더니즘 시운동에 대하여」,《시문학》(1974. 11)
김용직	「모더니즘의 시도와 실패」《서울대 교양과정부 논문집》6(서울대 교양과정부, 1974)
이창배	「현대 영미시가 한국의 현대시에 미친 영향」(동국대 대학원 : 박사, 1974)
오탁번	「현대시 방법의 발견과 전개」,《문학사상》(1975. 1)
유병석	「30년대 모더니즘의 특질」,《국어교육》26(국어교육연구회, 1975)
오세영	「모더니스트, 비극적 상황의 주인공들」,《문학사상》(1975. 1)

김규동　「모더니즘의 역사적 의의」,《월간문학》(1975. 2)
오세영　「모더니즘, 그 발상과 영향」,《월간문학》(1975. 2)
김종철　「30년대의 시인들」,《문학과지성》(1975. 봄)
김용직　「새로운 시어의 혁신과 그 한계」,《문학사상》(1975. 1)
유병석　「절창에 가까운 시인의 집단」,《문학사상》(1975. 1)
이재철　「모더니즘 시론 소고」,《시문학》(1976. 9~10)
김시태　「기교주의 논쟁고」,《제주대논문집》8(제주대, 1976)
김재홍　「한국 모더니즘의 사적 전개」,《심상》(1976. 12)
김시태　「구인회 연구」,《논문집》7(제주대, 1976)
문성숙　「김기림 연구 — 1945년 이전의 활동을 중심으로」(동국대 대학원 : 석사, 1976)
김병욱　「한국 현대시파의 공과_,《심상》(1976. 12)
서준섭　「1930년대 한국 모더니즘 연구」(서울대 대학원 : 석사, 1977)
김은전　「30년대 모더니즘 시운동에 대한 비교문학적 연구(상)」,《국어교육》31(1977. 12)
김우창　「한국시와 형이상」,『궁핍한 시대의 시인』(민음사, 1977)
장윤익　「한국 주지시의 문명 비평적 성격 — 김기림의 시와 시론을 중심으로」,《명지어문학》9(명지대 국어국문학과, 1977. 2)
문성숙　「김기림 연구」,《동악어문논집》10(동국대 동악어문학회, 1977)
홍정운　「한국의 모더니즘 시 연구」,《동악어문논집》10(동국대 동악어문학회, 1977)
김영실　「김기림의 모더니즘 문학관 산고 — 그의 『시론』을 중심으로」,《논문집》17(진주교대, 1978. 12)
김용직　「1930년대 한국시의 스티븐 스펜더 수용」,《관악어문연구》(서울대 국어국문학과, 1979. 12)
김용직　「모더니즘의 시도와 실패」,『한국 현대시 연구』(일지사, 1979)
문덕수·마광수　「1930년대 모더니즘 문학 연구」,《홍대논총》11(홍익대, 1979)
정상균　「한국 모더니즘 시론 비판」,《국어교육》35(국어교육연구회, 1979. 12)

박정희 「김기림 연구」(단국대 대학원 : 석사, 1979)
채만묵 「한국 모더니즘 시 연구——1930년대를 중심으로」(전북대 대학원 : 박사, 1980)
이창배 「현대 영미시가 한국의 현대시에 미친 영향」,《한국문학연구》3 (동국대 한국문화연구소, 1980)
박정희 「김기림 연구」(건국대 대학원 : 석사, 1980)
박철희 「김기림의 모더니티」,『한국 시사 연구』(일조각, 1980)
서준섭 「한국 현대 문학 비평사에 있어서의 시비평 이론의 체계화 작업의 한 양상」,《비교문학》5(한국비교문학회, 1980. 12)
김시태 「기교주의 논쟁고」,『현대시 연구』(정음사, 1981)
전규태 「한국 모더니즘의 수용 양상고」,『비교 문학——그 국문학적 연구』(이우, 1981)
이재선 「한국 현대시와 T. E. 흄」,『한국 문학의 분석』(새문사, 1981)
조남철 「김기림 연구」(연세대 대학원 : 석사, 1981)
박상천 「김기림의 시론 연구」(한양대 대학원 : 석사, 1981)
문덕수 「김기림론」,『한국 모더니즘 시 연구』(시문학사, 1981)
김시태 「김기림의 시와 시론」,《한국문학연구》4(동국대 한국문화연구소, 1981)
정한모 「순수 문학과 모더니즘」,『현대시론』(보성문화사, 1982)
김재홍 「모더니즘과 30년대의 현대시」, 황패강 외 편,『한국 문학 연구 입문』(지식산업사, 1982)
김윤식 「모더니즘 시 운동 양상」,『한국현대시론비판』(일지사, 1982)
서준섭 「30년대 모더니즘 시 연구의 현황과 문제점」,《한국학보》50(일지사, 1982. 겨울)
오완석 「김기림의 시론 연구」(한양대 대학원 : 석사, 1983)
이선희 「김기림의 시론 연구」(동아대 대학원 : 석사, 1983)
장승엽 「한국 모더니즘 시의 기본 패턴 시론——특히 김기림, 정지용, 김광균, 박인환을 중심으로」,《국어국문학》(동아대 국어국문학과, 1983)
원명수 『모더니즘 시 연구』(계명대 출판부, 1983)

민병기 「편석촌의 시세계」,《논문집》5권 1호(마산대, 1983)
정규웅 「북행 시인 정지용과 김기림」,《정경문화》220(1983. 6)
한계전 「모더니즘 시론의 수용」,『한국현대시론연구』(일지사, 1983)
원명수 「한국 모더니즘 시에 나타난 소외의식과 불안의식 연구」(중앙대 대학원 : 박사, 1984)
김병택 「1930년대 한국 모더니즘 시에 나타난 시대 인식」,『논문집─인문학편』17(제주대, 1984)
김윤식 「전체시론─김기림의 경우」,『한국 근대문학사상사』(한길사, 1984)
안상준 「한국 모더니즘 운동의 구호와 그 실제적 좌표─김기림의 해방전 활동을 중심으로」,《국어교육논총》1(청주대 교육대학원, 1984. 8)
장도준 「김기림 연구」(연세대 대학원 : 석사, 1984)
최하림 「30년대의 시인들 (5)─김기림의 시를 중심으로」,《문예중앙》(1984. 6)
조용만 『9인회 만들 무렵』(정음사, 1984)
박상천 「기상도 연구」,《한국학논집》6(한양대 한국학연구소, 1984)
김기중 「김기림 연구」,(고려대 대학원 : 석사, 1984)
송순애 「이미지즘의 한국적 수용 양상에 관한 연구─김기림의 시와 시론을 중심으로」(서강대 대학원 : 석사, 1984. 2)
김영실 「김기림의 모더니즘 문학관 연구」(경남대 대학원 : 석사, 1985)
이기형 「한국 모더니즘 시론 연구」(인하대 대학원 : 석사, 1985)
김윤태 「한국 모더니즘 시론 연구─김기림의 시론을 중심으로」(서울대 대학원, 1985)
최원규 「한국 현대시에 대한 미(영)시의 영향」,『한국현대시론고』(예문관, 1985)
박상천 「김기림의 소설 연구」,《한국학논집》7(한양대 한국학연구소, 1985)
오세영 「한국 모더니즘 시의 전개와 그 특질」,《예술원논문집》25(대한민국 예술원, 1986)

김종길	「한국에서의 장시의 가능성」, 『시에 대하여』(민음사, 1986)
서준섭	「모더니즘과 1930년대의 서울」, 《한국학보》 45(일지사, 1986. 겨울)
정영호	「김기림 시론과 조지훈 시론의 대비적 고찰」, 《어문학교육》 9 (1986)
신명석	「한국 Modernism 시의 변천 과정」, 《논문집》 4(성심외국어 전문대학, 1986. 12)
강은교	「김기림 시론 연구」, 『청천 강용권 박사 송수 기념 논총』(1986. 10)
김윤식	「모더니즘과 리얼리즘의 넘어서기에 대하여」, 『한국 근대 소설사 연구』(을유문화사, 1986)
김 훈	「모더니즘의 시사적 고찰」, 『한국 문학사의 쟁점』(집문당, 1986)
윤광중	「김기림 시 연구」(동아대 대학원 : 석사, 1986)
선효원	「한국 주지주의 시의 비교 문학적 연구」(동아대 대학원 : 석사, 1987)
조병춘	「모더니즘 시의 기수들」, 《태능어문》 4(서울여대 국문과, 1987. 2)
나명순	「납북 문인 김기림, 정지용 그들은 과연 누구인가」, 《주간조선》 (1987. 8. 30)
박미령	「1930년대 시론 연구」(충남대 대학원 : 박사, 1987)
강은교	「1930년대 김기림의 모더니즘 연구」(연세대 대학원 : 박사, 1987)
민병기	「1930년대 모더니즘 시의 심상 체계 연구」(고려대 대학원 : 박사, 1987)
강유일	「납북 시인 김기림 미망인 김원자 여사—"남편 이름을 ○○○으로 쓰는 37년의 고통을 상상해 봐요"」, 《주간조선》(1987. 8. 30)
예종숙	「김기림 연구」(한양대 대학원 : 박사, 1983)
김규동	「시보다 인간을 더 사랑한 시인」, 《문학사상》(1988. 1)
이동순	「문학의 민주화, 문화의 자주화—김기림 시의 세계」, 《문학사상》 (1988. 1)
전규태	「1930년대 한국 모더니즘 시 연구—김기림, 이상, 정지용, 김광

	균을 중심하여」,《시와의식》(1988. 가을)
김윤식	「정지용과 김기림의 작품 세계」,《월간조선》(1988. 3)
이동순	「김기림 시의 새로운 독법—한국 현대시사의 변증법적 확충을 위하여」,《인문학지》3(충북대 인문과학연구소, 1988. 3)
김영수	「영국 모더니즘의 수용과 거부—김기림의 『시론』에 있어서」,《논문집》(안동대, 1988. 12)
김학동	『김기림 연구』(새문사, 1988)
이남호	「현실과 문학과 모더니즘—김기림론」,《세계의문학》(1988. 가을)
최시한	「김기림의 희곡과 소설에 대하여」,《배달말》13(배달말학회, 1988)
김경린	「김기림의 현대성과 사회성—그의 포에지와 작품 세계를 중심으로」,《월간문학》(1988. 7)
원형갑	「살아 있는 김기림—그 갈등과 숙제」,《월간문학》(1988. 6)
김덕근	「주지파 시론의 수용 양상 연구」(청주대 대학원 : 석사, 1988)
서준섭	「1930년대 한국 모더니즘 문학 연구」(서울대 대학원 : 박사, 1988)
채수영	「김기림 시의 특질—바다를 중심으로」,《동양문학》(1988. 11)
김용직	「현대 한국시의 형성과 전개 (1)~(3)」,《동양문학》(1988. 8~10)
정순진	「김기림의 『기상도』 연구」,《어문연구》18(충남대 어문연구회, 1988. 12)
이미경	「김기림 모더니즘 문학 연구」(서울대 대학원 : 석사, 1988)
박철희	「김기림론」,《예술과비평》5권 4호(1989. 12)
전일숙	「김기림 시론 연구」(충남대 대학원 : 석사, 1989)
이경영	「김기림의 시에 나타난 〈바다〉의 상징성 연구」(성균관대 대학원 : 석사, 1989)
정순진	「모더니즘 시론과 리얼리즘 시론의 접맥—기교주의 논쟁을 중심으로」(충남대 어문연구회, 1989. 12)
박귀례	「김기림 시 연구」,《성신어문학》2(성신어문학연구회, 1989. 2)

김유중	「김기림의 주지주의 시론 연구 — 과학적 시학을 중심으로」(서울대 대학원 : 석사, 1989)
박철희	「김기림론」,《현대문학》(1989. 9~10)
오세영	「한국 모더니즘의 존재성」,《예술비평》(1989. 봄)
박철석	「1930년대 시의 사적 고찰」,『한국문학논총』(한국문학회, 1989. 4)
이우용	「김기림의 시론 연구」,《논문집》28(건국대 대학원, 1989. 2)
한상규	「1930년대 모더니즘 문학에 나타난 미적 자의식에 관한 연구 — 이상, 김기림을 중심으로」(서울대 대학원 : 석사, 1989)
백운복	「한국 현대 시론의 역사적 연구 — 리얼리즘과 모더니즘의 상관적 연쇄망」(서강대 대학원 : 박사, 1989)
문성숙	「김기림론」,『김장호 선생 회갑 기념 논문집』(1989)
신동욱	「미적 거리의 원근법에 의한 김기림의 시작품의 이해」,《현대시》(1990. 4)
신동욱	「김기림 시작품의 한 이해」, 이선영 편,『1930년대 민족 문학의 인식』(한길사, 1990)
이 활	「PRO-TYPE 선택의 실패 — 근대의 초극에 나섰다가 길잃은 기림 선생」,《현대시》(1990. 4)
이승훈	「모더니티와 기교 — 우리 시론을 찾아서」,《현대시》(1990. 12)
박철석	「모더니즘의 시」,『1930년대 시문학 연구』(백문사, 1990)
한원균	「김기림 비평의 일고찰 —『시론』의 인식론적 근거를 중심으로」,《경희어문학》11(경희대 국어국문학과, 1990. 12)
최병준	「30년대 한국 현대시」,《논문집》20(강남대, 1990. 12)
원형갑	「모더니즘의 핵심과 포스트 모던의 가능성」,『돌곶 김상선 교수 화갑 기념 논총』(1990. 11)
이숭원	「김기림 시 연구」,《국어국문학》104(국어국문학회, 1990. 12)
유태수	「한국에 있어서의 주지주의 문학의 양상 — 시를 중심으로」,《강원인문논총》1(강원대 인문과학연구소, 1990. 12)
곽봉재	「김기림 시의 변모 양상과 서정적 특질」,《경희어문학》11(경희대 국어국문학과, 1990. 12)

정한용 「김기림의 시 연구」(인하대 대학원 : 석사, 1990)
박정희 「1930년대 한국 모더니즘 시 연구—장시〈기상도〉를 중심으로」, 《논문집》13(한양여전, 1990. 2)
노창수 「한국 모더니즘 시론의 형성 과정 고찰」,《인문과학연구》12(조선대, 1990. 12)
조창환 「김기림론—포오즈의 시학 그 지향과 한계」,《현대시》(1990. 4)
문혜원 「김기림 문학론 연구」(서울대 대학원 : 석사, 1990)
문성숙 「김기림의 I. A. 리차즈 시론 수용 양상」,『심전 김홍식 교수 화갑 기념 논총』(1990. 6)
정정숙 「김기림 연구」,《한성어문학》10(한성대 국어국문학과, 1991)
김용직 「김기림의 모더니티 추구 양상」,『정기호 박사 회갑 논총』(1991)
정순진 『김기림 문학 연구』(국학자료원, 1991)
김학동 편 『김기림 연구』(시문학사, 1991)
이 활 『정지용·김기림의 세계』(명문당, 1991)
양혜경 「김기림 문학의 효용론 연구—시론을 중심으로」,《동아어문논집》1(동아어문학회, 1991. 11)
한영옥 「한국 현대시의 주지성 연구—20, 30년대를 중심으로」(성균관대 대학원 : 박사, 1991)
하현식 「1930년대 구원과 희망의 시학—기독교 문학론 (3)」,《시와 의식》(1991. 가을)
김용직 「1930년대 김기림과〈황무지〉—김기림의 비교 문학적 접근」, 『한국의 전후 문학』(한국현대문학연구회, 1991)
김용직 「모더니즘과 그 초극 시도—김기림의 경우」,《세계의 문학》60 (1991. 여름),『한국 현대시 해석·비판』(시와 시학사, 1993) 재수록
김태진 「한국 모더니즘의 사상—자기 반성과 새로움의 모색」,《시와 시인》(1991. 겨울)
좌지수 「김기림 시론 연구—서구 수용을 중심으로」(제주대 대학원 : 석사, 1991)
한상규 「예술적 자각과 그 미학적 지반—한국 모더니즘 문학의 경우」,

《한국학보》 64(1991. 가을)
조달곤 「김기림 연구」(동아대 대학원 : 박사, 1991)
조달곤 「김기림의 소설」,《용연어문논집》 5(1991)
신범순 「30년대 모더니즘에서의 산책가의 꿈과 재현의 붕괴」,『한국 현대 시사의 매듭과 혼』(민지사, 1992)
이기형 「1930년대 시의 이미지론 ─ 정지용, 김기림을 중심으로」(단국대 대학원 : 석사, 1992)
김형주 「한국 초기 모더니즘 시에 나타난 민족 의식 양상 ─ 정지용과 김기림의 시를 중심으로」(수원대 대학원 : 석사, 1992)
이경란 「김기림 시의 상상력 연구」(이화여대 대학원 : 석사, 1992)
문혜원 「김기림의 시론 연구」, 오세영 외,『한국 현대 시론사』(모음사, 1992)
유임하 「1920~30년대 시에 나타난 근대 문명 인식」,《한국문학연구》 14(동국대 한국문화연구소, 1992)
김윤식 「〈쥬피타 추방〉에 대한 6개의 주석 ─ 이상과 김기림」,『한국 현대 문학 사상사론』(일지사, 1992)
손채모 「김기림 시에 나타난 바다 이미지 연구」(조선대 대학원 : 석사, 1992)
허윤회 「김기림 시 연구」(성균관대 대학원 : 석사, 1993)
이숭원 「김기림 시의 실상과 허상」,『현대시와 삶의 지평』(시와시학사, 1993)
이춘전 「김기림 시집『바다와 나비』의 연구」(홍익대 대학원 : 석사, 1993)
홍성암 「김기림 연구」,《한국학논집》 23(한양대 한국학연구소, 1993. 8)
김유중 「김기림의 〈바다와 나비〉 ─ 모더니즘과 문명 비판」, 정한모 외 편,『한국 대표시 평설』(문학세계사, 1993)
신범순 「김기림의 근대성 추구에 있어서 작은 자아, 군중, 그리고 가슴의 의미」,『모더니즘 연구』(자유세계, 1993)
문혜원 「김기림 문학에 미친 스펜더의 영향」,《비교문학》 18(한국비교문학회, 1993)

김현정	「임화와 김기림 비평의 대비적 연구」(대전대 대학원 : 석사, 1994)	
최학출	「1930년대 한국 모더니즘 시의 근대성과 주체의 욕망 체계에 대한 연구―김기림, 백석, 이상의 시를 중심으로」(서강대 대학원 : 박사, 1994)	
김규동	「아, 기림 선생과 인환!」,『시인의 빈손』(소담출판사, 1994)	
이삼현	「김기림의 시론 연구」(서강대 대학원 : 석사, 1994)	
연용순	「김기림 시 연구」(중앙대 대학원 : 박사, 1994)	
고명수	「한국 모더니즘 문학의 공간 체험―정지용과 김기림의 경우」,《동국어문학》6(동국대 국어교육과, 1994. 2)	
고명수	「한국 문학 이론과 모더니즘」,《한국문학연구》16(동국대 한국문화연구소, 1994)	
김유중	「1930년대 후반기 한국 모더니즘 문학의 세계관 연구―김기림과 이상을 중심으로」(서울대 대학원 : 박사, 1995)	
문혜원	「1930년대 문학에 나타난 영화적 요소에 관한 고찰」,《국어국문학》115(국어국문학회, 1995. 12)	
한계전	「1930년대 모더니즘 시에 있어서의 문명 비판」,《국어국문학》114(국어국문학회, 1995. 5)	
김유중	「김기림의 래디컬 모더니즘 수용과 그 의의」,『한국 문학과 리얼리즘』(한국현대문학연구회, 1995)	
김시태・이승훈・박상천	「1930년대 한국 모더니즘 연구」,《한국학논집》26(한양대 한국학연구소, 1995. 2)	
김유중	「〈기상도〉에 나타난 김기림의 역사 의식」,『연거재 신동익 박사 정년 기념 논총』(경인문화사, 1995)	
박기수	「김기림의 모더니즘 시론 연구」(한양대 대학원 : 석사, 1995)	
이병헌	「한국 현대 비평의 유형과 그 문체에 관한 연구―1930년대의 비평을 중심으로」(고려대 대학원, 1995)	
조영복	「김기림 수필에 나타난 일상성」,《외국문학》(1995. 여름)	
김학동	「김기림의 시와 산문」,『현대 시인 연구Ⅱ』(새문사, 1995)	
김용직	「주지주의계 모더니즘」,『한국현대시사』1(한국문연, 1996)	

조영복 「1930년대 문학에 나타난 근대성의 담론 연구—김기림, 이상을 중심으로」(서울대 대학원 : 박사, 1996)
류보선 「1930년대 후반기 한국 문학 비평 연구」(서울대 대학원 : 박사, 1996)

편저자 약력(金裕中)

●

1965년 서울 출생. 서울대학교 사범대학 국어교육과 졸업.
동대학원 국어국문과 석사 및 박사과정 수료(문학박사).
육군사관학교 국어과 교수를 거쳐 현재 서울대, 가톨릭대 강사. 문학평론가.
저서 :『한국 모더니즘 문학의 세계관과 역사 의식』(태학사)

●

韓國現代詩人研究 17
김기림

●

초판 1쇄 발행일 1996년 11월 11일

●

편저자·김유중
펴낸이·김종해
펴낸곳·문학세계사

●

서울시 마포구 신수동 345-5(121-110)
전화 : 702-1800, 702-7031~3
팩시밀리 : 702-0084
출판등록 제21-108호(1979. 5. 16)

●

값 7,000원

●

ISBN 89-7075-103-3 03810
ⓒ 문학세계사, 1996